西南边境跨界人口流动研究

XINAN BIANJING KUAJIE RENKOU LIUDONG YANJIU

黄　锐◎主编

中央民族大学出版社
China Minzu University Press

图书在版编目（CIP）数据

西南边境跨界人口流动研究/黄锐主编. —北京：中央民族大学出版社，2016. 11

ISBN 978 - 7 - 5660 - 0908 - 1

Ⅰ. ①西… Ⅱ. ①黄… Ⅲ. ①边疆地区—人口流动—研究—西南地区 Ⅳ. ①C924. 24

中国版本图书馆 CIP 数据核字（2014）第 297496 号

西南边境跨界人口流动研究

作　　者　黄　锐

责任编辑　杨爱新

封面设计　汤建军

出 版 者　中央民族大学出版社

北京市海淀区中关村南大街 27 号　邮编：100081

电话：68472815(发行部)　传真:68932751(发行部)

68932218(总编室)　68932447(办公室)

发 行 者　全国各地新华书店

印 刷 厂　北京宏伟双华印刷有限公司

开　　本　787 × 1092（毫米）　1/16　印张：12. 625

字　　数　270 千字

版　　次　2016 年 11 月第 1 版　2016 年 11 月第 1 次印刷

书　　号　ISBN 978 - 7 - 5660 - 0908 - 1

定　　价　45. 00 元

前 言

我国拥有着漫长的边境线，这些边境线对中国的经济发展和安全稳定都有着特别的影响，在这些影响发生的过程中，人口是一个重要的因素，它是其他活动的重要载体。在我国的几条边境线中，西南边境线可能是人口活动最频繁的一条，来往人口的构成也最为复杂，涉及经济、政治、外交等多方面的问题，本书就试图通过对西南边境人口流动的调研和分析来探索其对商务、劳务、国安等方面的影响。

在西南边境的流动人口中，有一类人所占比例最大，来往最频繁，其影响也最大最深，那就是跨界民族。他们因为拥有语言、文化、传统等优势在跨境交流中成为最主要的力量，本书将在写作中重点考察西南边境的跨境民族的特性及其对边境来往的影响。第一章为绪论，主要对全书做一个整体性介绍，包括西南边境的基本情况和本研究的基本思路。第二章重点就西南边境人口中占主要部分的跨界民族进行介绍和分析，包括对跨境民族的概念的分析及其对国家认同、国家政治等方面所带来的影响。第三章则对跨界民族的人口流动进行了理论梳理，主要针对跨境人口流动的现有研究进行了梳理，介绍了几种比较相关的人口流动理论，分享了国外几个比较有影响的跨界民族人口流动的特点及影响，并在理论和现实的基础上提出了我国在边境人口流动方面出现的问题。第二章、第三章为全书的基础理论部分，为读者更好地理解本书接下来的研究提供了知识基础。第四章、第五章为我们对西南边境的实地调研的结果呈现及分析，分为中缅边境和中越边境来进行具体介绍，在写作过程中通过具体的案例来对边境线上的跨境流动特征进行介绍和分析，并尽可能地提供有价值的第一手资料。第六章对西南边境人口流动做一个总结，站在整个西南边境的高度提出来自边境线上的人口流动的各种隐患和问题，进而提出解决这些问题的方法。最后三章为创新部分，也是本书的重点。

本书是本人所承担的985课题的成果之一，杨四代、黄飞、李琼、高琼仙、王佩媛、刘姣、杨岚清、吴明雪、徐丹瑶、魏恒志、周雪涵、朱聪、刘威童、郭天亮等同学也参与了该项目的部分资料准备和调研工作，并参与了本书的编写工作，谢谢他们的辛苦付出，本书的完成要感谢中央民族大学管理学院的领导，感谢学校，感谢编辑！

作者

2016年6月

目 录

第一章　绪　论

在全球化的今天，国与国之间的经济、政治、文化等领域的各种交往活动日益频繁，国门的打开让更多的族群与国家建立起更为密切的联系。我国拥有漫长的边境线，与周边众多的边境国家进行着相互的交流和渗透，由于受历史条件、国家政治等多种因素的影响，在世界各地区存在同一民族在不同国家跨界而居的现象。中国是一个由 56 个民族组成的多民族国家，同时也是一个典型的有着众多跨界民族的国家。在我国东北、西北、西南和华南地区，居住有 31 个跨界民族，占中国民族总数的 55%。跨界民族的跨境人口流动，是目前中国少数民族地区频繁发生的社会现象，其中尤以西南地区跨境民族的人口流动为主，对少数民族地区的政治、社会甚至经济都形成了深刻的影响，不仅政府高度重视，也引起了众多少数民族学者的研究兴趣。目前学界对跨界民族的概念仍处于争论之中，但随着少数民族地区跨界民族人口跨境流动现象的频繁发生，学术界对此现象的研究也逐渐深入。

第一节　西南边境人口状况

一、西南边境状况

（一）西南地区概述

西南地区，中国七大地理分区之一，是指重庆、云南、贵州、四川、西藏等省区。西南地区以山地为主，地形结构十分复杂，自然资源丰富，其中四川盆地为最大的盆地，人口稠密，交通、经济相对发达。

自然区划概念下的西南地区，一般指中国南方地区（不含青藏高原）西部的广大腹地，主要包括四川盆地、秦巴山地、云贵高原等地形单元，大致包括四川省东部、重庆、陕西省南部、云南省大部、贵州省、湖北省西部、湖南省西部、广西自治区西北部。

（二）西南边境地区地缘特征①

借助西南地区的地理位置，西南边境地区就拥有了独特的地缘优势，以下从西南边境的地理、交通及自然资源三个层面来诠释。

1. 地理位置的优越性

我国疆域辽阔，陆地边界线较长，达 2.2 万公里。而我国边境多为少数民族自治区或聚居区，故属少数民族自治区或聚居区的边境线就有 1.8 万公里，且其大部分集中在西南边境的少数民族地区。因西南边境与中南半岛山水相依，也使该地区具备了得天独厚的地缘优势。西南边境毗邻尼泊尔、不丹、缅甸、越南、印度和老挝，东部濒临北部湾，向西与缅甸接壤，北部依祖国大陆，南望中南半岛，边境线长达 7100 公里，占我国陆地边境线的三分之一左右。

2. 良好的边境交通网

由于西南边境独特的地理优势，西南边境两侧已构建起良好的双边交通线。主要的交通线包括铁路和公路，其中，国际铁路有昆明—河口—河内、南宁—友谊—河内；公路有昆明—曼谷、昆明—河内、昆明—仰光；水路有北部湾水域“通道”、澜沧江至湄公河航线、伊落佤底江航线及红河水路。同时，西南边境的航线也较为发达，云南境内就建有昆明国际机场、西双版纳机场、保山机场等 11 个机场；广西境内则建有南宁吴圩国际机场、桂林两江国际机场等 4 个机场。同时，边境各国的机场已实现互航，广西南宁至河内、云南昆明至河内的航程仅半个小时左右。此外，水路的主要口岸处还建有一些简易公路便于实现边境两侧的交通联系，包括畹町、瑞丽、水口、龙帮等主要口岸，其两侧都建有这类公路来保证双边的交通便利。我国的西藏自治区也拥有五个口岸，如樟木已成为我国的一类口岸，普兰、吉隆、日屋是我国的二类口岸。可以说，西南边境地区已建设起比较完善的边境口岸系统，目前共有 28 对边境口岸，包括 12 对国家一类口岸及 16 对二类口岸。完善的边境口岸体系，为我国西南边境双边的联系发展提供了基础。

3. 丰富的自然资源

西南边境地区地处云贵高原地区，山高谷深，拥有丰富的森林资源、矿产资源、水能资源及旅游资源。气候适宜，造就了西南地区 30% 的森林覆盖率；昼夜温差大，为农作物及各类珍稀动植物的生长提供了足够的条件。西南地区独特的地形及气候条件，使其蕴藏了各类丰富的自然资源。

---

① 邓钰靖．西南民族地区边境贸易发展的影响因素研究［D］．中南民族大学，2009.

（三）西南边境的经济状况

1. 改革开放后西南边境商贸往来的发展历程

（1）起步时期（1985—1991 年）

从 1985 年开始，我国对边境的互市限额进行了松绑，中缅、中老边境的边境贸易取得空前的繁荣发展。1988 年以来，中越边境也愈加和谐，边境人民的互市贸易开始频繁起来。然而，这一时期边境间的贸易多为自发行为，交易的规模比较小，范围也相对局限，但因边境贸易的不断发展，边境吸引了大量的人口和产业聚集。例如，中缅边境的城市瑞丽，1984 年至 1990 年，该城市的互市交易额比之前多了四倍，人口从原来的几千人发展到 3.5 万人。

（2）逐步上升时期（1992—2010 年）

在这一时期，国家和地方政府根据边境贸易的发展状况相继推出了一系列边境贸易优惠政策，从而为边境贸易注入新的活力。国家开放包括瑞丽、河口、东兴等十几个边境城市，建立边境经济合作区域，进一步取消了对边境小额贸易的限制，使边民互市的限额不断得以提升。自此，西南贸易区域已由先前的边民互市贸易，向更宽领域、辐射多国的跨国贸易转变。同时，因此而发展起来的边境口岸城市，其产业和人口都得到了相应增长。

表 1.1 中国西南边境城镇基本情况

行政单元	主要边境城市	对外区位	主要政策扶持	主要交易会展平台
崇左市	江州、凭祥	东盟陆路交通门户	国家边境经济合作区、沿边陆路综合保税区	中越边关旅游文化节、中越商品交易会
防城港市	防城港、东兴	与东盟海陆河相连	国家边境经济合作区、国家开发开放试验区	中越边境商品交易会
红河州	蒙自、河口	东盟陆路交通门户	国家边境经济合作区	中越（老街）国际贸易交易会
西双版纳州	景洪、磨憨	东盟陆路交通门户	省级边境贸易区（磨憨）	边境贸易旅游交易会
德宏州	芒市、瑞丽	面向西南开放	国家边境经济合作区、国家开发开放试验区	边境贸易旅游交易会

（3）深度发展时期（2010 年之后）

自 2010 年起，我国与西南地区边境邻国的贸易合作程度不断上升。中国—东盟自由贸易区的建立、中缅两国油气管道的合作建设为我国与边境邻国的发展提供了良好的条件；同时，我国政府也出台了《关于支持云南省加快建设面向西南开放重要桥头堡的意见》，促进了北部湾经济区的有效推进，东兴和瑞丽两个口岸城市也被列为我国重点开发开放的边境实验基地。此外，边境邻国也为双方的合作发展开辟了道路：越南政府推行了关于到2020年越南与中国边境地区的建设规划；缅甸政府则大力支持中缅两国跨境区域的交通基础设施及经济合作区的筹划工作；老挝政府更是开始转变其边境特区的政策以推动中老两国的长久经贸合作发展。这一系列的有利条件，为边境地区的贸易发展提供了可靠的外部环境保障。

（四）西南边境地区的严峻形势

1. 民族问题突出

我国西南部是多民族的聚居区，各个民族的交往和联系频繁。然而，由于不同民族间的文化差异较大，且属于同一族系，但地处边境两侧的人民也会因为国家内部文化的不同而产生差异，仅中越边境就有9个少数民族跨境而居，致使民族问题成为困扰边境发展的首要问题。而处于边境两侧的民族也会受到他国政策的影响，如越南推行的边境民族政策就会使中国边境同一民族产生对比，在心理上造成一定的负面影响。此外，外部敌对势力也趁机对我国西南边境地区进行渗透，破坏边境稳定的发展环境。尤其是近些年来，毒品成为境内外势力渗透边境的首要武器，不择手段地向西南边境输入毒品，致使边境部分少数民族家庭经济破产、冒险犯罪，成为影响西南边境稳定的最大阻碍。

2. 毒品及艾滋病的危害之大

云南边境是我国毒品贩卖最集中的区域，每年所缴获的毒品数量几乎占全国比例的50%。而该区域的吸毒人员数量也居全国首位。云南德宏州的瑞丽市是受毒品危害最早的地方，据调查，2006年全市共204个自然村，有201个村庄存在吸毒人员。而因吸毒导致的违法犯罪案件也时常发生，据相关统计，2009年6月到2010年5月，广西公安机关因毒品违法犯罪而破获的案件达6800多起；而2010年5月至6月，仅一个月左右的时间，就破获毒品违法案件585起，缴获约220千克违禁毒品。而因毒品引发的艾滋病传播形势更为严峻，使得西南边境地区的社会治安形势严峻，严重影响了当地的稳定和发展。

3. 受教育程度普遍偏低，多语言教学开展困难

西南边境地区受到地理因素的影响，自古以来交通不发达，与外界的联系较少，整体的教育水平比较落后。同时，各民族拥有自己的民族语言和风俗，日常的生产生活都以本民族的语言开展交流，汉语水平普遍偏低，这意味着以汉语为教学形式的基础教育在该地区行不通。据调查，边境一带教师明显感觉到学校学生在学习汉语的时候比较吃力，毕竟他们在日常生活中完全是用本民族语言进行沟通交流，所以必须使用多语言的教学模式来抓基础教育，才能推动边境教育事业的发展。而现在面临最大的问题是多语言教学的人、财、物的不足，缺少足够的资金支持、具备多语言教学能力的师资及多语言教材，致使多语言教学停滞不前。

4. 留守儿童问题凸显

西南边境受地理环境等因素的限制，经济发展水平远远落后于其他地区，故外出谋生者较多，年轻一辈基本都外出打工，家里留下的几乎都是老人和小孩，所以留守儿童较多。关于边境地区的留守儿童，学者们的研究成果颇多。如学者蒋珍莲在《边境民族地区教育发展的问题及策略探析——以广西边境民族地区为例》一文中就谈到了广西边境地区的留守儿童问题，提出该地区留守儿童比例高和家庭情况特殊、背景复杂两大主要问题。一是因外出打工家庭较多，留守儿童数量过多；二是边境地区少数民族聚居密度较大，留守儿童以少数民族为主，同时留守儿童的家庭与边民存在较为复杂的关系，致使留守儿童情况比较复杂。

（五）西南边境跨境发展的展望

首先，由于国家安全利益和地缘政治的需要，中国西南陆疆越来越受到战略关注。中国对西南周边国家的影响力需要通过加大民间外交和公共外交来实现，而西南边境城市的发展为国家需要提供了不可或缺的战略支点。

其次，按照中国—东盟自由贸易区实施时间框架，东盟新成员（老挝、缅甸、柬埔寨、越南）的一轨产品从2005年起开始降税，至2015年将关税降为零，二轨产品在2018年1月1日前取消关税。中国与东南亚和南亚经济互补性很强，互利合作将不断加深，经济一体化进程不断推进。

再次，中国与西南邻国间的国际交通走廊即将形成，对跨境地区发展的支撑不断增强。中越国际大通道从昆明经河口进入越南，目前已实现公路高等级化，高速公路和铁路国内段2015年前建成；中泰国际大通道从昆明经磨憨进入老挝再到泰国，目前昆明至曼谷公路已贯通，国内段高速公路已建成；中缅国际大通道从昆明经瑞丽到缅甸，直达印度洋港口皎漂，目前昆明至瑞丽高速公路即将贯通，大理至瑞丽铁路正在建设。

最后，西南邻国虽还属于欠发达国家，但未来发展潜力巨大。例如，亚洲开发银行2012年8月发布报告预计，缅甸未来20年年均经济增长率将达到7%—8%。缅甸、越南和老挝未来与中国经贸合作不断深化，为跨境城市的发展提供了持续的动力。

二、西南边境人口状况

（一）人口状况概述

特殊的地理位置赋予西南边境地区独特的政治、经济、文化背景，也导致了西南边境地区复杂的人口状况。我国西南边境地区有8000多公里的边境线，与缅甸、越南、老挝、印度、不丹、锡金、尼泊尔等7个国家接壤，跨境民族多；覆盖了我国西藏、广西、云南地区，少数民族人口多，民族构成复杂，数据显示，西南边境地区总人口有2亿多人，少数民族人口约有5000多万人，人口情况十分复杂。

（二）人文特征

1. 多元民族文化相互交融

自然环境为人文环境的形成提供解释，地理位置的相近是影响历史往来、民族同源、文化经济共同体的逻辑起点。从区位来看，西南地区“北接黄河流域，南与印度、不丹、缅甸、老挝、越南等国为邻，是连接亚洲大陆腹地与印巴次大陆及中南半岛的枢纽”，与边境各国可谓山脉同缘，江河同源，历史、族源、语言、文字、习俗、宗教等有诸多同质性，表现出多元民族文化相互交汇的人文特征。

在经济层面，枢纽式的地理位置与复杂多样的自然环境，客观上造就了东南边境地区多元的民族经济文化类型：北方草原游牧文化、中原旱地农业文化和南方水田稻作农业文化在这里交汇和碰撞；东亚大陆的农耕文化与西太平洋渔猎文化在这里延伸与交融。不同种族、不同文化在西南地区汇聚之后，必然要发生剧烈的碰撞，或战争或友好，或融合或分化，结成种种复杂的联系，并对西南地区的经济发展产生重要的影响；在文化传统层面，藏尼这两个毗邻的民族，存在亲密的关系，今天尼泊尔境内的路巴人、塔芒族等在体形、外貌特征以及民俗、信仰、服饰语言、饮食文化等方面都保留着较浓厚的藏族文化传统；在思想层面，中国的儒家思想、汉传佛教和道教与印度文化、阿拉伯文化、西方文化一起，对东南亚伦理思想影响深刻。

2. 语言文字相通、风俗习惯相近

语言是不同民族的主要区别之一，是对民族特征比较全面而深刻的体现，也是民族发展所依赖的工具。汉藏语系是亚洲最大的语系，按照谱系分类法可分为汉侗语族、苗瑶语族、藏缅语族等以及相应语支，主要分布在中国以及越南、印度、泰国、老挝、缅甸等东南亚国家。其中，在我国使用人数有十亿多，仅西南民族地区就几乎包括了以上所有语族。语言的发展深受民族交往的影响，源自同语系的语言也会促进民族间的交流往来。云南与缅甸、老挝、柬埔寨地理边境接壤，历史往来密切，语系也大体相同；广西与越南山水相连，文化相通，语言文字相互融合、混合的痕迹鲜明。

文字是语言的载体，西南边境地区与接壤国家民族、文化同源，不难发现两者在语言文字上存在不同程度的相互借用、彼此融合、混合。现代越南语中，汉语借词约占全部词汇的70%。此外，越南人民对龙的崇拜与中国人类似，将龙视为吉祥、尊贵的象征，许多地名有龙字，许多建筑物、工艺美术作品中有龙的形象。

在风俗习惯方面，西南边境相邻的不同国家的民族在春节、清明、端午、中秋等节日的庆祝方式相似；除了传统节日，南亚和东南亚各国和我国广西、云南、西藏等民族地区有着共同的民族节日及其习俗，如广西壮族和越南岱族、侬族都有三月初三赶歌圩的习惯；双方的瑶族都把盘王当作是本民族的王牌位，并于腊月二十日至三十日内举行祭祀。此外，两者在饮食烹调以及生活习惯方面都表现出明显的相似性。

3. 宗教信仰相似

宗教信仰方面，西南边境地区及接壤各国的主体宗教都是佛教，佛教建筑风格较为一致。

在我国西南地区，彝族、羌族、傈僳族、拉祜族、布依族、佤族等少数民族多信仰原始宗教，包括自然崇拜、图腾崇拜、白石崇拜、祖先崇拜、鬼神崇拜等。除此之外，大多数少数民族的宗教信仰以佛教为主，或由佛教演化而来。在云南有26个民族，其中跨境民族有22个，这些民族大多信仰佛教。佛教在唐代晚期盛行于云南洱海地区，传入广西后，对壮、瑶、苗、侗、仫佬等少数民族的文化产生了一定的影响，并与少数民族固有的原始宗教信仰等结合起来，形成具有地方和民族特点的佛教文化；在西藏自治区，群众普遍信仰藏传佛教，形成了以寺庙为中心的教区，并对当地的社会经济文化产生重要影响。同时，与我国西南民族地区相邻的南亚及东南亚民族各国受佛教文化的影响甚深，东南亚与印度和斯里兰卡海陆交通便利，而且也是中印航道必由之路，佛教很早就传入这一地区。佛教已成为东南亚文化的一个重要特色，同时也是中国与东南亚文化沟通的重要渠道。

4. 跨境民族相互影响

我国有三十多个民族与境外同一民族相邻而居，语言文字相通，风俗习惯相同，相互之间有着密切关系，也存在相互影响。例如，缅甸的掸族和云南的傣族是同一民族，老挝的主体民族和泰国的主体民族泰族与云南的傣族有密切的血缘关系，缅甸的克钦族和云南的景颇族是同一民族，越南的主体民族越族与中国的京族是同一民族。这些民族属于共同族源的不同民族，或者是同一民族的不同支系，语言文字相同，风俗习惯相似，宗教信仰一致，加之千百年来有密切的血缘、心理、姻亲关系，这种自古以来久盛不衰的社会文化经济联系，成为边贸经济合作的基础和重要纽带。当跨境民族与国内其他民族和睦相处时，跨境民族之间的交往和联系便会更多地注重于经济文化方面，对国家的外交决策会发挥积极影响，成为加强国家间睦邻关系的积极纽带。

（三）经济水平情况

西南边境地区的地理环境和历史文化传统较为特殊，各地区之间发展不平衡，生产力水平层次参差不齐；产业结构亦呈现失衡现象，二三产业所占比例较低，第一产业所占比例偏高。整体经济发展水平并不高，经济基础较为薄弱，GDP普遍偏低。以2009年为例，这一年全国人均GDP达25575元，而云南地区仅为13539元，仅为全国平均水平的一半。边境地区的经济发展水平更低，以云南省临沧市和德宏州为例，该市、州人均GDP分别为7590元和9728元，仅占全国人均水平的29.7%和38%；此外，由于该地区受教育水平和文化素质普遍偏低，致使该地区边民无法与其他发达地区的居民享有平等的利益分配、社会资源以及基本公共服务。同时，该地区各个民族之间由于物质利益差距等不协调的利益关系，使不同民族存在经济等各种不同的利益冲突和矛盾。而这种差距如果长期不能够得到有效的解决，边境地区各民族之间就会产生一种不平衡感，这会成为西南边境地区社会稳定的一大阻碍因素，影响我国整体的和谐建设。①

我国西南边境边界线长，地处偏远地区，同时也是少数民族聚居区。学者薛晔在《基于中国西南边境农户收入差距的分解分析》一文中谈到了云南边境河口、金平、绿春、红河、元阳及屏边六个县的农户收入差距情况，使读者对西南边境的收入情况有了整体的理解和把握。其中，金平苗族瑶族傣族自治县位于红河州南部，边境线长达502公里，位居全省第二，与越南老街、莱州两省的坝洒、清河、封土、孟德四个省接壤。绿春县的边界线长为153公里，与越南接壤；河口县则位于红河州的东南部，边界线长193公里，毗邻越南老街；红河、元阳和屏边三县则处于以上三个城市的正南方。这些地区存在一个共同的特点，即处于边疆地区，多位于山区，家庭较为贫困，为多民族聚居区、原战区。而贫困问题则成为影响该地区发展的主要“瓶颈”。该地区的贫困人口分布在三个区域，其一是边境贫困带；其二是金平西北部的喀斯特缺水贫困带，这部分区域因地表时常缺水，土地贫瘠，生产生活条件极差；其三是中部高海拔贫困带，该区域地处高山地区，气候寒冷，对生产的发展影响较大。

（四）西南边境流动人口带来的社会问题②

1. 枪支走私问题

西南边境地区山高林多，幅员辽阔，各类枪支，尤其是火药枪市场非常大。而且由于中越战争遗留下来的枪支及走私问题、贩毒分子的需求等因素，有很多枪支散落在民间，甚至出现较为严重的涉枪犯罪事件。在中老交界的磨憨口岸附近，有些墙上可以明显地看到贩卖枪支的广告。由于战争而遗留在西南边境地区的枪支弹药，多年来很难做到彻底收缴，这一现象在云南省文山州的中越边境一带最为突出。而红河、文山两州辖下的中越边境沿线地带为云南境内走私枪支活动的高发区，一般为军用装备，有少量的轻机枪和火箭筒，更多的是各类配套的子弹和手榴弹、手雷、军用炸药和长短枪支。前期的枪支来源主要是中越边境战争期间散落民间的军用装备，还有一部分是越南难民私带入境的武器；近几年来则更多是从越南走私入境，中介多为越籍商贸人员、境内外双方边民和滞留我方境内的越南难民。

---

① 张云莲，杨迎潮．西南边境民族地区和谐问题思考［J］．云南民族大学学报（哲学社会科学版），2011（1）．

② 陈真波．西南边境地区跨国流动人口的现状与问题［J］．贵阳学院学报（社会科学版），2010（1）：107－108.

2. 妇女儿童被拐卖问题

多种原因导致改革开放之后我国又频繁出现拐卖妇女儿童的现象，而最大的人口卖出地就是西南地区。据统计，仅2004年，我国公安机关就破获2474起拐卖妇女案件，解救5461名被拐卖妇女；破获1975起拐卖儿童案，解救3488名拐卖儿童。①

由于地区人口性别比例失衡，经济发展不平衡，加上当地人民的法制观念淡薄，几年来，湄公河流域（包括柬埔寨、老挝、缅甸、泰国、越南和中国的云南、广西、广东三省）出现了越来越多的跨国拐卖妇女儿童的犯罪活动。在2005年7月至8月，在广西公安机关与越南警方联合开展的打击跨国拐卖妇女儿童犯罪专项行动中，公安机关破获27起跨国拐卖越南妇女儿童和强迫越南妇女卖淫案件，共抓获37名犯罪嫌疑人（其中越南籍犯罪嫌疑人17人），解救105名被拐越南妇女。② 相比较之下，我国被拐出境外的妇女的命运则更为凄惨，其中少数被卖为人妻，另外大部分都被卖进缅甸、泰国的妓院，从此在那里度过凄惨的一生。

3. 色情业泛滥问题

据统计，有七成被贩卖人口是女性，绝大多数都被迫成为性工作者。由于靠近我国的境外有关当局监管不力，也使色情产业越发猖獗。之后越南政府宣布要打击色情业，与此同时，世界卫生组织官员呼吁越南使色情业合法化。他们认为这样可以使色情服务者不再处于地下活动状况，而目前这种情况会使她们的健康教育不到位，从而使艾滋病等性疾病传播的范围扩大。③ 由此可见越南色情业的严重程度。不少境外地方政府甚至把色情业作为吸引游客、开发当地经济的一个重要产业，在缅甸民族政权控制的地区，这种情况更为公开。

在陈真波（2010）关于《西南边境地区跨国流动人口的现状与问题》的研究中，也曾提到他在广西浦寨走访时所发现的人口拐卖、卖淫嫖娼等涉黄违法活动，情况十分严重。

4. 地摊银行存在的问题

目前，我国与越南和缅甸的边贸结算以银行边贸结算、现金结算、个人银行储蓄存款账户结算、“地摊银行”结算等四种模式为主。

其中，地摊银行处在非法与合法的界限模糊的边缘。其具体做法是：“地摊银行”业主根据客商的要求把货款按商定的汇率兑换成人民币（或越南盾）后汇入指定的账户。“地摊银行”采用这种方式无须大额现金进出境，只需要把收到的现金就地存入预先开立的中越边境各个商业银行的存款账户就可以了。由于“地摊银

① 张周来．异国噩梦：中越联手打击跨国拐卖妇女儿童犯罪活动纪实［E/O］．新华网广西频道，http：//news. xi nhuanet. eom/focus/2004 — o7/01/eontent_ 1552167. htm.

② 2005年广西公安十大新闻［E/O］．http：//www. gazx. gov. en/text_ view. asp？newslD＝11080.

③ 王星，李菁．亚洲的性与艾滋（下）［J］．三联生活周刊，2001（43）：1—6.

行”结算速度快，实力雄厚，汇率灵敏，效率高，再加上一些客商为了走私、偷税，所以对很多人吸引力较强。大量的人民币现金游离于银行之外，对边境货币管理造成不利影响，“地摊银行”也会对边区的社会治安不良的影响。

5. 外流人口所引发的国际争端问题

一些外流人口到境外后，自发组织起来，逐渐发展壮大成黑帮团伙。在老挝北部，曾出现一个主要由川、湘、滇三省籍为主的非法出境人员组成的群体，他们先是在山林中开荒垦殖，后又开矿、经商并在附近公路设卡收费，鼎盛时期群体成员达到近千人，且拥有社会组织和武装。后来，在中老两国政府的努力下，才将这些人全部迁回国内。① 而与该问题相关联的“枪支军火走私”问题，也很容易引起边境国家之间的矛盾和争端。以上问题对国家稳定和边境的发展都有着巨大的影响，并与人口流动有着紧密的联系，我们甚至可以说，边境的所有社会问题都是和人口流动有关的，都是伴随着人口流动发生的，所以本书力图从流动人口的角度考察西南边境的问题。在上面的介绍中，我们也发现，在西南边境居民和流动人口中，以少数民族为多，尤其以跨界民族为主，在本书中，我们会重点从跨界民族的角度对总体人口流动状况进行调研和分析。

第二节　研究方法、路径及创新点

一、研究总体与内容

跨界人口流动较之通常意义上的人口流动，最显著的区别便在于其流动在空间上至少跨越了某两个主权国家共有的边界线。本书主要研究西南地区跨界人口的流动情况，基于理论与案例相结合的研究思路，对西南地区跨界人口流动的现状、流动原因、流动的特征、存在问题等这几个方面进行重点分析，本书的主要内容如下：

第一部分，西南边境的概况。这部分介绍西南边境独特的地缘优势、潜力巨大的边境贸易，着重介绍西南边境的人口状况。同时，我们也会在这章对整个研究做一个总体介绍。

第二部分，综述和基础理论介绍。本部分主要包括两个部分：一是跨界民族的相关理论和综述，二是跨界人口流动的相关理论和综述。西南边境跨境民族的存在与流动，是一个自然的历史地理与人文地理过程产物。跨界民族的流动属于人口流动的范畴，因此，该部分着重介绍了人口流动的理论以及学者对跨界民族的研究成

① 谌彦辉. 模糊的边界——云南十万边民移居海外［J］. 凤凰周刊，2007（19）：1—6.

果，为研究西南边境跨界人口流动提供强大的理论支撑。本部分也会介绍人口流动方面的基础理论，并介绍跨界人口流动的现有研究成果。

第三部分，西南边境跨界人口流动的状况。重点围绕中缅边境和中越边境的劳务流动、商贸流动、通婚及访亲流动、教育及人文宗教流动、犯罪流动以及越南难民的跨境流动等进行讨论。以典型的案例作为例证，具体真实地呈现西南边境的跨界人口流动的状况。

第四部分，对西南边境跨界人口流动的综合分析。综观西南边境跨界人口流动的状况，从整体上归纳西南边境跨界人口流动的特征、存在的问题，并针对存在的问题尝试性地提出建议与对策，以期为解决类似西南边境地区的跨界人口流动问题提供参考和思路。

二、研究方法

本书主要采用文献分析、调查分析、统计分析相结合的研究方法。

文献分析，是在尽可能检索已有的人口流动、跨界人口流动、跨界民族人口流动、西南边境跨界人口流动等研究文献的基础上，对已有研究提出的观点、结论进行分析，形成本书的研究基础。

调查分析，以西南边界中越和中缅的跨界人口流动为重点研究对象，选取中缅和中越边境线上的典型地区（如云南边境和广西边境），实地调研，并采用访谈和问卷的方法，获取相关的资料与数据，为西南边境跨界人口流动的状况研究提供具体、真实的案例支撑。

统计分析，结合相关的年鉴数据以及实地调研的数据，使用回归分析方法，分析中缅和中越边境跨界人口流动的特征，从整体上把握西南跨界人口流动的现状以及存在问题。

三、研究路径

本研究在理论梳理和分析的基础上，以“跨界民族”等基础定义为基点，首先从理论上分析跨界民族的相关问题，在此基础上，全面呈现西南边境跨境人口流动的调研案例，分析中缅、中越跨境人口流动的相关特点，最终综合分析西南边境跨境人口流动的相关特点，并提出解决问题的相关建议和措施。

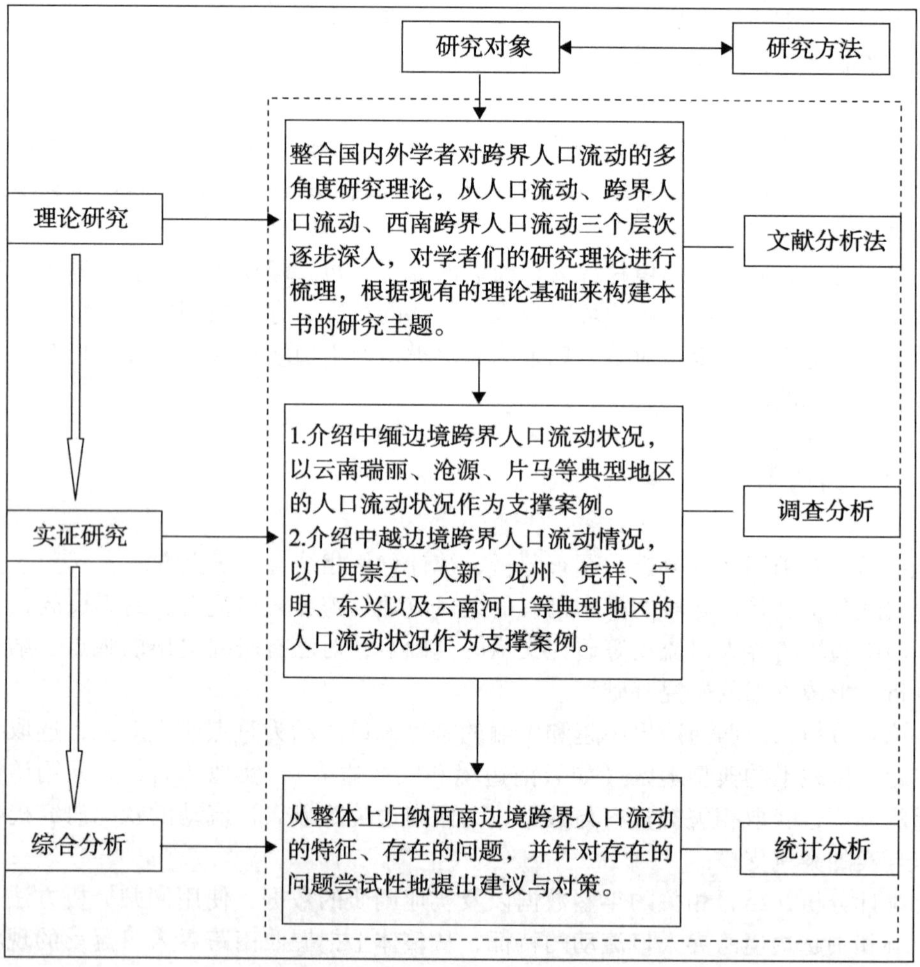

图 1.1

四、研究的创新点

本书首先从民族学、社会学、人口学以及管理学相结合的视角，运用多学科整合的方法对西南跨界人口流动进行研究。其次，在方法上力求做到田野调查法与文献研究法相结合。目前，有关西南跨界人口流动的文献资料不多，但它对于本书的研究却是不可或缺的。所以，本书尽可能多地搜集资料，参考前人的研究成果，首次对中缅和中越边境的典型地区进行广泛、深入的田野调查，这使相关问题的论证更具说服力。最后，以人口流动为视角讨论边境安全，不仅对跨界民族跨境人口流动的管理带来帮助，同时是对我国边疆稳定研究的一种新补充。

第二章　跨界民族

伴随20世纪80年代后期的第三次世界民族主义发展，国内对跨界（境、国）民族的研究再次掀起了新的高潮。20世纪80年代，中央民族大学陈永龄教授最早明确提出“跨界民族”这一概念及相关理论。目前，国内关于我国跨国界而居的民族的研究已经形成了一定的规模和气候。

第一节　跨界民族的概念界定

20世纪80年代，中央民族大学陈永龄教授最早明确提出“跨界民族”这一概念及相关理论，这一概念自1986年被正式提出以来，在其定义和内涵上的争议从未停止。民族学界对这类特殊群体的称谓不尽相同，主要有“跨界民族”、“跨境民族”和“跨国民族”之称。后来还出现了“跨界人民”、“历史民族”、“无国家民族”等概念，给我们对这一特殊群体的理解和研究带来了很大难度。

20世纪80年代中后期，学术界针对同源而跨国分布民族的研究被确定为专门的研究方向和课题，明确提出了“跨界民族”、“跨境民族”和“跨国民族”的概念，并不同程度地进行了一些理论探索，但学术界在这三个概念的定义及内涵方面仍然存在许多争议。

而关于“跨界民族”的概念，随着学界研究的深入，不断有新的分歧出现，尤其关于“跨界民族”的概念界定至今没有达成统一的意见。

一、跨界民族的定义

关于“跨界民族”这一称谓，始于20世纪80年代，较早提出和使用这一称谓的学者是金春子、王建民，在他们的研究中，他们认为，“跨界民族是指由于长期的历史发展而形成的，分别在两个或者多个现代国家中居住的同一民族。所谓‘界’是指国界。”他们还强调指出其使用的“跨界民族”既指紧靠边界两侧、居住地直接相连、分居于不同国家中的同一民族，也指在相邻国家的边界附近地区活动的同一民族，多数跨界民族的分布地是连在一起的，但也有少数同一民族可能会与其他民族相隔，居住地没有直接相连。他们还提出了这样的观点，“近年来，有人也经常在各种场合使用‘跨境民族’一词，境即指国境线，跨境即跨界。不过，在使用中似乎‘界’较‘境’更确切一些”。①

主张“跨界民族”称谓的典型代表是葛公尚，在葛公尚的《试析跨界民族的相关理论问题》这篇研究文献中，他曾对使用这一称谓的理由做了充分的分析和解释。他认为：“就字面意义而言，跨界民族应当包括一切因政治疆界与民族分布不相吻合而跨国界居住的民族。”并且提出：“跨界民族具备两个必不可少的特征，一是原生形态民族本身为政治疆界所分隔，二是该民族传统聚居地被政治疆界所分割。换言之，原生形态的民族在相邻的国家间跨国界而居，他们的地理分布是连成一片的，他们是具有不同国籍的同一个民族。以上的双重限定的意义，首先在于把跨界民族与散居的移民区分开来。”他进而分析道：“居住在中国与东南亚大陆诸国交界地区的傣、壮、景颇、佤、拉祜、哈尼等民族就是跨界民族，而散居在东南亚各国城镇地区的大批华人则不属于跨界民族，而是移民群体；分布于我国东北的朝鲜族，因与朝鲜半岛的朝鲜人和俄罗斯远东地区的朝鲜人地域连成一片，为典型的跨界民族，而分布在哈萨克斯坦的朝鲜族就不属于跨界民族；分布于新疆地区的哈萨克、柯尔克孜、塔吉克等族，因有同族群体毗邻分布在哈萨克斯坦、吉尔吉斯斯坦和塔吉克斯坦等国，是跨界民族，而哈萨克斯坦的东乡族和我国的回族则不属于跨界民族。”

2004 年，刘稚在他的论文《跨界民族的类型、属性及其发展趋势》中提出了自己的观点，她认为当今世界各国的民族和跨界民族有两种类型，“一种是政治人类学范畴的人们共同体，一种是文化人类学范畴的人们共同体”。同时，她认为构成跨界民族的三个基本要素是：①历史上形成的原生态民族；②同一民族的人们居住在两个或两个以上的相邻国家；③民族传统聚居地被国界分隔但相互毗邻。因此，跨界民族就是指历史上形成的而现在分布在两个或两个以上国家交界地区毗邻而居的同一民族。

中国社会科学院的曹兴在 1999 年提出“跨界民族”应分为狭义和广义两种：“狭义的跨界民族是一切因政治疆界与民族分布不相吻合而跨国界而居住的民族；广义的跨界民族既包括被国家分隔、消极被动跨界而居的民族，也包括积极主动移民跨界而居的民族。前者是国家分隔的产物，后者是移民的产物。”② 2004 年他又指出：“跨界民族是那些原来民族和其传统聚居地都被分割在不同国家内而在地域上相连并拥有民族聚居地的民族，跨界民族是被动（被不同国家政治力量）分割的

① 金春子，王建民．中国跨界民族［M］．民族出版社，1994.

② 曹兴．跨界民族问题及其对地缘政治的影响［J］．民族研究，1999（6）．

结果。"[①] 2006 年 9 月，民族出版社出版了葛公尚主编的作为 1996 年以来对"跨界民族"研究的总结性成果《当代国际政治与跨界民族研究》一书，其中对"跨界民族"的界定依然采用作者 1999 年在《试析跨界民族的相关理论问题》中的定义。而对于这一定义，学术界仍存在不同的看法。

在近几年的研究中，严庆等人认为：就"跨界民族"的字面而言，"界"系指国界、疆界，它与一个国家的领土主权密切相连，"跨界民族"则表明一个民族的分布范围与政治上的国家疆界不吻合、超出国界范围。在他们的《浅谈跨界民族的认同构成及调控》一文中，首次提出了"实界"跨界民族和"虚界"跨界民族的划分。他们认为："实界跨界民族因为有具体的国界因素存在，因而跨界民族问题往往直接涉及相关国家的主权问题，乃至边疆地区的发展和稳定问题。而虚界跨界民族因为与现实的国界因素脱离，因而与之相关的民族问题对相关国家的影响往往是间接而迂回的。"[②]

二、跨界民族与跨境民族、跨国民族、跨国界民族的辨析

（一）跨境民族

跨境民族是跨国境而居，但在地理上可能并不连成一片的同一民族，共同的民族起源和相互认同的民族意识是其构成的基本条件。1982 年范宏贵教授在其论文《我国壮族与越南岱族、依族的古今关系》一文中明确提出了"跨境民族"这一概念。此后，"跨境民族"这一概念在我国学术界得到了相当的认同和较大范围的使用。较早提出和使用"跨境民族"这一称谓的学者是姜永兴、刘稚、申旭、朱宁和胡起望等。但姜永兴、刘稚、申旭、朱宁在研究中认为"跨境民族"与"跨界民族"没有根本区别。姜永兴对"跨境民族"进行简洁明了的定义，即"同一族分别居住在国境线两侧系称跨境民族"；刘稚、申旭认为"同一民族在国境线两侧相邻而居称跨境民族"；朱宁在《中国跨界民族》的序言中写道："事实上，跨界民族或跨境民族的含义是基本相同的，前者为边界两侧，后者为边境外，从总的概念上来说并无二致。"因而两者的内涵基本相同。而胡起望则认为"跨境民族"是和"跨界民族"不同的另一个概念，他提出："跨境民族就是分别在两个或两个以上的国家长期居住，但又保留了原来共同的某些民族特色，彼此有着同一民族的认同感的民族"，并且认为："他们虽然长期分居于不同国家，受当地主体民族或其他民族的不同影响，在语言、服饰、物质文化与精神文化等各方面有了不同程度的变

---

① 曹兴．论跨界民族问题与跨境民族问题的区别［J］．中南民族大学学报（哲学社会科学版），2004（2）．

② 严庆，周涵．浅谈跨界民族的认同构成及调控［J］．民族论坛，2012（6）．

化，但是在他们传统文化的底层，以及日常生活的深处，与原来的民族传统是有着千丝万缕的关系"①。他还将跨界民族与跨境民族做了一定的区别，认为跨界民族较突出的特点是他们的地理分布基本上是连成一片的；而跨境民族的地理分布可能并不连成一片，有的从居住的第二国迁入第三国、第四国，他们不仅可以跨国居住，有的还远渡重洋，成了跨海洋而居的民族；跨境民族是一个比跨界民族更宽的概念，跨界民族是跨境民族的一部分。这一概念的界定最明显的特点在于它并没有强调这类特殊群体在居住地域上的相连，而且认为跨界民族只是跨境民族中最靠近边界的那一部分。这里他所使用的"跨境民族"中的"跨境"不是"跨边境线"而是"跨国境"，使用的是一个外延更大的概念。而按照这样的界定，那些跨洋而居地域并不相连的同一民族，也在"跨境民族"的界定范围之内。

然而也有学者认为跨境民族可以有狭义和广义两种："狭义的跨境民族就是同一民族跨国界线分居在不同国家，他们的民族名称、生活习俗、语言文字等基本保持密切的联系，此类为多数，系我们所指的跨界民族；广义的跨境民族则是在迁出数百年或更长时期以后，迁出的一部分在当地有了一定的发展变化，他们或者受当地主体民族的影响，或者在发展中与原来的部分在某些方面产生了差异，在不少方面有了鲜明的个性，但是只要他们存在着同一民族互相认同的民族意识，就是跨境民族。"②

曹兴认为要把"跨界民族"的内涵界定清楚以后才能更全面地理解"跨界民族"，并且指出："跨界民族与跨境民族的根本区别不在于'是否跨界'，而在于主动和被动的区别，跨界民族是被国家主权政治分割的产物，而跨境民族是民族主动跨境即移民的结果。"③

（二）跨国民族

主张使用"跨国民族"这一称谓的学者有马曼丽、周建新等。兰州大学的马曼丽曾在《中亚研究——中亚与同源跨国民族卷》中明确提出并首次系统地阐述了"跨国民族"的概念。她认为，国内学术界广为使用的"跨界民族"和"跨境民族"两种称谓均有一些不足之处，因为"给人的感觉总是较为强调民族跨居相邻两国边界或边境。这种跨居现象虽然是最常见的，但是在全球化时代，跨界民族往往因流动频繁已跨居两个以上不相邻的国度，甚至发展到远隔重洋或遥跨数国，这样的现象在世界上极为寻常。这样，提出一个涵盖面更为宽泛的术语作为一个研究领域是有益的"④，因而其给出了"跨国民族"这一概念，并将"跨国民族"定义为

① 马启成等．民族学与民族文化发展研究［M］．中国社会科学出版社，1995.
② 葛公尚．当代国际政治与跨界民族问题研究［M］．民族出版社，2006.
③ 曹兴．论跨界民族问题与跨境民族问题的区别［J］．中南民族大学学报，2004.
④ 马曼丽，张树青．跨国民族理论问题综论［M］．民族出版社，2002.

“对跨居两国或两国以上（不管是相邻的，还是远离边境的）、基本元民族认同、相同渊源的人们群体的总称”。同时，她认为“跨国民族是一个兼有文化与政治内涵的特殊族体”。石茂明认为：“‘跨国族群’更加妥当，把分布在更宽范围的、不受陆地边疆和居住地连片之限制的同一来源的族裔群体称作为‘跨国族群’……把‘跨国族群’理解为一种广义上的‘跨境族群’，或者把‘跨界族群’、‘跨境族群’理解为狭义的‘跨国族群’，并坚持，‘跨境族群’和‘跨界族群’并无实质性差异”。①

周建新则从另一个角度强调了使用“跨国民族”的意义。他在《中越中老跨国民族及其族群关系研究》中认为：“‘边界’和‘边境’虽然都包含了国界和国境的意思，但字面上都没有涉及国家的概念，这是最主要的缺陷……而使用‘跨国民族’一词，不仅涵盖了‘界’和‘境’的内容，又直接表述了国家的概念，而且从政治民族的角度把同一文化民族进行了划分，这才是问题的关键。”他在专著《中越中老民族及其族群关系研究》中也指出：“我在本书中只使用‘跨国民族’一词最根本的理由是‘国’体现着民族的政治认同和归属。”而曹兴则认为：“跨国民族一词是移民的产物，它泛指跨居别国的民族，之间可能相隔一个国家，也可能相隔数个国家。”②

近些年来，有关“跨国民族”研究的成果颇为丰富，而且研究的视角也在不断多元化，研究领域也不断扩大。但总的来说，持“跨国民族”这一提法的专家学者较多的是强调这类特殊群体拥有不同的政治认同和国家归属，即强调其政治分隔性。尽管这样，在概念和内涵的界定上仍是“仁者见仁，智者见智”，并没有统一的定论。

（三）跨国界民族

无论是“跨界”、“跨境”还是“跨国”，当人们用其来修饰某种人们共同体时，目的在于指出这个共同体有怎样的历史和文化联系，以及其在现实中又有怎样的政治和领土分野。实际上，“跨界民族”、“跨国民族”、“跨境民族”虽是三个不同内涵的概念，但它们之间也有一定的共同点。广西民族大学的范宏贵教授是一位从事这方面研究比较早的专家，在他的文章中便将“跨国民族”与“跨境民族”混合使用。

而张兴堂主编的《跨界民族与我国周边的外交》中提到：“跨界民族只是跨境民族与跨国民族的一部分，跨境民族和跨国民族是一个比跨界民族更宽泛的概念。”在王清华、彭朝荣的《“跨国界民族”概念与内涵的界定》的研究中，他们指出了三个概念本身和内涵界定上的缺陷和不足，即①三者在地理分布和指称对象上既有

① 石茂明．跨国苗族研究［M］．民族出版社，2004.

② 曹兴．跨界民族问题及其对地缘政治的影响［J］．民族研究，1999（6）．

差别又有重叠；②各自研究的侧重点及视角不同；③三者的定义及内涵仍是交叉含混的，这种混乱状态给全面理解和认识这类特殊群体带来了很大的麻烦。从现实角度看，概念的繁多混乱和内涵的模糊，既不利于理论研究的深入，也不利于指导实践。因此，他们提出了“跨国界民族”这一概念，并把其定义为“由于国家政治疆界的分割而聚居于不同国家且拥有不同国籍，但在现实生活中仍保持着同一民族认同感的同源民族”，还提出了“跨国界民族”所具有的三大特征，即“跨居于不同国家的各部分已拥有不同的国籍；跨居于不同国家的各部分拥有相对集中的聚居地；跨居于不同国家的各部分仍保持着同一民族的认同感”。从这个角度来说，“跨国界民族”这一概念不但囊括了“跨界民族”、“跨境民族”和“跨国民族”的全部指称对象，而且在全面体现这类群体的地域性、政治性和社会文化属性的同时，将这类群体的历史和现实统一起来，从而弥补了其他三个概念的不足。首先，其体现了跨国界而居的特殊民族群体的整体与部分的统一；其次，“跨国界民族”体现了形成跨国界而居的民族的历史与现实的统一；最后，“跨国界民族”将跨国界而居的民族的地域属性、政治属性和社会文化属性有机统一起来。①

综合以上学者们的论述，我们可以看出，学术界在“跨界民族”称谓上的几种分析，都有一定道理。只是大家分析的角度不同，出发点不同，导致概念和内涵上的不同，所以出现了称谓上的分歧。在丁延松的研究中，他对“跨界”、“跨境”和“跨国”的使用进行了整合分析，其较倾向于使用“跨界民族”来描述这类群体。在他的《“跨界民族”概念辨析》一文中，他对倾向于此称谓的理由做了说明。认为：第一，如果单纯从与英文概念的对应来看，“跨界”最能体现其跨国界而居的状态。“跨境”着重描述的是一个民族的移民性，而“跨国”则说明了民族的国际性特征，均无法体现民族跨国界而居的特殊状态。第二，跨界民族最主要的就是国家边界将同一民族的不同部分分割开来。第三，在我国民族研究界及政治生活和社会舆论中，“跨界民族”正被越来越多的人使用，它已成为一个约定俗成的术语。而闫文虎曾在《跨界民族问题与中国的和平环境》一文中明确指出跨界民族不同于跨国民族和跨境民族，他认为：“跨国民族泛指跨居别国的民族，中间可能相隔一个国家，也可能相隔两个或者数个国家，如犹太人。跨境民族是从本国迁徙到其他国家境内（而不是边界）的移民而形成的民族集团，地处两国或三国或更多国家交界地区的才是跨界民族。跨国民族由于其居住地不相毗邻，不会产生涉及国家领土主权的问题。”刘涛认为：“跨界民族”的范围相对于“跨国民族”和“跨境民族”的范围较小，所以，用“跨界民族”这一术语来界定“生活在边界两边的同一个族群或民族”较为恰当。李学保在其《国内学术界关于跨界民族问题研究中的分歧和思考》中也同样提到，“其实，所谓跨界民族，无论称之为跨国也好，还是跨境也好，其‘界’、‘国’、‘境’的含义主要指向现代民族国家，因此，跨

① 王清华，彭朝荣．“跨国界民族”概念与内涵的界定［J］．云南社会科学，2008（4）．

界民族是一种既兼有国际关系和族际关系内涵，又兼有政治与文化内涵的特殊人群共同体和族群集团。”

而随着“跨界民族”、“跨境民族”、“跨国民族”在各种学术著作中的广泛引用，也有人对其概念的界定表示质疑。如朱伦先生认为：“跨界民族”是一个错误的概念，应该用“跨界人民”来取代“跨界民族”①。另外，跨界民族概念并非十分完善，近现代以来，出现了许多同一民族建立不同的毗邻国家的现象，有些并非该民族本身之所愿。例如，1945年以来的朝鲜、韩国和西亚北非的阿拉伯国家等。

因此，关于概念的界定和统一，学术界会继续争论下去。只有大家在认同“跨界民族”、“跨境民族”、“跨国民族”的共通性的前提下，才能继续对跨界民族进行深入的研究。在本书中，我们使用“跨界民族”这一概念，用其来指代那些跨国界而居住的同一个民族。

第二节　跨界民族的状况

几十年来，学术界对跨界民族的发展状况及分布的研究层出不穷，从中国的跨界民族的民族种类和基本情况来看，很多学者对此进行了统计和整合分析。在2006年出版的由葛公尚主编的《当代国际政治与跨界民族研究》中，其研究涉及的跨界民族为31个，而在2012年王向然发表的《中国跨界民族状况及其形成》中，明确记录了目前已被识别的我国56个民族中有36个跨界民族。随着时间的推移，一些民族发生了数量上、地域分布上的变化，多数跨界民族的形成与近代我国疆界的变迁密切相关。在现有研究的基础之上，我们进行了综合和分析，进一步梳理我国跨界民族的基本状况和成因。

一、跨界民族的总体分布状况

在当今世界，民族分布地域和国家政治疆界不完全一致的现象十分普遍。截至目前，世界上共有3000多个大小民族，交错分布在200多个国家和地区，而且很多国家基本都是多民族国家。据统计，20世纪80年代末，在全球132个国家中，单一民族国家仅12个，拥有一个占本国人口50%以上的民族的多民族国家共有81个，而各民族人口均在50%以下的多民族国家共有39个。在这132个国家中，包含五个以上民族的国家多达53个。

中国是一个幅员特别辽阔、历史很悠久的统一的多民族国家，周边与15个国

① 朱伦．跨界民族辨析与“现代泛民族主义”问题［J］．世界民族，1999（1）．

家接壤，有2.2万公里陆地边界线，其中1.9万公里在少数民族地区。由于周边接壤的国家较多，相邻的一些国家民族群体也较为复杂，全国123个边境县几乎都属于少数民族居住地区，在这些少数民族地区居住着大量的跨界民族群体。具体说来，从东北鸭绿江起，北至黑龙江、内蒙古，再经甘肃、新疆，西南到西藏、云南，东南到广西，在陆地边境地区，几乎到处都居住着跨界民族。

在学术界，很多学者从地缘政治等角度对跨界民族分布的基本情况做了总结和归纳，他们对我国与陆界15个周边国家间现有的跨界民族现状与问题做了论述，在详细梳理了各个跨界民族的历史状况和格局形成的基础上，提出了解决问题的对策建议。另外，也有很多论文和著作是从中国的地理方位和民族聚居特点出发，具体分析各地区跨界民族的形成及基本状况。据此，我们从中国地理方位出发，从以下四个方面对我国跨界民族的具体分布情况进行了总结。

（一）东北和北方地区的跨界民族

根据杨圣敏（2003）的《中国民族志》中的记录，可知东北和北方地区的跨界民族的数目为5个，分别为蒙古族、朝鲜族、鄂温克族、赫哲族和鄂伦春族。

1. 蒙古族

蒙古族跨中国、蒙古、俄罗斯而居。蒙古族是我国东北主要民族之一，也是蒙古的主体民族。我国蒙古族主要分布在内蒙古自治区、黑龙江省、辽宁省、吉林省、新疆维吾尔自治区、青海省、河北省，其余散居于北京市、河南省、四川、贵州和云南等地，人口为5813974人①，占全世界蒙古族人口的一半以上。蒙古的总人口大约为280万人（2006年7月统计265万人），其中80%是喀尔喀蒙古人。俄罗斯有大约90万蒙古人。在中国，另有图瓦人在俄罗斯被看作单一的民族即图瓦族，但是在中国划为蒙古族。

2. 朝鲜族

朝鲜族跨中国、朝鲜、韩国、俄罗斯、哈萨克斯坦而居。我国朝鲜族有1923842人②，主要居住于吉林延边朝鲜族自治州、长白山朝鲜族自治县和吉林市。朝鲜族是朝鲜民主主义人民共和国和大韩民国的主体民族，主要分布在朝鲜半岛。

3. 鄂温克族

鄂温克族跨中国、俄罗斯、蒙古而居。我国鄂温克族共有30505人，其中有26201人分布在内蒙古自治区，约占全国鄂温克族人口的87%，主要居住于东北大兴安岭和呼伦贝尔草原地区，鄂温克族最大的聚居区是鄂温克自治旗，与其他民族交错杂居而呈现出大分散、小聚居的分布特点。鄂温克族在俄罗斯境内曾被称为通

① 杨圣敏．中国民族志［M］．中央民族大学出版社，2003：107.

② 杨圣敏．中国民族志［M］．中央民族大学出版社，2003：418.

古斯人，主要分布在西伯利亚地区，现今被称为埃文克族，大约有5万人[①]。

4. 赫哲族

赫哲族跨中国、俄罗斯而居。赫哲族因居住地的不同而有不同的自称，如“那乃”、“那贝”、“那尼傲”，即土著民族，都是本地人的意思。我国赫哲族主要分布在黑龙江省同江市、佳木斯市以及桦川、富锦、抚远等县，境外赫哲族分布在俄罗斯（俄罗斯称为那乃人，约有1万人）。赫哲族有语言无文字，语言属阿尔泰语系满—通古斯语族满语支，历史上曾用赫哲语，现通用汉语。赫哲族信奉萨满教。

5. 鄂伦春族

鄂伦春族跨中国、俄罗斯而居。语言使用鄂伦春语，属通古斯语支，分布在内蒙古和黑龙江交界处的大小兴安岭中，主要在内蒙古自治区鄂伦春自治旗集中聚居，人口约8200人（2000年）。“鄂伦春”是民族自称，意为“山岭上的人”，或“有驯鹿的人”。鄂伦春族人普遍信仰萨满教，崇拜自然物，相信万物有灵，盛行对祖先的崇拜。俄罗斯人叫他们奥罗奇人。

（二）中国西部和西北地区的跨界民族

中国西部和西北地区的跨界民族有7个，分别是俄罗斯族、维吾尔族、塔塔尔族、哈萨克族、乌孜别克族、柯尔克孜族、塔吉克族。

1. 俄罗斯族

俄罗斯族跨中国、塔吉克斯坦、俄罗斯、吉尔吉斯斯坦、哈萨克斯坦、乌兹别克斯坦而居。俄罗斯族是俄罗斯联邦共和国的主体民族。我国的俄罗斯族散居在新疆维吾尔自治区的塔城、伊犁、乌鲁木齐和阿勒泰等地，也有部分分散在黑龙江和内蒙古等地，有15609人[②]。

2. 维吾尔族

维吾尔族跨中国、巴基斯坦、俄罗斯、阿富汗、哈萨克斯坦、蒙古、吉尔吉斯斯坦、乌兹别克斯坦而居。维吾尔族是我国几个人口最多的少数民族之一。维吾尔族人口主要分布在中国的西北部，大部分在新疆维吾尔自治区库尔勒、和田、阿克苏、喀什四个地区。另外在河南的长葛、湖南桃源县和常德等地也有分布。现有人口是839.94万人[③]。邻近国家的维吾尔族人主要分布于巴基斯坦、哈萨克斯坦、乌兹别克斯坦、吉尔吉斯斯坦、俄罗斯、蒙古等国。

3. 塔塔尔族

塔塔尔族跨中国、塔吉克斯坦、俄罗斯、蒙古、哈萨克斯坦、吉尔吉斯斯坦、乌兹别克斯坦而居。“塔塔尔”是其民族自称，我国汉文史籍中曾称其为“鞑靼”、

① 杨圣敏. 中国民族志［M］. 中央民族大学出版社，2003：85.

② 杨圣敏. 中国民族志［M］. 中央民族大学出版社，2003：402.

③ 杨圣敏. 中国民族志［M］. 中央民族大学出版社，2003：143.

“达达”等。我国的塔塔尔族主要分布在新疆维吾尔自治区的伊宁、阿勒泰、乌鲁木齐、塔城等城市，共有 4890 人。境外塔塔尔族主要分布在俄罗斯联邦，约有 552.1 万人①。塔塔尔语属于阿尔泰语系突厥语族西匈语支，有以阿拉伯字母为基础的塔塔尔文，通用维吾尔语和哈萨克语及文字，干部和知识分子兼通汉语和汉文。塔塔尔族信仰伊斯兰教，属逊尼派。

4. 哈萨克族

哈萨克族跨中国、俄罗斯、哈萨克斯坦、蒙古、乌兹别克斯坦、塔吉克斯坦、吉尔吉斯斯坦而居。哈萨克族是哈萨克斯坦的主体民族，哈萨克斯坦共有哈萨克族 798.5 万人②。我国的哈萨克族主要分布于新疆伊犁州、木垒县和巴里坤自治县，少数分布于甘肃省阿克赛自治县和青海省海西州，共有 1250458 人③。

5. 乌孜别克族

乌孜别克族跨中国、俄罗斯、土库曼斯坦、乌兹别克斯坦、哈萨克斯坦、吉尔吉斯斯坦、塔吉克斯坦、阿富汗而居，是乌兹别克斯坦的主要族群。我国乌孜别克族共有 12370 人④，分布在新疆维吾尔自治区伊宁、乌鲁木齐、塔城、叶城、莎车、喀什等地。国外称为乌孜别克族。

6. 柯尔克孜族

柯尔克孜族跨中国、俄罗斯、巴基斯坦、哈萨克斯坦、塔吉克斯坦、吉尔吉斯斯坦、阿富汗、乌兹别克斯坦而居。国外称吉尔吉斯族，为吉尔吉斯斯坦的主体民族。我国的柯尔克孜族人口为 160823 人⑤，绝大部分居住于新疆维吾尔自治区的克孜勒苏柯尔克孜自治州，其余居住于伊犁、塔城、阿克苏和喀什等地区，另外在黑龙江省富裕县也有零星分布。主要从事畜牧业，兼营农业。绝大部分居民使用柯尔克孜语，属于阿尔泰语系突厥语族。

7. 塔吉克族

塔吉克族跨中国、阿富汗、俄罗斯、伊朗、乌兹别克斯坦、塔吉克斯坦、吉尔吉斯斯坦而居，是塔吉克斯坦的主体民族。我国的塔吉克族（高原塔吉克）主要分布在新疆西南部的塔什库尔干塔吉克自治县，另外有少数散居于莎车、泽普、叶城、皮山等塔里木盆地西部边缘地区，人口为 41028 人⑥。

（三）中国南部和西南地区的跨界民族

中国南部及西南地区，共聚居有 22 个跨界民族。

① 杨圣敏．中国民族志［M］．中央民族大学出版社，2003：192.

② 杨圣敏．中国民族志［M］．中央民族大学出版社，2003：198.

③ 杨圣敏．中国民族志［M］．中央民族大学出版社，2003：161.

④ 杨圣敏．中国民族志［M］．中央民族大学出版社，2003：188.

⑤ 杨圣敏．中国民族志［M］．中央民族大学出版社，2003：172.

⑥ 杨圣敏．中国民族志［M］．中央民族大学出版社，2003：406.

1. 藏族

藏族跨中国、印度、巴基斯坦、尼泊尔、不丹而居。藏族是居住在中国境内的操藏语的民族，也是我国人口最多的几个少数民族之一，主要聚居于西藏自治区及四川、甘肃、云南等省。我国藏族人口为5416021人①。以从事畜牧业为主，兼营农业。另外，尼泊尔、巴基斯坦、印度、不丹等国境内也有藏族分布。藏族有自己的语言和文字，属汉藏语系藏缅语族藏语支。

2. 门巴族

门巴族跨中国、印度、不丹而居。门巴原是藏族对他们的称呼，意为住在门隅的人。新中国成立后，根据本民族的意愿，正式定名为门巴族。我国的门巴族主要分布于中国西藏东南部，聚居在错那县以南的门隅地区，其余居住在墨脱、林芝等县，有人口约5万余人。其中居于我国实际控制区以内的有8923人②，大部分生活于错那县南部的印度非法占领区内，另外有一部分门巴人生活在尼泊尔、印度等国家。门巴语属汉藏语系藏缅语族藏语支，有自己的语言，无本民族文字，方言差别较大，多通晓藏语，普遍信仰藏传佛教。

3. 珞巴族

珞巴族跨中国、尼泊尔、印度而居。珞巴族居住于西藏南部，1985年经国务院批准，珞巴族正式被确定为单一民族。我国的珞巴族居住于西藏南部，主要分布在西藏东南部的珞瑜地区，以米林、墨脱、察隅、朗县、隆子等几个边境县最为集中。在中国实际控制区内人口有2965人③，还有很多人生活在被印度非法占领的珞瑜地区。另有部分珞巴人生活在尼泊尔、印度等国家。珞巴族有本民族语言，但没有文字，通用藏语。其宗教信仰以崇拜鬼神为主，相信万物有灵，部分信仰藏传佛教。

4. 壮族

壮族跨中国、越南而居。越南的岱依族和侬族与中国的壮族有着密切的亲缘关系，虽然现在已逐渐分化并有了不同的族称，但他们在语言、风俗习惯、文化传统等方面仍保持着共同的特征，总的来说共同性多于差异性，可以视为一个跨境民族。壮族是我国人口最多的少数民族，有16178811人④，主要居住于广西壮族自治区，另外在云南、贵州以及全国许多省、市、自治区都有分布。

5. 傣族

傣族跨中国、缅甸、越南、老挝、泰国、印度而居。中国傣族与缅甸的掸（傣）族、老挝的主体民族佬族和泰国的主体民族泰族为同一民族。总人口6000万

① 杨圣敏．中国民族志［M］．中央民族大学出版社，2003：107.
② 杨圣敏．中国民族志［M］．中央民族大学出版社，2003：285.
③ 杨圣敏．中国民族志［M］．中央民族大学出版社，2003：293.
④ 杨圣敏．中国民族志［M］．中央民族大学出版社，2003：299.

以上。傣族散居于我国西南一带和中南半岛各个国家。在印度的东北阿萨姆邦亦有一部分傣族。越南泰族有110万人，是越南第二大少数民族，主要分布在莱州、山罗、河山平等省，内部又分为黑泰、白泰、红泰三大支系。越南泰族系从中国云南迁来，与中国傣族同源并有着相近的民族特征。我国的傣族主要聚居于云南西双版纳傣族自治州、德宏傣族景颇族自治州、耿马傣族佤族自治县和孟连傣族拉祜族自治县，有1158989人①。

6. 布依族

布依族跨中国、越南而居。布依族也是越南的54个民族之一，我国的布依族主要聚居于黔南和黔西南两个布依族苗族自治州，有2971460人②。

7. 侗族

侗族跨中国、老挝、越南而居。我国的侗族主要居住于贵州、湖南和广西的交界处，湖北恩施也有部分侗族，侗族人口总数为2960293人③。在老挝、越南也有侗族居住。侗族在老挝也有一个分支，叫“康族”。

8. 仡佬族

仡佬族跨中国、越南而居。我国的仡佬族主要分布在贵州省务川仡佬族苗族自治县和道真仡佬族苗族自治县，其余居住在贵阳市、六盘水市、遵义市和铜仁、毕节、安顺、黔西南等地区，少数散居于广西、四川和云南，有579357人。④ 此外，越南靠近中国边境处有仡佬族居住⑤。

9. 彝族

彝族跨中国、老挝、越南而居。国外也称倮倮族，越南倮倮族有3100人，居住在河江省同文县和高平省保乐县。他们系16世纪后从中国云南迁来，与中国彝族有亲缘关系。彝族是我国人口最多的几个少数民族之一，有7762272人。⑥ 倮倮族从事山地农业，但已定耕定居，其语言和习俗与中国彝族大体相同。

10. 哈尼族

哈尼族跨中国、越南、老挝、缅甸、泰国而居。我国的哈尼族主要聚居于云南省红河哈尼族彝族自治州、墨江哈尼族自治县、元江哈尼族彝族傣族自治县、江城哈尼族彝族自治县、普洱哈尼族彝族自治县、镇沅彝族哈尼族拉祜族自治县，有人口1439673人⑦。越南哈尼族主要聚居于中老越三国交界处。老挝有哈尼族1万多人。缅甸有哈尼族6万多人。泰国有阿卡族（即我国所指的哈尼族）33万多人。

---

① 杨圣敏．中国民族志［M］．中央民族大学出版社，2003：309.
② 杨圣敏．中国民族志［M］．中央民族大学出版社，2003：317.
③ 杨圣敏．中国民族志［M］．中央民族大学出版社，2003：324.
④ 杨圣敏．中国民族志［M］．中央民族大学出版社，2003：431.
⑤ 黄宏贵．中越边境贸易研究［M］．民族出版社，2006.
⑥ 杨圣敏．中国民族志［M］．中央民族大学出版社，2003：22.
⑦ 杨圣敏．中国民族志［M］．中央民族大学出版社，2003：232.

11. 傈僳族

傈僳族跨中国、越南、老挝、缅甸、泰国、印度而居。我国的傈僳族主要聚居于云南怒江傈僳族自治州，其他地区与兄弟民族交错杂居，有 634912 人①。缅甸傈僳族有 40 万人（2007 年统计）、泰国有 5.5 万人（2006 年统计）、印度有 6000 人（2008 年统计），另外老挝、越南等也有少量傈僳人。傈僳族有自己的语言，傈僳语属汉藏语系藏缅语族彝语支。

12. 拉祜族

拉祜族跨中国、越南、老挝、缅甸、泰国、印度而居。拉祜族源于甘肃、青海一带的古羌人，早期过着游牧生活。后来逐渐南迁，最终定居于澜沧江流域。我国拉祜族主要聚居于云南的思茅和临沧两地，现有人口 453705 人②。缅甸有拉祜族（称为么舍）8 万人，老挝有拉祜族（称为么舍或卡归）1.5 万人，泰国有大约 1.5 万人，越南拉祜族有 6000 余人。东南亚各国的拉祜族都是从我国的云南迁入的，最早进入缅甸，后辗转进入越南、老挝和泰国。

13. 景颇族

景颇族跨中国、缅甸、印度而居。在缅甸被称为克钦族，在印度阿萨姆地区被称为新福族。我国景颇族主要聚居于云南德宏州的潞西市、瑞丽市及陇川、盈江、梁河三县，少部分散居于其他州县，有 132143 人③。云南景颇族包括 4 个主要支系：景颇、载瓦、勒期和浪俄，其中载瓦支系最大，其人数占景颇族总人口的 80%左右。

14. 阿昌族

阿昌族跨中国、缅甸而居。中国阿昌族主要居住在云南省西南部的德宏傣族景颇族自治州陇川县和梁河县，潞西、盈江、腾冲、云龙等县也有少量分布，有 33936 人④。缅甸也有数千人。阿昌族有自己的语言，但没有文字。阿昌语属汉藏语系藏缅语族缅语支，分为梁河、陇川、潞西 3 个方言。

15. 怒族

怒族跨中国、缅甸而居。我国怒族主要居住于云南省怒江傈僳族自治州，另有零星居住于迪庆藏族自治州维西县以及西藏自治区察隅县，有 28759 人⑤。境外怒族大约有 3 万人，主要分布在缅甸克钦邦北部高黎贡山区及恩梅开江上游地区。怒语属汉藏语系藏缅语族，语支未定。怒族的宗教信仰呈复合化状态，不仅信仰本民族的传统自然宗教，而且还有信仰藏传佛教、天主教、基督教的。

---

① 杨圣敏．中国民族志［M］．中央民族大学出版社，2003：236.

② 杨圣敏．中国民族志［M］．中央民族大学出版社，2003：242.

③ 杨圣敏．中国民族志［M］．中央民族大学出版社，2003：257.

④ 杨圣敏．中国民族志［M］．中央民族大学出版社，2003：264.

⑤ 杨圣敏．中国民族志［M］．中央民族大学出版社，2003：274.

16. 独龙族

独龙族跨中国、缅甸而居。独龙族是独居一条江河的民族，新中国成立后根据自称“独龙”，又聚居于独龙江河谷而正式命名为独龙族。我国的独龙族分布在云南省西北角的怒江傈僳族自治州贡山独龙族怒族自治县，在与其相邻的维西县和西藏察隅县察瓦洛乡也有少量分布，有 7426 人①。跨境独龙族主要分布在缅甸江心坡、坎底及钦底西北广大地区，被称为日旺人，约有 10 万人。独龙语属汉藏语系藏缅语族景颇语支，由于长期与世隔绝，语言发展缓慢，是研究藏缅语的活化石。独龙族的宗教信仰是万物有灵的自然崇拜。

17. 苗族

苗族跨中国、越南、老挝、缅甸、泰国而居。我国苗族广泛分布于长江以南的贵州、湖南、云南、广西、湖北、四川、广东、海南等省区，以贵州省最多，有 8940116 人②。越南苗族（称赫蒙族）有 55.8 万人，老挝有 20 万人，泰国有 6 万多人。

18. 瑶族

瑶族跨中国、越南、老挝、缅甸、泰国而居。我国瑶族主要分布于广西壮族自治区和广东、云南、贵州和海南省等地，有 2637421 人③。越南瑶族有 62 万多人（1999 年统计）④。

19. 佤族

佤族跨中国、老挝、缅甸、泰国而居。我国佤族主要聚居于云南省沧源佤族自治县、西盟佤族自治县、孟连傣族拉祜族佤族自治县、耿马傣族佤族自治县等地，有 396610 人⑤。在缅甸佤邦等地的佤族（被称为拉佤）超过 60 万人，主要分布于佤邦。另有部分分布于泰国，但数目不详。此外分布于中国与中南半岛的三陶人，有学者认为他们是佤族一支，也有学者认为他们是布朗族一支。

20. 布朗族

布朗族跨中国、老挝、缅甸、泰国而居。我国布朗族主要聚居于云南省西双版纳傣族自治州勐海县，有 91882 人。缅甸、老挝、泰国等国也有分布，此外分布于中国与中南半岛的三陶人，有学者认为他们是布朗一支，也有学者认为他们是佤族族一支。

21. 德昂族

德昂族跨中国、缅甸、老挝而居。国外称帕朗族或崩龙族。我国德昂族主要聚居于云南省德宏傣族景颇族自治州潞西县和临沧地区镇康县，还散居于盈江、瑞

① 杨圣敏．中国民族志［M］．中央民族大学出版社，2003：289.
② 杨圣敏．中国民族志［M］．中央民族大学出版社，2003：268.
③ 杨圣敏．中国民族志［M］．中央民族大学出版社，2003：382.
④ 黄宏贵．中越边境贸易研究［M］．民族出版社，2006.
⑤ 杨圣敏．中国民族志［M］．中央民族大学出版社，2003：353.

丽、陇川、保山、梁河、龙陵、耿马等地，有 17935 人。德昂族在国外主要分布在缅甸、老挝（国外称德楞人或崩龙人）等国。

22. 京族

京族跨中国、越南、老挝而居。我国京族是唯一的一个滨海渔业民族，同时是中国唯一的海洋民族，聚居于广西壮族自治区防城港市东兴市平江镇“京族三岛”，有 22517 人[①]。京族是越南的主体民族。

（四）分布于全国各地的跨界民族

1. 汉族

汉族跨中国、越南、缅甸、俄罗斯、哈萨克斯坦而居。汉族是我国的主体民族，也是世界上最大的民族，广泛分布于全国各地，有 1137386112 人[②]。在越南汉族被称为华族，人口占第六位，分布于越南全国各地，以胡志明市和西南部地区为最多。缅甸的果敢族系明末汉民族后代，人口约 19 万，哈萨克斯坦 131 个民族里也有汉族。

2. 回族

回族跨中国、缅甸、俄罗斯、哈萨克斯坦、乌兹别克斯坦、吉尔吉斯斯坦而居。东干族属于近百年新兴民族，源自中国甘肃及陕西回族。我国回族广泛分布于全国各地，以宁夏回族自治区、青海、甘肃、山东、河南、云南、河北、新疆维吾尔自治区等省区人数较多，有 9816805 人。中亚地区的回族被称为东干族，为多个苏联加盟国的民族成员，人数约 11 万多。缅甸回族在当地被称为“潘泰”。东干文在经历了阿拉伯字母、拉丁字母形态后，至 1954 年演变为以斯拉夫字母为基础的文字，并使用至今。

二、跨界民族的形成原因

事物的存在必然有其合理性，即存在便是合理。这种合理性在某种程度上也便是这一事物存在的原因。跨界民族的存在也是有其特殊原因的。综合学术界的成果进行分析，学术界基本认同“跨界民族”的形成有两种原因。

一是划界形成的跨界民族。即“原来居住同一地区的同一民族，并非由于迁居，而是由于国界的划定而成为跨境（界）民族”，有些民族是在现有领土状况或现代国家边界确定以前就已经居住在现有分布地区，就是因为划界而成为跨界民族的。换言之，“原来就有这些族群，原来就居住在这个广大的范围内，本无跨界不跨界之说，一划国界，他们就成了跨界族群”。这种情况的例子较多，如中国西南

① 杨圣敏．中国民族志［M］．中央民族大学出版社，2003：427.

② 杨圣敏．中国民族志［M］．中央民族大学出版社，2003：36.

与东南亚的一些跨界民族，瑶族、苗族、汉族、回族、藏族、景颇族、彝族、哈尼族、傈僳族、拉祜族、布依族、京族等。另外，由于国界的划定而成为跨界民族最为典型的例子就是朝鲜半岛的朝鲜族。而对于人为的边界划分，闫文虎认为："这是由于强势民族通过战争对弱势民族进分割或肢解，或者是多个强势民族对同一弱势民族进行殖民瓜分造成的跨界民族。"① 如在近代历史上，欧洲列强对亚非拉国家的殖民瓜分，制造了很多和原来的民族分布不一致的人为政治疆界，这些疆界后来又演变成了非洲各独立国的国界，由此造成了许多非洲民族的分化；另外，法兰西人和西班牙的卡斯蒂利亚人肢解了巴斯克人，从而使得巴斯克人的历史地域一部分并入法国的版图，另一部分并入西班牙的领土；英格兰人把北爱尔兰地区从爱尔兰切割出来，使之并入英国的领土。又如欧洲列强瓜分中东势力范围所造成的库尔德跨界民族；在历史上，科索沃曾是塞尔维亚民族的发祥地，由于奥斯曼帝国的殖民扩张，大批塞族人被迫放弃科索沃北迁而切割了阿尔巴尼亚人的固有领土，使部分阿尔巴尼亚人成了跨界民族。

二是迁徙形成的跨界民族。即"由于民族人口迁居的结果而形成的跨境民族。这在跨境民族中要占绝大多数。这种迁居的原因，既有政治的，也有经济的；既有被迫的，也有自愿的"，这就是"因为人口移动而形成的跨国族群"。这些民族在迁徙时间上有先后，一些民族在历史上较早的时期或由于游牧、游耕，或因为民族间发生的战争和其他事件，居住地有一些小范围的变化，于是成了分布于传统边界两侧的跨界民族，如中国西南边境地区和东南亚国家共有的景颇族、苗族、佤族、独龙族等民族就属于这一类情况，中国北方的很多民族则是以游耕、游牧、游猎等为主要谋生方式，经常转换牧场和移动猎地，更容易成为跨界民族。而另外一些跨界民族则是由于近代的民族迁徙造成的，如中亚地区的东干人、近现代以来由于帝国主义侵略朝鲜半岛后不堪忍受其压榨而迁入中国东北等地区的很大一部分的朝鲜人，以及云南和广西边境地区的其他一些跨界民族等。但是人口迁居的原因有出于个别原因，也有多种原因综合引发的人口移动。如中国南方的跨界民族瑶族，瑶族的先辈是"吃过一山又一山"，这座山的生态环境所能提供的食物和生活用品不能满足其正常的生活条件时，就迁徙到另一座山，在边界的概念没有完全清楚时，瑶族就会迁徙到另外地区的山区，这些地区由于现代国家划定边界后属于不同的国家，就把瑶族分开在不同的国家；也有民族是因为经商而形成的跨界民族，如中国的乌孜别克族；也有民族是因为政治原因而形成跨界民族，如"中国的塔塔尔族，有部分是因经商等从喀山地区经哈萨克斯坦进入新疆北部居住。但也有一部分是由于19世纪后半期的沙俄封建领主的压迫越过伏尔加河，来到中国新疆的布尔津、

① 闫文虎. 跨界民族问题与中国的和平环境［M］. 现代国家关系，2005.

哈巴河等地的”。[①] 另外，一些民族在其内部，由于历史上某一统治团体的强大，对其他部分造成了威胁，迫使其中的一部分向其他地区迁徙。如被俄罗斯人称为卡尔梅克人，就是17世纪初从中国新疆塔尔巴哈台和额尔齐斯河中游地区的额鲁特蒙古中的土尔扈特部落，由于准噶尔部的压力，北迁至伏尔加河南北两岸游牧，后由于沙俄的武装侵略他们又返回祖国，留在伏尔加河流域的一万多户土尔扈特人就成了所谓的跨界民族。

在汪树民的研究中，他认为：“造成跨界民族的基本原因是因为各人类集团之间的自然地理界限日渐模糊和国家与国家之间的政治疆界日益分明。”在他的《论跨界民族与跨界民族问题》一文中，其对跨界民族的成因进行了概括和总结，认为原因有：第一，国界的频繁变动，主要以欧洲地区的跨界民族为代表；第二，人为划定边界，非洲即是这种情形的代表；第三，现有自己的民族国家，但后来被外族所灭，在这一点上犹太人最为典型；第四，从来就没有自己的民族国家，这种情形以吉普赛人、库尔德人为代表。张兴堂在《跨界民族与我国周边外交》一文中提出：“跨界民族形成的直接和表面原因是民族的分化，但影响民族分化的因素则是深层次的、复杂的，有民族自身的内部因素，也有国家强制力的外部因素。”并将民族分化的形式总结为民族迁徙、殖民瓜分、民族肢解、民族切割几种形式。在葛公尚主编的《当代国际政治与跨界民族研究》一书中，其认为“跨界民族是人类社会文明进程中，人们共同体的民族过程与人类社会的国家过程的进程普遍发生的一种叠合现象。纵观人类的发展的历史长河，始终贯穿着两种趋势，即首先是各人类集团之间的自然地理界线日渐模糊，另一种趋势则导致国家与国家之间的政治界限日益分明……而跨界民族的产生，就是这两大趋势交互影响的结果”。

三、跨界民族的发展趋势

对跨界民族的整体研究成果进行分析整合，学术界对跨界民族的发展趋势总结起来主要有以下两种观点：

1. 从总的发展趋势看，在相关各国均为少数民族的跨界民族的民族过程取向是分解而不是联合。换句话说，在相关各国均为少数民族的跨界民族的民族过程中，存在两种发展趋势或两种可能性：一种是融合，另一种是在内外因素的共同作用下导致国家分裂。

2. 跨界民族发展的方向是：首先，跨界民族问题中的民族意识更加突出。其次，跨界民族问题的内容更加繁杂。再次，跨界民族问题的表现形态更为多样化。最后，跨界民族问题中“泛民族主义”色彩更加浓厚。

---

① 刘涛．跨界民族的学术史扫描：概念、分类和研究内容［J］．广东技术师范学院学报（社会科学版），2012（5）．

在曹兴的《跨界民族问题及其对地缘政治的影响》一书中，其认为，尽管跨界民族问题的表现是多种多样的，但在跨界民族问题的演变中，似乎存在这一发展趋势：由于跨界民族的利益是跨界民族问题产生和发展的根本，所以跨界民族的问题是从要求改善待遇开始的，一旦这种改善待遇的要求得不到满足，跨界民族问题就可能进一步升级，其升级的途径是从要求自治到要求独立。如果政府处理得好些，跨界民族又会由要求独立而回转为要求自治或更低的要求。

刘稚的《关于跨界民族若干理论问题的思考——兼论中国与东南亚的跨界民族》认为，双边或多边均为少数民族的跨界民族的民族过程中，存在两种发展趋势或两种可能性。一种可能性是在国内民族平等的条件下，在社会、经济、文化共同发展的大环境中，国内各民族之间的政治、经济、文化等方面的联系日益增多，各民族在这种联系、交流与合作的过程中产生自发性的变化而相互融合，民族意识逐渐淡化，这是一个自然的和平的渐进过程。

而另一种可能性，是由于跨界民族分布的相关国家政策失误或关系恶化，跨界民族与所在国其他民族之间的文化差异和利益差异被外部力量所利用，在外部政治、宗教势力的刺激下，内部的民族意识被重新唤起、重塑、强化，民族问题被高度政治化，泛民族主义重新高涨，跨界民族在争取“民族自决”、建立“民族国家”的旗帜下，被内外势力共同导向民族冲突和内战，有可能走向国家分裂。[①]

也有学者从跨界民族的角度，探讨了跨界民族聚居地区的旅游业的发展，如孙雪岩的《发展延边旅游业的思考——以跨界民族为视角》提出，“以当前中韩两国良好的政治经济文化环境为背景，充分利用跨界民族的优势条件，正视存在的问题，抓紧有利时机，是延边发展旅游业的战略选择”。

第三节　跨界民族的类型

由于民族本身和传统聚居地被分隔或分离的情况是多种多样的，站在不同的视角，按照不同的标准，我们可以将跨界民族分成不同的类型。

一、以跨界民族的政治地位为标准

在曹兴的研究中，其偏向于研究跨界民族问题和跨界民族与地缘政治的关系，

---

① 刘稚．关于跨界民族若干理论问题的思考——兼论中国与东南亚的跨界民族［A］．中国世界民族学会、厦门大学南洋研究院，2003.

因此其研究过程中以跨界民族的政治地位为标准，把跨界民族划分为下述三种类型。①

第一种类型，双边主体跨界民族。双边主体跨界民族是指原来疆域连成一片的同一民族由于被后来的国家政治分隔，虽然分别属于不同的国家，但其在双边依然是两国的主体民族或占多数的民族。这种类型的跨界民族绝大多数是指狭义的跨界民族即国家分隔型的跨界民族，而极少是广义即移民型的跨界民族。

第二种类型，单边主体跨界民族。单边主体跨界民族是指那些分别属于不同国家的同一民族在某一国是主体民族，在其他国家是非主体民族，如中朝两边的朝鲜民族、西欧爱尔兰和英国之间的北爱尔兰人等。

第三种类型，双边均非主体的跨界民族。双边均不是主体的跨界民族是指在双边国家都不是主体民族的同一民族群体，如中缅的拉祜民族，西亚土耳其、伊朗、伊拉克和叙利亚四国的库尔德人，中俄的蒙古民族等。

二、以边界的地理性质为标准

刘稚教授在《跨界民族的类型、属性及其发展趋势》中，根据跨界的地理性质，将跨界民族分为“陆界跨界民族”和“海界跨界民族”。世界上的跨界民族绝大多数是陆界跨界民族，如中国和哈萨克斯坦的哈萨克族，中国和蒙古国的蒙古族、西亚的库尔德人、美国和墨西哥的墨西哥人等。当然也存在相当的海界跨界民族，需要强调的是，这里的“海界”只能是较易跨越的内海或海峡，而不能是太平洋、大西洋等宽广的海洋，否则民族的性质就不属跨界民族了。刘稚在她的《中国西南与东南亚的跨境民族》一文中则根据其在相关国家的人口比重和地理分布情况将跨界民族分为三种类型：

第一，在相关各国均为主体民族的跨界民族，此类跨界民族是指原来具有共同地域的同一民族后来被国家疆界分隔，虽然分属于不同国家，但在相关各国都是主体民族或多数民族，如联邦德国与民主德国的统一；第二，在相关各国主体与非主体并存的跨界民族，是指分属不同国家的同一民族在某个或某些国家是主体民族，在其他国家是非主体民族的跨界民族，如西欧爱尔兰和英国之间的北爱尔兰人；第三，在相关各国均为少数民族的跨界民族，此类跨界民族是指在两个或两个以上相邻国家都不是主体民族的同一民族群体，如中国与东南亚邻国的壮、傣、苗、瑶等民族。

① 曹兴．跨界民族问题及其对地缘政治的影响［J］．民族研究，1999（6）．

三、以跨界民族的形成特征为标准

石茂明根据不同分类方法对“跨界民族”进行分类：从跨界族群（跨界民族）的形成来说，可以分为“迁徙形成的跨界族群”和“边界确定形成的跨界族群”。这个角度的分类标准和我们分析跨界民族形成的原因是紧密相通的。

在胡起望的研究中，他将跨界民族分为四种类型，即“A 型跨境民族，就是邻国界而居的跨境民族；B 型跨境民族是前述跨境民族中的一部分居民，由于各种原因，又从第二国迁入第三国、第四国，他们分居几国，地区并不相连，有的甚至远隔重洋，分居不同的几大洲；C 型跨境民族是同一民族分居在若干国家，他们有的在居住国人口中还占有较大比重；D 型跨境民族是同一民族分居几国，有的部分在别的国家有了较多的特点，尽管他们与原来的民族出于同一族源，在语言、文化上有一定的共通点，但是他们有了自己的民族名称（主要是他称，自称一般相同），由于各国划分民族的标准和理解不一，被看作不同的民族”。①

四、以跨界国的民族构成为标准

汪树民在《论跨界民族与跨界民族问题》一文中，根据跨界国的民族构成，将跨界民族分为三种类型。第一种类型是双边都是主体民族。比如今天中东地区的阿拉伯国家，这些国家的主体民族均是阿拉伯人。第二种类型是一边是主体民族，另一边是非主体民族。比如中国与俄罗斯境内的俄罗斯人，俄罗斯人是俄罗斯的主体民族，但在中国只占很小的比例。第三种类型是双边均不是主体民族，如中国、越南两国境内的壮族等。

五、以跨界国家的数量为标准

部分学者根据跨界国家的数量，将跨界民族分为“双边跨界民族”和“多边跨界民族”。双边跨界民族如中国和缅甸的景颇族、中国和尼泊尔的夏尔巴人以及法国与西班牙的巴斯克人等。多边跨界民族如中国、蒙古和俄罗斯的蒙古族，中国、哈萨克斯坦和阿富汗的哈萨克族等。

六、以被分割程度为标准

葛公尚在其主编的《当代国际政治与跨界民族研究》一书中，提到从被分隔的

① 胡起望．跨境民族探讨［J］．中南民族学院学报，1994.

程度标准来对跨界民族进行分类，可以将跨界民族分为两国跨界民族和两国以上跨界民族，前者如中国和缅甸的景颇族、中国和尼泊尔的夏尔巴人、尼日尔与尼日利亚的豪萨人、法国与西班牙的巴斯克热人等；后者如中国、蒙古和俄罗斯的蒙古人，中国、塔吉克斯坦和阿富汗的塔吉克族，加纳、多哥和贝宁的埃维人等。

七、以族群与国家关系为标准

根据族群与国家关系，可以将跨界民族分为"'有母国的跨国族群'和'无母国的跨国族群'"。① 此外，还有根据"少数族群"的视角、跨境民族跨境而居的历史形成角度等进行的分类。

第四节　跨界民族特征

从不同学术角度，对跨界民族的定义不同，对其特征的研究论述也就显现出不同的特点。整合国内研究成果，可以将国内对跨界民族特征的研究归纳为以下几个方面：

一、宏观概念角度

主张"跨界民族"这一称谓的典型代表——葛公尚，很早就在《试析跨界民族的相关理论问题》一文中指出：跨界民族具有两个不可或缺的特征，一是原生形态的民族本身被政治疆界所分隔，二是该民族的传统聚居地为政治边界所分割。而在其《当代国际政治与跨界民族研究》一书中，其提出跨界民族问题的产生与其他类型民族问题的产生基本一致，主要原因可归结为各民族之间在政治、经济、文化等某一方面或某几方面的差别导致了离心倾向，但是跨界民族本身所具有的特殊性也使得他们更易于陷入较为复杂的民族纠纷。

丁延松（2005，下同）在其边疆民族研究《跨界民族概念辨析》一文中则从共性与个性两个角度论述到："跨界民族作为一个特殊的人们共同体，既具有历史上形成的共同的民族基本特征，又因分属不同国家而具有自身特性"。

王清华、彭朝荣（2008）等人把跨国界而居的特殊民族群体称为"跨国界民族"，认为跨界民族具有"跨居于不同国家的各部分已拥有不同国籍、跨居于不同国家仍有相对集中的聚居地、跨居于不同国家的各部分仍保持认同"三个特点。

---

① 石茂明．跨国苗族研究［M］．民族出版社，2004.

张明（2009）在《我国跨界民族的政治心理分析》中，则从民族过程和民族问题角度对跨界民族的“界”进行了详细的论述。其认为：第一，在民族过程方面，“界”主导着跨界民族的不同分支在政治、经济、文化等方面的异向发展，且左右着不同分支间的分化与融合；第二，在民族问题方面，“界”则赋予了跨界民族各分支不同的国籍，不断影响着各分支间的民族认同与国家认同，进而也在一定程度上决定了民族关系与国际关系的冲突和稳定。

二、地缘安全角度

吴楚克（2009）在其《从地缘安全角度理解中国的民族和跨界民族》一文中，提出了跨界民族所具备范畴的四个主要特征，即第一，跨界民族本身是一个知性概念，即认为它是从具象中得出并提升为一般性的认知；第二，跨界民族是一个综合概念，也就是说，它是民族与跨界的组合；第三，跨界民族是一个实体概括，即认为跨界民族拥有确切的存在对象；第四，跨界民族是一个知识扩展源，即认为围绕跨界民族可以进行相关领域的理论研究。①

对于跨界民族在“边境市场”中的发展，傅景亮曾提出，跨界民族之交往兼具主客观于一体，跨界民族不是一般意义上的被动者，而是在特定社会形态之下的主动者，但是其又逃脱不掉所处的客观自然和社会结构。② 从这一角度看，其特点尤为突出。

三、“特殊性”角度

欧洲的北爱尔兰人问题，巴尔干的波黑战争和科索沃危机，亚美尼亚和阿塞拜疆的纳—卡冲突；西亚的库尔德人问题，南亚的斯里兰卡泰米尔人问题；非洲之角的索马里人问题，大湖地区的胡图人和图西人的仇杀等，每个问题都是当时的国际政治热点，引起世人的瞩目。尽管每个问题都有其特殊性，但由于这些民族都系跨界民族，因而其民族问题也反映出许多共同特征，跨界民族的特殊性也显现得尤为突出。

雷勇（2009）在《论跨界民族的历史记忆》中曾提到，跨界民族特殊性的形成取决于跨界民族产生的两个基本动因，即“一是原来聚居在一起的同一原生民族基于自然资源环境、族群内部关系、社会制度变迁以及其他的突发事件而发生的群体性迁移行为；二是自近代以来西方殖民主义在全球范围内的扩张行为而带来的直

① 吴楚克．从地缘安全角度理解中国的民族与跨界民族［J］．广西民族研究，2009（3）．

② 傅景亮．边境市场跨界民族经济交往研究——基于云南地区边境市场的实证分析［J］．北京电子科技学院学报，2013（3）．

接结果。”在他对跨界民族历史记忆的研究中，他提出了跨界民族历史记忆本身所具有的集体性、变动性、差异性和承继性的特点。

张兴堂在其《论跨界民族的特殊性》一文中，从跨界民族“过程”、“属性”、“关系”、“问题”四个方面论述了跨界民族的特殊性。从跨界民族过程来看，其从“国家对民族的分割、民族的殖民化分、民族的肢解、民族的切割和迁徙”等方面阐述了跨界民族问题的特殊性；从跨界民族属性角度，分析了“民族特征发展的不一致性”、“民族认同与国家认同的分离性”、“民族发展趋势上的不确定性”；跨界民族关系是一种特殊的民族关系，其亦从跨界民族关系的特殊性角度，分析了跨界民族关系对当前国际关系的影响性；对于跨界民族问题的特殊性，张兴堂（2009）的《跨界民族与我国周边的外交》一书系统地论述了跨界民族的属性，即跨界民族所具有的性质和特点，是受周围环境和条件等多种因素影响的，并从领土争端、国家主权、地缘政治和国防安全四个角度展开论述。且在他的研究中，其认为，跨界民族问题与国家安全、国防安全、国际关系之间的关系密切。

葛公尚（2006）在《当代国际政治与跨界民族研究》中也提到，跨界民族的特殊性导致了跨界民族问题的特殊性。而由于跨界民族是居住在至少两个国度的族体，这一特点导致了跨界民族问题具有更强烈的国际化倾向。

刘稚在《关于跨界民族若干理论问题的思考——兼论中国与东南亚的跨界民族》一文中，从跨界民族的民族过程角度论述了其基本特点，认为跨界民族的产生、存在和发展过程有着不同于非跨界民族的特殊性，主要表现在整体的共同性和部分的差异性、民族过程的多样性、民族认同与国家观念的分离性几个方面。

黄丽的学位论文《我国西北跨界民族对民族政策及国际关系的影响——以哈萨克族为例》，从政治学和民族心理学角度论述了跨界民族与非跨界民族相比所体现出的不同的特征，一方面是从政治学角度分析，由于国籍的不一致所导致的同一民族隶属于不同的国家；另一方面是从民族学角度分析，特别是民族心理学角度，体现为隶属于不同国家的跨界民族之间有着千丝万缕的联系。在刘稚教授所提出的“整体的共同性和部分的差异性、民族过程的多样性、民族认同与国家观念的分离性”三个特征的基础上，其认为跨界民族还具有敏感性和族际关系中的跨国性两个特征。

四、跨界民族的“跨境”、“跨国”角度

傅景亮在其《边境市场跨界民族经济交往研究——基于云南地区边境市场的实证分析》中认为，所谓的跨界民族，是指“居住于国境线两侧具有同源同宗的民族集团，其乃是由于人口迁徙、国界变动、交往融合而形成的主客观形态”。作者也提到，跨界民族之跨界是指位于国界线两侧毗邻而居，而非“跨境”而居，跨界割不断人们相互之间的文化、经济、生活交往，跨境则情况复杂、不一而论，因而难

以对之予以论断。

黄兴球在《老挝、泰国跨境民族形成模式与跨境特征》一文中，分析了老挝、泰国的11个跨境民族所显现出的跨境民族特征。其认为跨境行为同当前时局密切相关，其与政治、国家安全密切相关，而非正常通道的便利造成了跨境行为的复杂化。在《中老跨境民族的区分及其跨境特征论》中，黄兴球详细分析了中老跨境的形成、现状及特征，其提出：由于两国民族识别不同，造成跨境民族在两国境内的对应名称不相一致，民族的社会地位和待遇也不一样。且跨居两国的同一民族都在发生文化变迁，各自以本国主流文化为追求的对象和目标。

这仅仅是世界范围中的部分跨界民族所体现出的特征，此外，还有很多的研究成果，从“跨境”、“跨国”等角度对跨界民族的特征进行了分析。例如，冯瑞等人的研究，其在《中国西北疆界变迁及周边跨国民族特征》一文中分析了西北边疆地区哈萨克族、柯尔克孜族、塔吉克族的跨国现状及其时代特征；范宏贵、周建新合作的《中老跨国民族及其族群关系》一文也列出了中老跨境民族的对应表以及跨境关系，做出了较为全面的论述；在安俭的跨国民族问题研究中，其在《论当代跨国民族问题的几个特征》中探讨了“跨国民族问题与极端主义逆流的结合”、“当代跨国民族问题的尖锐化与各种犯罪活动相关联”、“跨国的移民族体和宗教集团的政治追求呈上升趋势”等几个较为普遍的跨国民族问题的新特征。

第五节　跨界民族认同

一、认同

认同，这是一个在学术界被讨论和研究了很久的难题，西方学者认为它是一个无所不在而又难以准确定义的重要概念。“认同”（Identity 或 Identification）一词最早由弗洛伊德提出，该词原本属于哲学范畴，后来在心理学、政治学、社会学、民族学等学科中被广泛应用，但是对其概念，却一直争论不断。

关于认同的内涵，不同学者有着不同的理解。简金斯（Jenkins）认为“认同”一词在英文中有两个含义：第一，同一性，即两者之间的相同或同一；第二，独特性，它表现为在时间跨度中所体现出来的一致性和连贯性。由此可以看出，“认同”一词揭示出了“相似”和“差别”之间的关系。著名学者曼纽尔·卡斯特指出：“认同是人们意义与经验的来源。”① 塞缪尔·亨廷顿在其著名的《我们是谁?》一

① 曼纽尔·卡斯特．认同的力量［M］．社会科学文献出版社，2006.

书中认为，认同是“一个人或一个群体的自我意识，它是自我意识的产物：我或我们有什么不同的素质而使得我不同于你，或我们不同于他们”。

心理学则将“认同”解释为一种心理过程。在《社会心理学词典》中，认同被定义为一种情感、态度乃至认识的移入过程，在人际交往中，无论是别人被自己同化，还是自己被别人同化的过程，都称为认同。我国学者俞正樑在《国际关系与全球政治》一书中认为，认同是“建立在共同体成员共同特性基础上、区别于他者的共有身份形象，以及对共同体的归属感”。郑宇等人认为：如果我们把认同定义为主体对于特定对象同一性的确认和肯定的话，那么，认同至少应当具备三个层面的含义：第一，认同虽然与一定的客观条件相关，但它主要强调的是主体的一种自我归属的心理意识状态。第二，作为一个限制性与对比性的概念，认同是针对不认同、认不同等排他性内涵的临界值，即一种建立在与“他者”区别之上的对象性关系，但其实质应视为对自我本质属性的规定性及对自我身份的界定。第三，认同有一定惯性，但更呈现为一个“总是条件性的，置身于应变环境中的不会完结的动态过程”①。

对于大多数社会中的人来说，“认同”是历史演进过程中的最终结果，包含了共同的祖先、共同的经历、共同的族源、共同的语言、共同的文化，通常还包括共同的宗教。

二、跨界民族的认同

关于跨界民族的定义，在前文中已进行了全面的总结和论述。对于跨界民族的认同，梁茂春在《“跨界民族”的族群认同与国家认同——以中越边境的壮族为例》中着重关注了跨界而居的人群的认同意识；鉴于曹兴对这一特殊群体的概念上的界定是“跨界民族是那些原来民族和其传统聚居地都被分割在不同国家内而在地域上相连并拥有民族聚居地的民族，跨界民族是被动（被不同国家政治力量）分割的结果”，② 梁茂春认为，这种界定并没有考虑被分割在不同国家后“跨界民族”认同意识的变化。因此，在这个问题的研究中，仍存在争论。

认同问题的研究在学术界备受瞩目，跨界民族的认同研究具有突出的政治意义，因此是近年来学术界探讨的一个重点，对于跨界民族认同研究的重要性和复杂性，学者们在学术成果中已经有过很多论述。

金炳镐（2007）在《民族理论通论》一书中认为，民族认同意识是指“一些

① 郑宇，曾静．跨国民族流动与国家认同构建——以云南省文山州马关县箐脚村苗族为例［J］．北方民族大学学报（哲学社会科学版），2010（4）．

② 曹兴．论跨界民族问题与跨境民族问题的区别［J］．中南民族大学学报（哲学社会科学版），2004（2）．

民族成员之间都相互认为属于相同的民族共同体的族性意识。这种意识是以一定的民族共同特征、特点作为基础，作为共同的标准。这种意识的认识方向是双向的，民族的这一成员和那一成员之间、民族的这一部分和那一部分之间在上述标准上双方具有相同感和相互认同，民族认同意识是维系民族成员之间感情联系的精神纽带”。

吴楚克、王倩（2011）在其《认同问题与跨界民族的认同》中，将跨界民族认同作为讨论的核心，强调了中国跨界民族在国家认同问题上的特殊性，并对跨界民族的认同问题进行了重新解构。其认为“无论属于哪个民族，都是国家公民，在中国，只要认同自己的民族归属就已经认同自己的国家”，“跨界民族的民族认同与历史上形成跨界的原因有直接关系，而且跨界民族的国家认同矛盾也与以本民族为主体民族的国家之间有直接关系”。

由于跨界民族在认同上具有多重性，不同学者把跨界民族的认同分为不同的角度，雷勇等部分学者把跨界民族的认同分为民族认同、政治认同、文化认同和社会认同。也有学者把国家认同放到一起进行论述研究，另有学者提出了“身份认同”的概念，认为跨界民族的身份认同包含有文化认同与政治认同的不同内容。下面我们将从政治认同、民族认同、文化认同、社会认同和国家认同角度对跨界民族的认同研究进行总结和论述。

（一）政治认同

1. 政治认同

政治认同是政治稳定的基础，也是政治发展的动力。因此，政治认同一直是古今政治思想家思索关注的问题，也是当代政治发展所需面临的重要议题。因此，一直以来，政治认同的研究受到人们的广泛关注。张江华提出：“一个执政党能不能长期执政，取决于民众的认同感和信任感。政党的执政能力，从根本上还是要解决人民群众的政治认同感问题，这是党长期执政的关键性因素。”①

《心理学词典》中的政治认同，也称为政治归属感，是社会成员将自己归属于某个阶级、阶层、政党、组织、团体等，并以所归属范畴的规范，自觉地支配和约束自己的行为。在《中国大百科全书·政治学》中则是将其解释为“人们在社会政治生活中所产生的一种感情和意识上的归属感”。它与人们的心理活动有密切的关系。人们在一定社会中生活，总要在一定的社会联系中确定自己的身份，并自觉地以组织及过程的要求来规范自己的政治行为。

我国学者对政治认同研究的起步较晚。对中国公民政治认同研究比较早的是闵琦，他在1989年由云南人民出版社出版的《中国政治文化——民主政治难产的社会心理因素》一书中，阐述了中国公民的政治认同问题。张明澍在1994年由中国

① 张江华．政治认同与党的长期执政［J］．江苏省社会主义学院学报，2006（2）．

社会科学出版社出版的《中国“政治人”——中国公民政治素质调查报告》一书中，分析了公民的政治观、政治态度及政治参与行为等。而较为系统地研究中国公民政治认同问题的是马振清所著的《中国公民政治社会化研究》一书，其专门就政治认同的概念、作用、内容、效果和障碍等进行了详尽的分析和论述。此外，还有从社会学角度对政治认同进行比较全面的研究的，如李培林2005年由社会科学文献出版社出版的《社会冲突与阶级意识——当代中国社会矛盾问题研究》等。

2. 跨界民族的政治认同

关于跨界民族、政治认同等问题，国内外的研究较多，但其研究要么只从跨界民族的视角展开，或只从政治认同的视阈进行研究，针对跨界民族的政治认同研究成果较少，其中雷勇的论述较为全面。

雷勇在《论跨界民族的不平衡发展》一文中论述到，“跨界民族的认同具有多重性，而政治认同是最为敏感和重要的，对跨界民族和对民族国家都是如此。”其认为：“与民族认同、文化认同和社会认同不同的是，政治认同自始至终是一种排他性的政治行为，不存在模糊化的空间和机会”，同时，他论述到，“跨界民族的政治认同是一个经由民族认同到国家认同的升华过程。跨界民族对本民族的认同是低层次的认同，而对所在国家的政治认同是高层次的认同，最低认同通常要让位于最高认同。”在其《论跨界民族的多重认同》中也提到，“对于民族来说，政治诉求始终是一个重要的关切点”①，认为民族天生具有政治的本能。然而对于跨界民族而言，政治认同则变成了一个令人困惑和犯难的大问题。由于跨界民族被视为是“一种特殊民族的共同体”，② 其分布跨越在两个或两个以上的国家疆域，所以他们在认同对象的选择上就显得引人注目。

（二）民族认同

1. 民族认同

民族被认为是一种“想象的共同体”，③ 是一种社会历史现象。民族认同和国家认同是一个民族认同系统中的基本组成部分，也是一直以来民族政治学研究中被高度关注的焦点之一。

民族认同的内涵是在心理学中认同含义的基础上的进一步扩展。卡拉（J. Carla）和雷格奈德（J. Reginald）把民族认同界定为个体对本民族的信念、态度以及对其民族身份的承认。而由于各个学科研究角度上的差异，学术界对其有着不同角度的界定。

早期的研究中，王建民在《民族认同浅议》一书中从两大方面重点阐述了民族

① 雷勇．论跨界民族的多重认同［J］．内蒙古社会科学（汉文版），2008（9）．

② 葛公尚．当代国际政治与跨界民族研究［M］．民族出版社，2006.

③ 本尼迪克特·安德森．想象的共同体［M］．上海人民出版社，2003.

认同的概念、作用及标准，以及在民族认同上诸民族间的差异等，指出“所谓民族认同，是指一个民族的成员相互之间包含着情感和态度的一种特殊认知，是将他人和自我认知为同一民族的成员的认识”。王希恩在《民族认同与民族意识》中谈道：“民族认同即是社会成员对自己民族归属的认知和感情依附。”陈枝烈在《台湾原住民教育》一书中认为，民族认同是“关于个人的思考、知觉、情感与行为组型归属于某一族群的情形”。陈丽华认为民族认同是“个人对某个族群团体的归属感觉，以及由此族群身份所产生的想法、知觉、感情和行为”①。刘吉昌则在总结前人研究的基础上认为，民族认同即指一个民族的人们对其自身及文化倾向性的认可和共识。李远龙在《广西防城港市的族群认同》一书中认为，民族认同是“以族群或种族为基础的”，吴楚克的《跨界民族认同意识的“心理适应度”》一文中也提到，“基于我们生长的自然环境和我们带给生活环境的独特性，构成了每个民族认同意识的基础”。

而王亚鹏在《民族认同研究及其对我国民族教育的启示》中明确指出：广义的民族认同不仅包括个体对本民族的信念、态度和行为卷入，而且还包括个体对其他民族的信念、态度和行为卷入情况。在单一民族国家，民族认同往往与国家认同是重叠的，但是在多民族国家，与民族认同相比较来看，国家认同被认为是一种更高层次的认同。徐柏才在其《少数民族大学生的民族认同研究》一文中认为，民族认同包括了三种内涵：第一，民族认同是一种民族成员个体对自己族属的认知、选择和情感的归属和依附，一旦他们获得了认知，并进行了族属的选择，这一个体便会自觉不自觉地将民族的记忆、文化、价值观等进行内化和维持；第二，民族认同是一种对同族成员的相似性的认知和情感的接纳，并形成了一种“同族”的集体观念；第三，民族认同是一种对民族差异乃至民族边界的觉察和主观认定。这三种内涵的解释实际上是一个过程所表现出的三个方面。

从近些年的发展形态来看，有关于民族认同的研究铺天盖地。而目前，不管是在理论方面，还是在实践方面，我国关于“民族认同”的研究都取得了较为丰硕的成果，且学术界学者们研究的广度和深度都在不断加强。

肖锐、胡琦等人提出：“民族认同，是指人们对自己民族归属的认可。它是以一定的民族共同特征、特点作为基础，作为认可的标准的。”并把这种认可分为意识、感受的部分和行为的部分；严庆等人在《浅论跨界民族的认同构成及调控》中指出，“民族认同是民族存续的纽带，它是一种族属认同或族裔认同”，它是“一种群体文化认同，其忠诚的对象是群体的历史与现实、群体的荣誉与尊严”；② 雷

① 陈丽华．台北市阿美族学童族群认同发展之研究［J］．国家科学委员会研究专刊（人文社会科学），1999（3）．

② Carla J., Reginald J.. Racial identity, African Self - conscious - ness and Career in Decision Making in African AmericanCollege Women［J］. Journal of Multicultural Counseling and Development, 1998 Vol. 26 (No. 1). 袁娥．民族认同与国家认同研究述评［J］．民族研究，2011（5）．

勇在其《论跨界民族的多重认同》一文中把民族认同定义为“民族成员在对民族整体的认同心理和民族成员之间的认同心理的基础上形成的一种高度自觉的民族归属感。而这种归属感是随着历史的发展而不断凝结和升华的”；阿达莱提·塔伊尔在其对中国柯尔克孜族的国家认同和民族认同调查研究中认为，“一个民族在同他族互动的过程中产生了强烈的历史、语言、文化及社会等多方面的认同意识，进而把我群与他群区分开来，这便表现为民族认同”①。

2. 跨界民族的民族认同

从整个社会的历史发展过程看，由于跨界民族本身所具有的特殊性和敏感性，在相当长的一段时间内，跨界民族的民族认同并没有得到人们的足够重视。而分析我国目前跨界民族的民族认同研究现状，其在理论和实践上都取得了较大的进展。

根据雷勇（2008）在《论跨界民族的多重认同》一文中的观点，从跨界民族的产生渊源、发展的过程、共同的生产方式、共有的风俗习惯、共通的文化生活和共同的心理认同等标准来看，只不过是同一族群或者同一种族跨越了两个或两个以上国家的政治边界且连成一片的居住状态而已。所以，其认为适用于社会层面的民族认同在很大程度上也同样适用于国际关系层面的跨界民族认同。

高志英在其《20世纪前半期中缅傈僳族的基督教发展》一文中提到了跨中国、缅甸、泰国、印度而居的跨界民族——傈僳族基督教的发展背景及特点，并以傈僳族为个案具体论述了宗教认同和民族认同之间所存在的关系；而在黄光成的跨界民族研究中，其从中缅德昂族角度提出，“像缅甸这样的东南亚国家，其民族并不一定与中国的民族划分一一对应。从中国跨界民族的边民与境外同族交往的情况看，由于多数边民能够与境外交流互动的范围有限，一般都只能与在语言上能够沟通的境外人群交往，并认定为同族人，也就是说，多数是在同一支系或相近支系的人群范围内首先获得民族认同”。

由于民族认同本身具有多层次性，且对层次的划分有其内在的逻辑性，许多学者对民族认同的层次性都进行过研究，对各个层次均有概述。

在徐柏才对“民族认同”的研究中，其从主体认同的客观指向角度将民族认同分为族属认同、族体认同和国家认同与中华民族认同三个层次。在族属认同中，均需要解决个体的民族归属感问题，这也是民族认同的最基础的层次。其书中也辨明了族属认同与族籍确认之间的差别。而族体认同是在族属认同基础上形成的关于民族共同体及其内外关系结构的认知，属于民族认同的第二个层次。国家认同则是一个比族属认同和族体认同更高的民族认同层次。

认同结构中存在着级序结构，即把什么认同放在优先的级序。有学者指出：“国家认同在民族成员认同层级结构中应该处于最高的级序，优先于各种民族认同

① 阿达莱提·塔伊尔．中国柯尔克孜族的国家认同和民族认同调查研究［J］．新疆大学学报（哲学·人文社会科学版），2010（11）．

形式"①，这种观点是把国家认同放在民族认同结构之外来理解，所以与徐柏才"国家认同是民族认同的一个层次"的论述存在差异。而费孝通概括得较为全面。他说，中华民族所有归属的成分都已具有高一层次的民族认同意识，即共休戚、共存亡、共荣辱、共命运的感情和道义。对中华民族的认同是高层次认同，对本民族的认同是低层次认同，不同层次的认同可以并行不悖。② 其在说明"中华民族多元一体格局"的级序性时，提到作为国家认同的中华民族相对于社会成员的民族认同而言，是高一个层次的民族认同意识。③

在当今世界，90%以上的国家是多民族国家，这些多民族国家中有相当一部分又存在跨界民族。鉴于民族认同具有稳定性和持久性，且与政治、经济、社会、文化等各方面都密切联系，因此，跨界民族的民族认同问题，将是一个长期的民族议题。雷勇认为"跨界民族的民族认同是一把双刃剑"，有积极的作用也有消极的影响。那么，如何理性认识跨界民族的民族认同现象，并在此基础上采取合理的措施和执行正确的政策就显得格外重要了。

（三）文化认同

1. 文化认同

客观地说，关于文化认同，目前还没有一个定义被广大的研究者所广泛接受，在那些有所界定的文章中，有关文化认同的界定异彩纷呈，由于不同研究者的专业背景不同，关注的热点和重点也不尽相同。在有关全球化和现代性的学科研究过程中，文化认同被定义为"建立在某些实践活动界定的成员关系的基础上与遗传有关的实践"④；而在有关身份、种群的学科研究中，文化认同体现出两种基本文化内涵：一是某个个体或群体据以确认自己在特定社会里之地位的某些明确的、具有显著特征的依据或尺度，如性别、阶级、种族等，在这个意义上用"身份"来表示。二是当某个个体或群体试图追寻、确证自己在文化上的"身份"时，可以作为认同。据此，文化研究中将文化认同定义为：某一文化主体在强势与弱势文化之间的集体身份选择时，所产生的强烈思想震荡与巨大的精神磨难，是一种焦虑与希冀、痛苦与欣悦并存的主体体验。

较早时期的人类学研究常常将文化认同和文化的族群性相提并论，认为一个族群的文化认同必定反映世代传承的或是纯粹的文化传统。而近几年的研究观点认为，文化和文化认同是两个独立的统一体。《社会科学大辞典》中的文化认同，是指对传统进行自觉的群体的批判的继承和创造，也即是对外来文化进行自觉的群体

① 高永久，朱军．论多民族国家中的民族认同与国家认同［J］．民族研究，2010（2）．

② 费孝通．中华民族多元一体格局［M］．中央民族大学出版社，1999：13.

③ 费孝通．论人类学与文化自觉［M］．华夏出版社，2004：163.

④ 乔纳森·弗里德曼．文化认同与全球化过程［M］．郭建如译．商务印书馆，2003.

的选择和吸取。由于世界上不存在任何普遍而抽象的文化，每个文化都有其特殊的个性，因此，从一个文化的基本价值取向来掌握其个性，便成为探索该文化的内在统一性即文化认同的主要课题；雷勇在《论跨界民族的文化认同及其现代建构》一文中指出，文化认同的形成与维系主要取决于认同主体自身的认识和坚持，以及认同客体的默许和接受，这是一个建立在自身条件和外在条件之基础上的现代建构行为，其最终结果是在社会文化交流的过程中形成了“自我”与“他者”之间的社会区分。其从功能属性和社会属性两个属性上阐述了文化认同的适应性和现代性。

国外文化认同研究的代表人物 Geertz 认为：“一个人出生在某个宗教社区、语言社群以及其生长所在地的社会习俗，这些同时存在的共同文化构成其认同的基础。”有些社会心理学家在解释文化认同时强调文化认同的个体防御功能。但是，大多数人类学家和心理学家在解释认同时却更看重文化认同之情感功能和由此衍生的意向后果。如 Phinney 认为，文化认同是一个复杂的结构，它不但包括个体对群体的归属感，而且还包括个体对自己所属群体的积极评价及其个体对群体活动的卷入情况等。

文化认同是一个内容极其丰富的文化体系，它包含了族群起源、部落所属、生活方式、风俗习惯、语言文化、宗教信仰和文明形态等社会因素，这些社会因素是社会群体进行历史记忆的主要凭借物。殷实在《认同与归国文化冲击——基于社会认知理论的研究》中认为，文化认同即文化身份，意指对自身文化身份和地位的一种自觉和把握。文化认同其实表现在政治、经济、伦理、宗教、语言和观念等方方面面，凡是同人的活动有关的一切领域几乎都是文化的领域，因而都涉及文化认同的问题。顾明远认为，文化认同包括两种类型：一种指人们对自己所属文化的认同，另一种指人们对外来文化的认同。就认同者的态度，有主动认同与被动认同；就内容看，有整体认同和部分认同；就作用看，有积极认同与消极认同；就趋势看，有顺向认同与逆向认同。而郑晓云提出，“文化认同是人类对于文化的倾向性共识与认可，不同的文化有不同的文化认同，文化认同也因而表现为对其文化的归属意识”。

2. 跨界民族的文化认同

文化是民族构成的重要因素之一，一般以复合体的形式存在和体现出来。而认同则是民族对固有的习俗和传统产生的归属感。所以文化认同被理解成“民族对它本身的传统而生发的一种内在情结”。[①] 对于一个民族而言，文化作为价值体系的一部分，具有最高的重要性，但它不能与衍生的结构现象相分离。《和谐社会的构建》一文指出，民族地区的文化认同既包括对本民族文化的认同，也包括对中华民族文化的整体认同，还包括对世界优秀民族文化的认同；李劲松等人认为，“文化认同是人们在一个民族共同体中长期共同生活形成的对本民族最有意义的事物的肯

① 雷勇．论跨界民族的多重认同［J］．内蒙古社会科学（汉文版），2008（9）．

定性体认，其核心是对一个民族的基本价值的认同”。陆学杰在《文化认同与民族地区和谐社会的构建》中认为，民族地区文化认同对构建民族地区和谐有着特殊的作用，是促进民族地区和谐社会发展的根基；闫顺利、敦鹏在《中华民族文化认同与国家凝聚力——兼论新形势下的统一战线工作》中认为，中国经济的快速发展为民族文化认同提出了内在要求；许强的《文化认同：民族凝聚力的不竭源泉》从民族凝聚力来谈民族文化的认同感。文中从民族文化的人文精神、国家意识、历史底蕴、兼容风格、理想色彩等鲜明特色揭示文化认同是民族凝聚力的不竭源泉，从而揭示出文化认同与民族凝聚力的内在联系。牛力的《传统复兴建筑与民族文化认同的建构》从社会学的角度阐释，从民族文化认同建构的角度研究近现代中国的传统复兴建筑，从民族文化认同建构的角度出发可以观察到国家话语与建筑话语之间的复杂关系，并通过文化霸权的概念分析这一建构过程。

雷勇在他的《论跨界民族的多重认同》一文中提到：“跨界民族由于分布在两个或两个以上的民族国家，作为这些国家民族构成的一分子，其文化的异质性的生存处境越来越艰难，主要是这些国家一方面强调文化的多样性，但全球化的今天对文化同质性的追求却变得更加强烈。”从跨界民族的现状和民族发展看来，跨界民族在文化认同方面变得更加模糊化了。

而雷勇在其《论跨界民族的文化认同及其现代建构》中提出，“跨界民族的文化认同是其成员对族群文化的反思性行为，是社会现代性的产物。它经由文化层面的冲突、反省和调整而得以形成”，并将其形成的基本逻辑概括为“文化碰撞（冲突）→文化反省（批判）→文化调整（适应）→文化认同（自我和他者）”。亦有学者指出，由跨界民族问题引发的“地缘政治、地缘经济冲突不单纯是一个政治或经济问题，它还是一个文化问题，其深刻的根源往往是历史上形成的价值观念和感情基础的裂痕所引发”，其中“文化是一种深层次的决定性力量，一些表面上看来是政治上的冲突，实际上都反映了深刻的文化分歧”①，认为“跨界民族的文化认同是其政治认同、民族认同、社会认同和地域认同的重要基础。它的发展状况直接影响着其他认同的走向与发展”。严庆等人在研究中也提到，“文化认同”是处于同一个民族共同体中的人们在长期的共同生活中所形成的、对本民族最有意义的事物的肯定性体认，其核心是对一个民族的基本价值的认同；民族文化认同是凝聚民族共同体的精神纽带，主宰着民族成员的情感归属与社会自我认知，是这个民族共同体生命延续的精神基础。

（四）社会认同

1. 社会认同

社会的运行状况和社会属性体现在民族的发展过程中，而民族作为一种社会历

① 马曼丽．中国西北跨国民族文化变异研究［M］．民族出版社，2003：209－210.

史现象，它的产生、发展和演变总是同一定社会发展紧密联系，在联系发展中，也就形成了民族的社会认同。“社会认同是一个社会群体的自我意识，是对于‘我们’区别于‘他们’特质的认识，是社会成员共同拥有的信仰、价值和行动的集中体现，它包含了群体中的个体对于所属群体及其文化的归属感和内心的承诺。”①

社会认同理论最早由亨利·泰费尔等人在20世纪70年代提出，进入80年代之后，随着研究者数量的不断增加，社会认同研究取得了显著的理论和经验方面的进步，后来特纳又提出了自我分类理论，进一步完善了这一理论。国内心理学界对社会认同的研究起步较晚，最早的研究起始于香港学者林瑞芳、赵志裕等人，赵志裕等人在其《社会认同的基本心理历程——香港回归中国的研究范例》中提到，社会认同是指个体认识到他（或她）属于特定的社会群体，同时也认识到作为群体成员带给他的情感和价值意义。而方文在对北京一个基督教群体的研究中，以社会认同理论作为概念框架，对基督教的社会认同过程进行了详细的分析，成为内地应用社会认同观点研究的开端。白亮等人的《近十年来我国社会认同研究》回顾了国内社会认同领域一些具有代表性的研究成果，并从理论维度和经验维度进行了分析和论述。经过十几年的发展，国内外关于社会认同的研究不断走向深化，并且成了社会学和社会心理学的研究热点之一。

李友梅从以阶级认同为轴心的社会认同体系的角度出发将社会认同定义为“社会成员共同拥有的信仰、价值和行动取向的集中体现，本质上是一种集体观念。与利益联系相比，注重归属感的社会认同更加具有稳定性”②。郑杭生③则是从社会学中的社会互构论视角界定社会认同，即个人和群体对其身份和社会角色的自我认定和他者认可。此外，还有一些学者根据研究的需要，对社会认同做出了一些可操作性的界定。如王春光在其《新生代农村流动人口的社会认同与城乡融合的关系》中，将社会认同定义为“对自我特性的一致性认可，对周围社会的信任和归属，对有关权威和权力的遵从等等”。

2. 跨界民族的社会认同

对于跨界民族而言，社会认同角度的研究成果较少，以雷勇提出的观点较为全面。

雷勇指出：“社会认同除了具有作为民族所具有的归属感和自我体认以外，还包括他们在所居住国家中与其他族群的族际关系究竟如何。”而在其《论跨界民族的社会认同》一文中，他把跨界民族的社会认同分为“和（和谐）而不同”、“由合（融合）而同”、“因同而合（融合）”、“不和（和谐）不同”四种基本情形，

① 班班多杰．和而不同：青海多民族文化和睦相处经验考察［J］．中国社会科学，2007（6）．

② 李友梅，肖瑛，黄晓春．社会认同：一种结构视野的分析——以美、德、日三国为例［M］．上海人民出版社，2007.

③ 郑航生．中国社会发展研究报告2009——走向更有共识的社会：社会认同的挑战及其应对［M］．中国人民大学出版社，2009.

认为跨界民族的社会认同是由国内与国际、历史与现实、政治与经济、社会与文化等多重因素共同决定的，同时指出了跨界民族社会认同的作用，认为跨界民族问题的解决，首先要促使跨界民族实现本土化的转型，实现“适应—认同—融合”，并在此基础上形成和谐的族群关系。

历史经验也在不断向我们证明，在对待跨界民族的认同问题时，尊重民族认同，辨清政治认同，照顾文化认同，以及优化社会认同，这四个方面对于跨界民族问题的解决尤为重要。

（五）国家认同

1. 国家认同

国家认同一词最早出现在1953年列文森论梁启超的名著《梁启超与中国近代思想》中。社会学中将国家认同解释为一种合法性的认同，“由社会的支配性制度所引入，以扩展和合法化它们对社会行动者的支配”。美国政治家白鲁恂对国家认同所做的经典定义是：国家认同是处于国家决策范围内的人们的态度取向。我国台湾学者江宜华则认为国家认同问题试图分析的是一个人如何决定其国家归属、如何看待国家归属与私人生活秩序的关系。也有我国台湾学者将国家认同定义为一个人确认自己属于哪一个国家以及这个国家究竟是怎样一个国家的心理活动。内地学者郑富兴则将国家认同感定义为个人承受和接受自己的民族文化与政治身份后产生的归属感；佐斌从社会认知理论出发，指出国家认同是人们对自己的国家成员身份的知悉和接受；郭艳提出，国家认同是一种主观意识和态度，表现为个人和国际两个层面。就个人而言，国家认同指的是个体在主观上认为自己属于国家这样的政治共同体，心理上承认自己具有该国一员的身份资格；贺金瑞则将国家认同定义为一个国家的公民对自己祖国的历史文化传统、道德价值观、理想信念、国家主权等的认同，即国民认同。

对于国家认同的定义，众说纷纭，而对国家认同的内容，由于国家认同与政治认同、文化认同等相互交织，更是存在很多不同的意见。许纪霖曾指出，对于近现代中国民族国家的认同研究，有两种观点的争论：这一民族国家究竟是一个政治共同体，还是历史文化共同体？公民们对之认同的基础是政治法律制度，抑或公共的政治文化，还是历史传统遗留下来的文化、语言或道德宗教？对于这一争论，许纪霖给出的答案是现代民族国家本身就是一个文化与政治的结合，是在民族的基础上形成的国家共同体。不仅要有基于民族本身的历史宗教语言的文化认同，而且要有对法律和政治制度的政治认同。[1]

---

① 人民网．从国家认同看北京奥运会开幕式传播效果．http：//media. people. com. cn/GB/22114/44110/142321/10594520. html. 2009年12月16日．

2. 跨界民族的国家认同

全球化时代，随着经济全球化和文化全球化的不断发展和扩张，人类迁徙工具的不断发展，以及劳动力市场的国际化进程加快，社会出现了所谓的“跨国群体”和“世界公民”，民族国家公民的国家认同受到了强有力的挑战，各国的研究者们也越来越关注公民的国家认同研究。因而，跨界民族的国家认同研究是近年来学术界探讨的一个焦点，对于跨界民族国家认同的重要性，学者们在学术成果中已有过很多论述。

国家认同是随着人出生时被赋予的公民身份而具备认同前提的，国家认同实质上是个人对自己所属国家的身份的确认，自觉地将自己或群体的利益归属于国家，形成捍卫国家主权和整体国家利益的主体意识。

于海涛《试论跨界民族国家认同的特点》一文中，从认同基础的特殊性和认同客体的特殊性两个方面讨论了跨界民族国家认同的特殊性。另外，其认为跨界民族的国家认同具有“复杂性、模糊性、不稳定性”等特点。而事实上，跨界民族国家认同的关键并不在于个体同时拥有国家认同、民族认同等不同形式的认同，而是在于在个体的认同层次结构中，把何种认同归属置于优先的级序，并以此作为自己效忠、尽义务和责任的归属单位。赵环宇在学术论文《中国民族政策与国家认同建设——以跨界民族延边朝鲜族为例》一文中，从对“国家认同”的理论思考入手，从文化民族主义、现代自由主义、儒家学派和马克思主义视角出发讨论了国家认同，认为民族主义视角下的国家认同问题可以等同于“国族建构”问题，并分析了当前中国学者提出的“提升各民族国家认同”的四种政策路径。

严庆在《浅论跨界民族的认同结构及调控》中认为：“与民族认同相比照，国家认同则属于民族政治认同。”跨界民族由于跨越国界而居，同一民族的不同个体成员具有不同的国籍、享受不同的国家政策、具有不同的经济社会条件，因而，他认为民族认同和国家认同具有明显的两重性，即“一方面，作为一个民族整体，跨界民族和常规民族一样，具有共同的历史文化、风俗习惯、民族意识和认同感；另一方面，由于生活在不同的国家，跨界民族各分支的成员的命运又是与所在国联系在一起的，接受不同的民族教育和市场培养，又具有不同的国家观念和归属感”。肖锐等人认为，国家认同包括“国内层面的国家认同和国际层面的国家认同”两个层面，“前者是对一种政治、历史、文化、族群等多种因素复合的共同体的认同；后者是一种国际社会的政治构建，是一个国家的合法性逐步得到认同的过程”①。其对伊犁跨界民族的国家认同和民族认同进行了研究，认为民族认同与国家认同是受宗教意识形态、社会交往、文化交流、民族通婚程度、经济发展的不平衡和民族价值观等影响的。郑宇等人“把国家认同定义为主体对国家统治合法性的肯定与对

① 肖锐，胡琦．伊犁跨界民族的国家认同与民族认同调查研究［J］．黑龙江民族丛刊（双月刊），2011（1）．

自身公民身份的确认”，认为“对于国家而言，它应该被看作统治者为促进和保障国家稳定及发展而做出的一种社会安排，以及国家宣扬统治合法性及其价值观的一种手段。而对于跨国而居的边疆少数民族而言，它集中表现为边民的归属心理、与他国界限的认定及对国家统治合法性的认可”①。

从整个国内研究动态来看，对跨界民族的国家认同研究主要呈现出以下方面的特点和研究方向：

（1）侧重从“民族国家整合”的角度进行研究

中华民族是一个多民族的共同体，民族认同是涉及56个民族对自身身份和对中华民族身份的双重认同问题。

费孝通先生在《中华民族多元一体格局》“中华民族的结构”一节中，深刻论述了中华民族多元一体格局理论，其中包含三个层次的民族认同；付春的《民族权利与国家整合》在对“民族”与“国家”这两者的区别和历史发展过程进行分析之后，认为“多民族国家对少数民族权利的肯定、尊重和保护，正是多民族国家实现有效整合和保持内在统一的本质要求。因而，国家整合与国家保障少数民族权利具有深刻的内在的一致性。这种一致性决定了保障少数民族的权利是国家整合的前提；而国家整合的过程应该是少数民族权利得以实现的过程”；赵环宇认为民族认同与国家认同、民族权利和国家整合是一种良性的共生竞争关系。

（2）注重“某个民族国家认同”的研究

这一方面的研究主要是针对我国跨界民族中那些在我国周边建有主权国家的我国跨界民族进行的。这些文章对跨界民族的研究有十分重要的参考意义。例如，朴婷姬的《试论跨国民族的多重认同——以对中国朝鲜族认同研究为中心》、王纪芒的《中国朝鲜族的民族认同与国家认同——以中国某边疆地区的朝鲜族为例》、祁进玉的《历史脉络中的国家观与国家认同意识变迁——以土族为个案的历史人类学考察》等。

（3）侧重“边疆少数民族现代化与国家发展、社会和谐”的研究

何博的《边疆少数民族“中国认同”意识缘起初探》、周平的《边疆治理视野中的认同问题》、石培玲的《民族意识与多民族国家的社会和谐》等通过边疆政治治理、传统民族转型、现代国家塑造、民族关系协调等方面对跨界民族的国家认同问题进行了深度探索。

（4）关注跨界民族“和平跨居”模式条件下的民族国家认同研究

如任屹立、郭宁的《中哈两国哈萨克族“和平跨居”模式探究》。此外，还有关于边境少数民族公民教育相关的研究。

---

① 郑宇，曾静．跨国民族流动与国家认同构建——以云南省文山州马关县箐脚村苗族为例［J］．北方民族大学学报（哲学社会科学版），2010（4）．

第六节　跨界民族问题

一、跨界民族问题

胡锦涛曾明确提出：“在现实生活中，我国当下的民族问题往往表现为经济问题与政治问题、现实问题与历史问题、民族问题和宗教问题、国内问题与国际问题交织在一起。正确处理民族问题，涉及我国经济、政治、文化与和谐社会建设的各个方面。”而跨界民族问题不同于国内意义上的民族问题，因为其主体是跨界民族。与国内意义上的民族问题有共通点，却也存在很大的差异性。跨界民族问题之所以显得这么重要，在于其与一个国家的安全密切相关。库尔德人、北爱尔兰族群民族主义以及东突分裂主义等所引发的血腥冲突此起彼伏，造成了很多国家社会的严重动荡。也因此深深地刺激了人们对这一特殊群体的敏感神经。

20 世纪 80 年代，在第三次世界民族主义浪潮推动下，国内对跨界民族的研究兴起了一个新的研究领域。进入 21 世纪，跨界民族的国际性日益显现，跨界民族问题对我国的影响也越来越突出。跨界民族问题引起了学术界的重视，改革开放 30 年来，随着国际形势的变化，国内民族问题的复杂性日益加剧，中国学界在跨界民族问题的研究中，开始注重从不同的学科、领域出发，根据中国的具体国情研究问题。这些学科领域包括边疆少数民族研究、世界民族研究、国际关系研究等，而最初的跨界民族研究正是从边疆少数民族研究领域生发出来的。在世界民族研究近 30 年的发展历程中，“跨界民族”这一研究对象最初并没有引起世界民族研究者的关注。直至 20 世纪 90 年代后，由于当代的世界民族分离运动剧烈及跨界民族问题凸显，世界民族学者们才开始对“跨界民族”这一对象进行关注，并逐渐激发了学者们进行探究的兴趣。

近年来，世界民族研究领域已经成为跨界民族研究所依托的最为重要的研究领域，正将跨界民族研究推向更前沿的研究领域。中国跨界民族研究在不同的学科领域内，已经成长为具有较强理论性、宽泛研究视角、相对独立的研究领域，很值得对不同学科领域中对跨界民族的研究状况进行归纳和概括，以作为跨界民族研究的基础性工作，进而推动跨界民族研究的进一步深入。

跨界民族虽是一个基本的理论问题，但却是分析现实中的跨界民族问题的基础和前提。而现实中，有人错误地认为“凡是存在跨界民族的地方就一定会产生跨界民族问题”，因此，无论是从理论上，还是在现实中，我们都应该理性地、客观地将跨界民族与跨界民族问题区别开来，并从了解跨界民族的实际出发，去探索解决跨界民族问题的方法。曹兴在他的《跨界民族问题及其对地缘政治的影响》一文中也指出，跨界民族和跨界民族问题应该是两个事物，把二者混为一谈的做法，不利于问题的澄清和研究，也会人为地制造很多国际麻烦和是非问题。

戴生岐、董华等人曾提出，跨界民族后缀以“问题”二字，则表明了跨国界居住在不同国家的同一民族关系的“某种非和谐性状况”①。民族问题首先是一种民族关系的不协调，其实质是由于发展的不平衡。而所谓跨界民族问题，是指跨国界民族的分支基于各自所在国家不同的历史国情和现实状况下的政治、经济、文化和社会等因素的影响而引发的矛盾与冲突。孙志香在《内蒙古的跨界民族问题与我国的地缘政治安全》一文中认为，跨界民族问题主要指的是“跨界民族之间发生过，现在和今后也可能还会发生和存在的矛盾问题。跨界民族问题可能会涉及跨界民族之间的政治利益、经济利益和文化利益。但因为跨界民族一般与国界线有联系，所以跨界民族最核心的问题是政治利益问题。”闫文虎也认为：“跨界民族问题主要包括民族关系恶化、民族矛盾加剧甚至冲突、民族分裂式的民族自决、领土争端等政治问题。”② 在他的《论跨界民族问题对我国安全的影响》一文中，他认为跨界民族问题会干扰国家统一进程、破坏边疆安全、危害社会稳定等，提出解决跨界民族问题的根本措施。他在《跨界民族问题对我国和平崛起的影响》一文中亦认为：“由于跨界民族使我国的民族问题具有国际性，它直接影响我国与周边国家的关系，影响我国边疆的稳定。跨界民族问题也是国际反华势力和组织干涉我国内政、阻挠我国和平发展的主要借口。我们要从战略高度重视解决跨界民族问题，尤其是加大跨界民族地区的经济和社会的全面发展，使我国各族人民共同走向小康社会。”

在曹兴的《跨界民族问题及其对地缘政治的影响》一文中，他提出跨界民族问题所诱发的三大政治问题，包括产生并发展了对国家的离心力，诱发了危及国家领土主权的问题以及邻国跨界民族的相互声援造成了地缘政治的不稳定。汪树民在《论跨界民族及跨界民族问题》中，认为跨界民族问题是在现实社会生活和政治活动中围绕利益要求、权利规定和政治表达与外界发生了矛盾和冲突的国际社会现象，它是国际政治权力结构和利益资源分配状态直接或间接的体现，是原来同一民族及其聚居地被国家政治分割的外在动力与民族传统文化的感召力及民族自身的驱动等内在动力交互作用的结果。雷勇在《跨界民族问题研究：理论与现实》一文中，认为跨界民族问题的产生和发展常常是与国际权力政治和地缘政治联系在一起的；历史与现实一再表明，跨界民族问题的发生地往往存在很浓烈的民族主义，尤其是那些推行过不当的民族政策的多民族国家；跨界民族问题一开始就有着国际背景或外部势力的介入；跨界民族问题具有很强的破坏性和冲击性，同时也具有促进作用，需要具体问题具体分析。因此，对待跨界民族问题始终需要一种国际的眼

① 戴生岐，董华．解决我国西部跨界民族问题的基本思路［J］．长安学刊，2012（12）．

② 闫文虎．跨界民族问题与中国的和平环境［J］．现代国际关系，2005（5）．

光，这无论对于理论研究还是实际工作都是一样重要的①。李学保在《建国以来党和政府解决跨界民族问题的政策实践与经验启示》一文中认为，跨界民族问题是指跨界民族因“族缘政治”情感因素推动，在涉及自身权力和利益的诉求过程中，造成民族凝聚力和国家向心力的失衡，从而冲击现存国家主权和安全利益，引发的地缘政治动荡的社会现象。

学术界部分学者们从跨界民族的“跨境”、“跨国”角度对跨界民族问题进行了研究。如罗秉森、莫关耀等人在《云南跨境民族问题与国家安全研究》一文中，认为云南跨境民族问题在全国具有典型性和代表性，分析和探讨了影响跨境民族地区稳定的问题和潜在的危险性，并提出妥善处理跨境民族问题的建议。李国栋在《论同源跨国民族问题中的文化因素》一文中，认为跨国民族问题的根源中文化的成分不容低估，主张实行多元文化共存的政策，努力实行文化自觉，在全球范围内实行和确立“和而不同”的多元一体文化格局，在和平竞争中取长补短，在求同存异中共同发展。安俭在《跨国民族问题与边疆稳定战略研究》一文中，认为跨国民族是连接国与国之间的桥梁，地处我国西部大开发的西部地区是跨国民族较为集中的地区，对跨国民族的研究有利于我国改革开放的深入发展，有利于西部大开发战略目标的稳健实施。周建新、罗柳宁在《浅析世界民族问题中的跨国民族问题》一文中，通过对世界民族问题中的跨国民族问题进行整理及对跨国民族问题凸显的世界社会背景进行简述，分析了各类跨国民族问题产生的原因和全球跨国民族问题发展的趋势及主权国家的应对之策。刘亚琼也在《跨国民族问题对我国西部大开发的影响》一文中，认为中国是一个跨国民族众多的国家，绝大多数的跨国民族主要分布在西部地区。而西部地区又恰恰是我国的边防屏障，跨国民族安定关系到整个国家安全。恰逢西部大开发之际，正确认识和处理中国西部存在的跨国民族问题，无疑成为当前研究的重要课题之一，同时也是顺利实施西部大开发战略的关键所在。

跨界民族问题是指在现实社会生活和政治活动中围绕利益要求、权利规定和政治表达与外界发生矛盾和冲突的国际社会现象，它是国际政治权力结构和利益资源分配状态的直接或间接的体现。毛欣娟在《跨界民族问题与新疆社会稳定》一文中，认为新疆是我国跨界民族最为集中的地区，跨界民族问题对新疆地区的社会政治稳定具有重要影响。要实现新疆地区的安全与社会稳定，需要建立一套保证安全与稳定的机制，包括加强对新疆社情的研究、妥善处理跨界民族宗教问题、建立适度有效的防控机制等。张兴堂亦在《论跨界民族与我国国家安全》一文中，认为冷战结束后，跨界民族问题的复杂性、国际性和重要性更加突显，跨界民族问题已成为影响国家安全的重要因素。我国是一个多民族国家，又是一个跨界民族较多的国家，加强跨界民族研究，是关系到我国国家安全的大问题。

---

① 雷勇．跨界民族问题研究：理论与现实［J］．贵州民族研究，2005（5）．

二、跨界民族问题的表现类型

在当今世界，总体来说，跨界民族问题有以下几种表现形式：

1. 泛民族主义的兴起；

2. 引发地缘政治、国际政治的动荡（危及相关国家主权和统一、影响相关国家的关系）；

3. 跨界民族经济社会发展滞后而导致对国家的离心力；

4. 毒品贩卖、走私、拐卖妇女儿童以及非法移民等跨国犯罪问题。

从世界范围看，有学者认为可以分为三类：一是发展中国家民族统一、独立运动而引发的冲突；二是原社会主义多民族国家中的跨国民族地缘冲突和离心倾向引发的动乱；三是资本主义国家中追求政治权力，以跨国民族分立为特征的动乱。① 徐亚清认为，"现实社会生活大规模迁徙到对方国，在本国进行分裂活动、要求独立谋求更多的政治权力、宣传极端主义思潮、排挤本地区的国内主体民族等是由跨国民族问题引发民族冲突的表现。"② 也有学者将跨界民族相互声援，加强彼此间的政治联系，谋取自治、独立或追求与国境线另一侧的同源跨界民族的政治统一或地域一体看作其重要表现。③

对于我国而言，归纳得较为完整的是李学保的《建国以来党和政府解决跨界民族问题的政策实践与经验启示》一文，文中把新中国成立以来我国的跨界民族问题主要分为三种类型：

1. 涉及边境地区少数民族土司归属和边界划分、跨界民族的双重国籍以及跨界民族大规模境外移民问题。

2. 利用沿边开放、开发和跨界民族交流往来频繁之便，边境地区出现的走私贩毒、非法移民等跨国犯罪活动，以及边民因利益冲突引发的群体性事件。

3. 以"藏独"、"疆独"为代表的分裂势力利用民族和宗教问题从事分裂国家活动。

闫文虎则将跨界民族问题矛盾构成归纳为如下几个方面④：

1. 国家凝聚力和民族向心力发生矛盾，民族的自我认同大于国家的认同，民族向心力大于国家凝聚力。

2. 国内民族问题国际化。在全球化日益加深的条件下，国内民族问题周边化、国际化的趋势非常明显。

---

① 安俭．跨国民族问题与边疆稳定战略研究［J］．广西民族学院学报，2004（1）．

② 徐亚清．中亚五国转型研究［M］．民族出版社，2003.

③ 张兴堂．论跨界民族与我国的国家安全［J］．黑龙江民族丛刊，2008（2）．

④ 闫文虎．跨界民族问题与中国的和平环境［J］．现代国际关系，2005（5）．

3. 民族问题与宗教问题交织，使一般社会问题政治化。跨界民族不但与境外的同一民族有着直接的联系，还与境外的同一宗教有千丝万缕的联系，尤其在受宗教影响较深的民族中，宗教因素更是民族机体中的一个不可缺少的组成部分，民族意识和宗教意识往往相互影响、相互渗透。

4. 跨界民族问题“工具化”。跨界民族问题由于其国际性特点，很容易被分裂主义者或别有企图的国家所利用，成为政治斗争的工具。

三、跨界民族问题的形成原因

21 世纪，中国跨界民族问题与国家安全、政治稳定等问题的关系也日渐凸显。跨界民族问题何以成了政治不稳定的因素，原因有很多。学术界也展开了激烈的讨论。

在曹兴的《跨界民族问题及其对地缘政治的影响》一文中，他指出：其一，跨界民族问题是有关国家政治、经济、文化等方面的差别导致的。其二，跨界民族的自我意识达到相当程度才会产生跨界民族问题。其三，国家民族政策在经济和政治地位上的不平等是造成跨界民族问题的重要因素。其四，产生跨界民族问题的根本原因是民族利益的问题。

刘稚在《关于跨界民族若干理论问题的思考——兼论中国与东南亚的跨界民族》一文中提出，跨界民族问题是因现存国家政治疆界对民族聚居地域的分隔所产生的国家认同与民族认同的不一致，民族凝聚力与国家向心力失衡而导致的民族问题。其在《中国——东南亚跨界民族发展研究》一书中也提出：所谓跨界民族问题，就是指具有共同族源、文化和民族认同的某些民族因居住地为国界所分隔，国家与民族不重合而导致的民族向心力与国家向心力发生冲突所引起的所有社会政治问题。换言之，国家与民族的不重合是跨界民族问题产生的根源。

闫文虎则认为：“跨界民族问题的形成是内外因素相互作用的结果。从内在因素讲，国家的民族宗教政策，尤其是少数民族政策的偏差是主要原因。从外在因素讲，外部势力的渗透是主要原因。从内外因素的结合上看，‘现代泛民族主义’思潮诱发下的大民族主义思想是跨界民族问题的病根。”

而吴楚克在《从地缘安全角度理解中国的民族与跨界民族》一文中，也对此进行了论述。对于越来越突出的跨界民族问题，他认为，基本原因是中国跨界民族自身发展达到了能够对跨界民族主体或者外在部分施加影响的程度；客观原因是跨界民族所处边疆的地域特点，引起试图干涉和破坏中国国家安全的某些别有用心国家的注意，特别是极端宗教势力和恐怖主义分子的注意；主要原因是由于苏联解体的结局，使一些敌视社会主义国家的势力试图借助跨界民族问题继续干涉中国内政，引起中国国内动乱，趁机分裂中国或者阻滞中国的发展步伐。

汪树民提出的观点是：跨界民族问题之所以产生，是由于以下几个方面的原因：第一，跨界民族及其相关的国家没有处理好国家意识与民族意识的关系；第二，跨界民族没有处理好同一民族的凝聚度与分离度的关系；第三，跨界民族问题的产生和发展具有坚实的物质基础和精神基础；第四，跨界民族在社会生活和经济建设两个方面的不平衡发展。

在学术界的研究中，关于跨界民族问题产生理论，存在两种解释，一种解释是“原来同一民族及其聚居地被国家政治分割的外在动力与民族传统文化的感召力及民族自身利益的驱动等内在动力交互作用的结果。这两种社会力量相互作用的结果就造成了跨界民族问题”①；另一种解释则是“当跨界民族的利益和国家的利益产生某种冲突时而出现的跨界民族问题”②。

何跃在其《非传统安全视角下的云南跨界民族问题》中也论述到，形成跨界民族问题的原因主要有三点：第一，地处不同国家的政治、经济、文化等方面的差别，导致跨境民族问题；第二，国家民族政策导致经济和政治地位上的不平等；第三，经济全球化的冲击，打破了跨境民族古老的生存方式和生产方式，他们因对各跨居国家的社会转型不能调适而走上极端。

雷勇提出：“在当下国内问题与国际问题相互交织、族群意识与利益诉求愈发高涨的大背景下，跨界民族问题的导火索可能以其中某一种形态凸显出来。然而，实质上却是几个因素共同作用的结果。”

严庆等人亦指出，“民族认同与国家认同的失衡，常常会造成跨界民族与所在国的冲突、分离和分立，给国家的主权和领土完整带来威胁。跨界民族问题便因此而生”。

李学保则从我国的实际出发，认为我国跨界民族问题的形成，有以下三方面的原因：1. 国际因素在我国跨界民族问题的产生、发展和演变过程中发挥了重要作用。2. 边疆民族地区经济社会发展相对滞后是我国跨界民族问题形成的客观诱因。3. 跨界民族形成过程中复杂的历史纠结是新中国成立后我国跨界民族问题形成的深层次原因。③ 他在《国内学术界关于跨界民族问题研究中的分歧和思考》中，则将跨界民族问题产生的根源归纳为六种“学说”，即“认同分离说”、“利益冲突说”、“情感超越说”、“跨国族体说”、“政策失误说”和“外部诱导说”，从跨界民族形成之原因的各方面进行了解释和归纳。

四、跨界民族问题的特点

历史研究资料表明，两极格局瓦解后，世界范围内的民族主义便广泛兴起，新

① 曹兴．论跨界民族问题与跨境民族问题的区别［J］．中南民族大学学报，2004（2）．

② 曹兴．跨界民族问题及其对地缘政治的影响［J］．民族研究，1999（6）．

③ 李学保．建国以来党和政府解决跨界民族问题的政策实践与经验启示［J］．社会主义研究，2011（2）．

民族主义现象多半以民族同原有国家之间裂隙的扩大为特征，构成了对现有疆界和国家主权的严峻挑战。而对于跨界民族而言，由于其在历史上往往曾拥有一体性地域，容易产生以传统地域为基础，以建立新的“民族国家”为目标的非现实的“泛民族主义”。而且，在东欧、中亚、南亚以及非洲，都出现了跨界民族以泛民族主义为口号的组织和活动。在此背景之下所显现出的跨界民族问题，也成为国家社会中的重大的不稳定因素，其特点更为突出。

刘稚在《关于跨界民族若干理论问题的思考——兼论中国与东南亚的跨界民族》一文中，认为当代世界跨界民族问题呈现出重要性、普遍性、国际性、复杂性、长期性等特征，并从国家的综合国力、国家的民族政策、国家对跨界民族问题的态度和外部势力因素等方面分析了影响跨界民族问题走向的主要因素。在其《中国—东南亚跨界民族发展研究》一书中也曾提出：当代跨界民族问题的本质特征就是国家与民族的关系问题，它有社会历史的原因，也有国际国内政治的现实影响，它有既成历史事实的无奈，也涉及社会公正和基本人权的尊重与满足的必然要求。反过来，跨界民族问题的出现和恶化也会冲击国家间关系、国家安全和社会稳定，甚至影响地区和平。

张兴堂在其《论跨界民族的特殊性》一文中，较为系统地从跨界民族的“过程”、“属性”、“关系”、“问题”四个方面论述了跨界民族的特殊性。从跨界民族问题方面来说，张兴堂的论述主要从“国家主权”、“国防安全”和“国家关系”三个方面展开。而在学术界，这三个方面的问题，也是跨界民族问题讨论的焦点。戴生岐、董华等人在《解决我国西部跨界民族问题的基本思路》一文中也提到，跨界民族问题的特殊性还在于一般民族问题可能更多的时候表现为较为单纯的一国内部的不同民族之间的关系。

2010 年由中央民族大学出版社出版的金炳镐的《跨界民族与跨界民族问题》一书，介绍了跨界民族与民族问题的研究对象和研究内容，并就亚洲、欧洲、非洲的跨界民族与民族问题进行了研究，介绍了外国解决民族问题的政策，且对中国西北地区、内蒙古地区、西南地区、华南地区的跨界民族与民族问题及跨界民族问题的特殊性进行了研究，指出跨界民族问题的产生具有民族问题产生的共性，“民族问题的产生根源，有两个基本因素：自然因素和社会因素”,[①] 但对于跨界民族而言，又有其特殊性，即“一国内部的民族问题可能引发国际性问题，影响国际关系”。

汪树民在《论跨界民族与跨界民族问题》一文中对跨界民族问题的特征进行了总结，认为主要表现在：

第一，跨界民族问题的产生和发展时常是和国际权力政治和地缘政治联系在一起的；

---

① 金炳镐．民族理论与民族政策概论（修订本）［M］．中央民族大学出版社，2006.

第二，历史与现实一再表明，跨界民族问题的发生地往往存在浓烈的民族主义，尤其是那些推行过不当的民族政策的多民族国家；

第三，跨界民族问题一开始就有国际背景或外部势力的介入；

第四，跨界民族问题一方面具有很强的破坏性和冲击性，另一方面也具有促进作用，需要具体问题具体分析。

从中国跨界民族问题的实际出发，闫文虎在《跨界民族问题与中国的和平环境》一文中认为，中国跨界民族问题具有如下基本特点：

第一，受泛民族主义主要是“泛突厥主义”（“大土耳其主义”）、“大泰族主义”、“大蒙古主义”、“大哈萨克主义”等极端民族主义思潮的影响较大。

第二，经济发展滞后是跨界民族形成的一个主要原因。由于中国多数跨界民族居住地的自然条件和交通条件差，商品经济和文化、科技水平低，经济发展较慢。改革开放以来，中国经济取得了长足发展，但东西部地区的经济发展差距也越拉越大，许多少数民族地区基本上还是处于贫困状态和刚刚解决温饱问题。

第三，受宗教影响大。中国是多种宗教并存的国家，中国的宗教问题与民族问题往往交织在一起。改革开放后，对中国西北地区跨界民族影响较大的是“泛伊斯兰主义”思想，对新疆等地穆斯林群众产生了一定程度的消极影响。

第四，跨界民族问题也使中国打击毒品问题难度加大。中国的云南省和世界第一毒品基地“金三角”为邻，这里的毒品通过不同方向、不同渠道贩入中国，危害越来越大。中国新疆地区和世界第二毒品基地“新月带”为邻，该基地平均每年生产300吨鸦片、250吨纯海洛因，占世界毒品上市总量的39%。上述两个省份也是跨界民族集中地区，民族问题与毒品问题纠缠在一起，使国家安全工作难度增大。

五、跨界民族问题的现状及发展动向

（一）现状与冲突

我国是一个多民族国家，全国55个少数民族中，有34个是跨界民族，其中影响大的有维吾尔族、藏族、哈萨克族、蒙古族、朝鲜族、俄罗斯族、回族、柯尔克孜族、塔塔尔族等。中国边疆地区跨界民族族类众多、人口规模巨大、交往网络复杂。综观整个中国大地，我国陆地边境线东起辽宁省丹东市的鸭绿江口，西迄广西壮族自治区防城港市的北部湾畔，绵延长达2.2万公里，其间地势复杂、环境异常、族群繁多，构成了独特的边疆人文自然景观。在这漫长的边境线上，各族人民以及国外跨界族群形成了复杂的交往网络，相互之间长期进行着互市交易、节日庆祝、亲友往来以及一些宗教活动。

从全球范围上看：据李毅夫等编著的《世界各国民族概览》一书初步统计，南部非洲发展共同体大陆国家的非洲人族体共有76个，其中属于跨居两个成员国以上的非洲人族体共有69个。由此可见，南部非洲地区民族关系的复杂程度是世界上其他地区难以相比的。南部非洲的跨界民族问题，除反映在因跨界民族引发国际领土争端（如南非和斯威士兰两国以前一直存在的领土争议）和跨界民族介入民族矛盾比较尖锐的国内政治斗争而造成南部非洲政治格局的变化以外，还反映在南部非洲发展共同体内部不少国家通过劳工移民方式而实现经济交流的过程中。[①] 在非洲国家独立后，跨界民族的存在推动了国际移民的发展。刘伟才在其《“跨界民族—国际移民综合症”与非洲国家冲突——以科特迪瓦为中心》的研究中提到，当规模和持续时间达到一定程度时，国际移民本身会带来一些问题，同时还会使由跨界民族引发的问题复杂化。刘伟才以科特迪瓦冲突为研究中心，讨论了由二者交织形成的“跨界民族—国际移民综合症”及其与非洲国家冲突的关系。非洲的索马里问题和苏丹问题也都有跨界族群的因素。

在中东，长期困扰伊拉克、叙利亚、土耳其、伊朗四国的库尔德人问题，就属于典型的跨界族群问题，库尔德人为寻求自治与独立多次与伊拉克、土耳其、伊朗政府发生冲突。此外，库尔德人本身也派别林立，内部经常发生冲突与残杀；由于他们经常以邻国的库尔德地区作为活动基地，由此引发邻国间的不睦和矛盾。库尔德人问题已经成为影响土耳其、伊拉克、伊朗三国关系的重要因素之一。

戴生岐、董华等人提出，跨界民族问题，即是一种“跨国界民族的分支基于各自所在国家不同的历史国情和现实政治、经济、文化和社会等原因的影响而引发的矛盾与冲突”[②]。这种矛盾和冲突主要体现在四个方面：一是民族“族性”在各自的发展中所产生的差异和矛盾；二是基于人类学的“民族认同”和基于现实政治考量的“国家认同”的矛盾和冲突；三是基于各自所在国不同的历史国情和现实社会等因素所产生的对未来发展预期上的不确定性；四是基于社会交往过程中所产生的差异与矛盾。

谭德峰的《跨界民族问题冲击“民族国家”现有秩序》一文中提到，跨界民族问题作为人类社会的国家化进程与民族进程相交织所产生的历史现象，一般说来，其利益诉求有三种情况：一是在现聚居地谋求民族自治，如俄罗斯联邦境内的塔吉斯坦人；二是与毗邻国家的民族同胞合并，前提是这个民族已经建立了一个主权国家，如“纳卡”冲突中亚美尼亚的阿塞拜疆人；三是在民族聚居地，依据泛民族主义原则，打破国家界线建立一个统一的民族国家，如伊拉克、伊朗、土耳其交界的库尔德人。郭梅花在《中亚地缘政治及跨界民族问题对我国西部的影响》中，阐述了冷战后中亚地缘政治的变化是中亚跨界民族问题产生的主要背景，认为中亚跨界民族问题对我国西部安全和开发带来了消极影响。

---

① 张宝增．南部非洲的跨界民族与移民问题［J］．西亚非洲（双月刊），1999（3）．

② 戴生岐、董华．解决我国西部跨界民族问题的基本思路［J］．长安学刊，2012（4）．

在很多学者的研究中，主要是从各个角度对跨界民族问题进行了研究，把其重点放在跨界民族问题对地缘政治的影响上，如汪树民在其《论跨界民族与跨界民族问题》中，从“国家的离心力”、“国家领土主权”、“邻国跨界民族的相互支援”方面讨论了对地缘政治的影响；曹兴的《跨界民族问题及其对地缘政治的影响》一文中也对此进行了论述。

（二）发展动向

冷战结束以来，跨界民族问题继续以新的态势在发展着。由于跨界民族问题以新的姿态形式出现在国际环境中，伴随着国际关系中的其他问题，一起影响着国际关系的发展。

总结学术界对跨界民族的整体研究，当前的跨界民族问题的发展动向中的突出表现是：首先，跨界民族问题中的民族意识更加突出；其次，跨界民族问题的内容更加繁杂；再次，跨界民族问题的表现形态更为多样化；最后，跨界民族问题中“泛民族主义”的色彩更加浓厚。[①]

（三）地缘角度研究个案

由于跨界民族是中国与中亚五国间的重要问题，很多学者对中亚与中国西北边疆的跨界民族及跨界民族问题进行了研究。例如：

胡峪龙在《浅析中亚与中国西北边疆的地缘政治、跨界民族关系》中，通过介绍新疆与中亚地区跨界民族的历史渊源，提出了我国在地缘政治、跨界民族上所面临的一些问题，并从利用好“上海合作组织”所创造的良好机遇的角度，讨论了解决问题的新途径。郭梅花认为，冷战后中亚地缘政治的变化是中亚跨界民族问题产生的主要背景，“泛伊斯兰主义”和“泛突厥主义”是中亚跨界民族问题的主要表现形式，中亚跨界民族问题对我国西部安全和开发带来了消极影响。

栾爱峰在他的博士论文《地缘政治视角下我国西北跨界民族问题研究——以哈萨克族为例》一文中，以中国西北新疆与中亚哈萨克斯坦的跨界民族哈萨克族为个案，围绕“地缘政治下我国西北主要的跨界民族问题”的主线，阐述了跨界民族与跨界民族问题的关系、地缘政治与跨界民族问题这两大关系。毛欣娟在《跨界民族问题与新疆社会稳定》中，综合分析了目前跨界民族问题对新疆社会稳定的影响方式和渠道及稳定机制的构建。其认为，跨界民族对新疆社会稳定的影响主要是对民族关系的影响、中亚地区“三个主义”对新疆社会稳定的影响、民族分裂主义的影响[②]这三个方面。王菲在《认同危机与国家安全——基于新疆跨界民族问题的视角》一文中，将冷战结束后的新疆面临的跨界民族问题大致总结为民族意识膨胀、

---

① 雷勇．跨界民族问题研究：理论与现实［J］．贵州民族研究，2005（5）．

② 毛欣娟．跨界民族问题与新疆社会稳定［J］．中国人民公安大学学报（社会科学版），2006（2）．

回归运动、民族分裂主义和跨国犯罪四种特殊表现形式。

王珊在《试析内蒙古与蒙古国的跨界民族问题》中，对内蒙古与蒙古国的跨境民族问题做了一个简要概述，并分析了“三蒙统一”思潮[①]对我国的影响；最后尝试提出解决跨界民族问题的方法。

2005年，刘达成、游绍华在世界民族学会学术论文《世纪之交中国跨界民族问题的回顾与展望》一文中提到了深藏和潜伏于隐蔽之中的东北地区与东北亚的跨界民族问题，其认为，与东北地区跨界民族有关的“蒙独”分裂势力和中国移民在俄罗斯西伯利亚地区不断产生的摩擦和种种矛盾迹象表明，这些都可能是长期潜藏隐伏于与东北亚跨界民族有关的另一种值得研究与重视的现实问题。

黄丽在其学位论文《我国西北跨界民族对民族政策及国际关系的影响——以哈萨克族为例》中，通过分析哈萨克族的政治经济状况、与哈萨克斯坦的政治、贸易现状，总结我国西北跨界民族的基本情况和特征，对我国民族政策及国际关系的影响。

黄光成《略论中国西南地区跨界民族的民族类型及相关问题》则对中国西南地区跨界民族的民族类型及相关问题进行了相应的梳理，对跨界民族双边的互动关系和交往特点进行了认真深入的研究。张金平在《云南跨界民族的宗教安全问题探析》一文中，从跨界民族的宗教安全角度对云南跨界民族中以宗教形式表现出的问题进行了详细研究，其认为除宗教渗透外，云南跨界民族地区的宗教安全还与其他非传统安全相互联系，给宗教安全的治理增加了复杂性。而且由于云南跨界民族地区的宗教信仰具有多样性和同一性，在国际交流频度增加的情形下，云南跨界民族地区的宗教安全将会更具有挑战性。

邵建平、杨祥章在《跨界民族视角下的泰南马来人问题》一文中，认为跨界民族问题的实质是跨界民族的国家向心力和民族向心力出现了偏差。他们通过分析泰南跨界马来人问题的形成、表现和影响等，又从跨界民族的视角，分析了泰国和马来西亚的双边关系，以及对地区和平和稳定的影响。

吴金光在《跨界民族问题成为引发重大国际冲突的根源——以阿富汗为例》一文中，认为由于阿富汗是多民族国家，也是世界上少有的主体民族就是跨界民族的国家。阿富汗问题的发展，总是与跨界民族联系在一起的。而阿富汗的跨界民族问题主要表现为如下三个方面：一是各民族对本民族族体的忠诚超过了对国家的忠诚，他们把本民族利益的获得与保护放在首位，各民族的共同利益即国家利益被束之高阁。二是与一般国家的跨界民族相比，阿富汗跨界民族背离所在国的可能性更大。三是任何民族集团都难以独立承担起阿富汗冲突的责任。阿富汗跨界民族问题

① 王珊．试析内蒙古与蒙古国的跨界民族问题［J］．今日中国理论论坛，2013（7）．

的严重性，成为其战乱不止的内因。① 而在《跨界民族问题对地区关系的影响——以埃塞俄比亚与厄立特里亚争端为例》中，作者深刻谈论了两国的历史和一个特殊的跨界民族——提格雷人，埃厄争端则反映了跨界民族问题的复杂性与严重性。在《跨界民族问题对邻近国家外交关系的影响——以罗马尼亚与乌克兰为例》中，作者通过分析罗马尼亚和乌克兰的跨界民族问题和跨界民族对罗—乌外交关系的影响，认为“罗、乌两国的跨界民族问题集中表现为政治和民族文化方面的矛盾”。②

六、跨界民族问题的主要影响

跨界民族自身存在的特殊性和复杂性，带来了跨界民族问题的特殊性与矛盾性，这必然对社会、对民族、对国家产生影响。学术界对跨界民族问题所带来的影响研究及论著很多，以李学保归纳的较为简洁而全面。

1. 跨界民族问题加剧了贩毒、跨国走私、暴力犯罪、跨国性人口贩卖等跨国犯罪及难民问题，影响所属国的边疆安全和社会稳定；

2. 泛民族主义的兴起与扩张，民族意识的增长，引发大规模境外移民或民族分立主义倾向；

3. 跨界民族问题矛盾的升级，跨界民族间的相互支援，特别是跨界民族的政治联系和谋求独立的倾向，诱发了危害国家安全和领土主权的问题，造成相关国家间的猜忌和误解，诱发边界战争，影响国家关系；

4. 跨界民族问题的国际化往往导致一些国家或国家集团为谋求自身利益而借机干涉别国内政，导致边界重组和国家分裂，造成地缘政治动荡和国际战略改变。

七、跨界民族问题研究存在的问题及对策

国内学术界对跨界民族以及它的相关问题的研究开始于20世纪80年代，伴随着第三次世界民族主义浪潮的兴起，特别是20世纪90年代初中国启动“沿边开放”后，国际国内范围内的跨界民族问题日渐突出并逐渐成为学界关注的焦点。

20世纪90年代以后，特别是进入21世纪以来，由于当代世界民族分离运动剧烈，跨界民族问题凸显。中国跨界民族问题研究逐渐活跃，出版了一批有影响、有特色的学术著作，并有一定的学术积累。目前中国跨界民族研究日渐形成领域宽泛、学科交叉，既有学理分析，又有实证研究的一个相对独立的重要研究领域。

---

① 吴金光．跨界民族问题成为引发重大国际冲突的根源——以阿富汗为例［J］．中国民族报，2012（8）．

② 吴金光．跨界民族问题对临近国家外交关系的影响——以罗马尼亚与乌克兰为例［J］．中国民族报，2010（8）．

李学保提出跨界民族问题研究中的问题与“新中国成立以来历史上（如土司归属、边界冲突、边民叛逃、“藏独”、“疆独”等）和现实中（如恐怖活动、宗教渗透、毒品贩卖、跨国犯罪、分裂活动等）与跨界民族问题相关的重大现实问题对中国日益复杂深远的影响有关”。

关于跨界民族问题，有学者笼统地将跨界民族“自治”、“独立”、“合并”的政治诉求及其引发外部力量的“指责”、“介入”和“干涉”归为跨界民族问题①；有将因同源跨界民族引发的领土争端、危及国家主权、危害国家安全、冲击地缘政治格局等现象归为跨界民族问题②；还有学者将恐怖主义、经济贫困、毒品走私和跨国犯罪称为非传统安全下的跨界民族问题等③。学术界对跨界民族问题特别是中国面临的跨界民族问题的界定出现诸多矛盾和模糊的解读，给我们深入分析中国的跨界民族问题及其产生的原因，总结中国处理跨界民族问题的经验教训，并最终形成解决跨界民族的政策体系造成了一定困难。

从整体上对学术界关于“跨界民族问题”的研究进行整合和分析，我们总结出，自改革开放以来，我国的跨界民族研究虽然取得了很大的成绩，但是仍存在一些问题，学术界在一些基本的问题上也存在争论和分歧。

第一，不同学者对研究对象的定义有不同的看法，因此导致了一些具体研究对象的不一致。例如，“跨界民族”、“跨境民族”、“跨国民族”这三个意义上十分接近的词汇为正确理解这类群体带来了困难，甚至还出现了“跨界人民”、“跨国族群”、“历史民族”等比较容易混淆的概念。这给本来就很复杂的这一民族群体带来了更大的理解难度，针对其具体的研究便会存在模糊点。因此必须结合现实，提出一个最切合实际而又最易于理解的概念，深刻地、合理地阐释跨界民族的含义，并对跨界民族的整体内容做一个充分有理由的解释。

第二，与资料性研究比较，理论研究较少，深度也不够。目前对跨界民族的研究大部分停留在理论分析、现象表述层面，深入实际及详细的调查研究较少，其中不少研究缺乏理论深度。因此，今后的研究更需要实际工作者和理论研究者密切协作，各取所长，理论与实际相结合，使研究成果更好地为社会服务，从而为更好地解决我国边界的跨界民族问题提供帮助。

第三，对国际上本领域的研究了解比较少，没有有意识地给予太多的关注。虽然跨界民族问题已经成为一个世界性的问题，但是国际上的民族问题有着比一般跨界民族更复杂的现实，当跨界民族问题被少数别有用心的国家利用后可能造成更严重的后果，甚至有可能导致国家的分裂，从中渔利的只是那些别有用心的少数国家或少数人。事实上，由于世界性跨国民族及其相关的问题广泛存在，国际上有许多

① 马曼丽、张树青．跨国民族理论问题综论［M］．民族出版社，2005.

② 张兴堂．跨界民族与我国周边外交［M］．中央民族大学出版社，2009.

③ 何跃．非传统安全视角下的云南跨界民族问题［J］．云南民族大学学报，2006（5）.

国家的相关机构和大量学者也在进行跨国民族及其问题研究。加强对国际跨界民族的研究，研究国际跨界民族，可以让我们更深刻地理解跨界民族，让我们更好地借鉴和吸取其他国家的经验，因为国际跨界民族问题也不乏成功的处理经验。

第四，仅仅研究理论，致使提出的有针对性的对策较少。大家只是泛泛而谈跨界民族的理论、定义、类型、对国际政治或者国际关系的影响，而很少涉及具体的解决方案，再加上跨界民族本来就是一个很复杂的问题，这也是跨界民族问题迟迟不能解决的一个重要原因。①

八、解决跨界民族问题的基本思路

我国的跨界民族与境外同一民族的关系十分密切，经济、政治、文化、宗教信仰交往甚是频繁，能否解决好跨界民族问题关系到我国与周边国家的关系好坏，也关系到能否为我国的和平发展维持一个良好的周边外交环境。

（一）研究启示综述

在学术界的讨论中，对于跨界民族问题的解决，我们也得到了很多的启示：

葛公尚在《试析跨界民族的相关理论问题》一文中，认为对含跨界民族的国家来说，较为可取的态度是维持现在的边界，按国际准则去行事，尽力处理好两国或数国内原统一民族共同体各部分之间以及与其他民族之间的关系，让跨界民族的各部分按它的自身发展规律存在下去，化不稳定因素为加强国家间睦邻关系的积极纽带。

曹兴在《跨界民族问题及其对地缘政治的影响》一文中，认为驱逐主义的政策是行不通的，而且跨界民族走独立道路是很艰难的，显然是很难行得通的。跨界民族政策的不当会使跨界民族问题有所升级，且历史的经验告诉我们，不同类型的跨界民族问题所含有的危险性是不同的，因此对于跨界民族问题，与其亡羊补牢，不如防微杜渐，我们亦应该深入了解不同跨界民族的不同要求，以寻找解决问题的不同方法。在葛公尚的《当代国际政治与跨界民族研究》一书中，从这几个方面给出了一些处理跨界民族问题的理性思维，给我们在解决跨界民族问题上提供了参考。

在吴楚克为期四年的关于《跨界民族与中国地缘安全研究》的课题研究中，他的课题组在四年的考察与调研后，提出了一些针对跨界民族与中国地缘安全问题的意见和建议，他们认为发展经济是解决跨界民族问题的基础，而且从法律上和政治上彻底解决国家公民权利和义务是解决跨界民族问题的主要方法。

蔡玮在《社会安全视角下的跨界民族问题——以库尔德人为例》一文中，认为

---

① 孙志香. 改革开放以来我国跨界民族问题研究综述［J］. 内蒙古财经学院学报（综合版），2009（3）.

解决跨界民族问题的根本之道是在所在国与跨界民族之间建立新的关于“认同”的共识，此理论要求突破西方的话语体系，剥离“民族”与“国家”之间的必然政治关联，还原“认同”的多重本质，探索通过将“认同”解剖为文化认同和政治认同两个层次，一方面不仅允许跨界民族继续保留本民族的文化认同、维系它的统一性，而且应该根据所在国的不同选择相异的政治认同；另一方面其亦要求所在国尊重跨界民族的文化，承认其文化的同一民族地位。唯有如此，跨界民族才能融入所在国的政治、社会生活中去，获得相应的政治、社会待遇，跨界民族的意见才能通过合法的政治进程得到表达，为跨界民族问题的最终解决提供可能。

黄丽在《我国西北跨界民族对民族政策及国际关系的影响——以哈萨克族为例》一文中，针对跨界民族的特点，提出了以下几点相应的民族政策：第一，完善保障机制的政策；第二，多元文化政策；第三，民族地区爱国主义教育政策；第四，加强对国外立法研究的政策；第五，稳定与周边国家关系、积极推行和平跨居政策；第六，跨界民族问题国际化政策。

闫文虎则提出：第一，加快跨界民族地区经济发展，增强民族团结与国家凝聚力的物质基础。第二，积极开展地缘外交，营造良好的周边环境，从根本上减少或消除周边国家对中国崛起的疑虑。第三，积极发展边疆少数民族地区的文化教育事业，从意识形态领域筑牢反对民族分裂、维护国家统一的思想基础。第四，加强边境管理，严格控制境外反动思想和反动宣传品对中国边境地区的渗透。第五，警惕国际恐怖组织通过旅游、办产业、办学、留学、探亲、讲学、经商等机会开展对中国跨界民族渗透活动。①

张兴堂则提出，对于我国的跨界民族问题，必须高度重视对跨界民族地区的研究和发展，解决其问题必须发挥地区安全机制的作用；其次，要认真研究世界其他国家的跨界民族现象和吸取处理跨界民族问题的经验教训；再次，要辨证地批判西方国家关于民族问题的错误主张，并且要明确我国处理跨界民族问题应坚持的基本原则；最后，他还提出中国解决跨界民族问题的两种多边外交政策模式，即在我国北方，形成了“安全第一、经济第二”的上海合作组织；在我国南方，形成了“经济第一、安全第二”的东盟论坛。这两种模式既是我国新国家安全观和多边主义思维的外交实践，也是处理边疆跨界民族问题的两种外交模式。

2010 年由中央民族大学出版社出版的金炳镐的《跨界民族与跨界民族问题》一书研究了我国处理跨界民族问题的两个基本原则：其一是国家主权原则；其二是国家利益至上原则。

所谓国家主权原则，指的是在国家仍是国际政治主体的今天，国家主权是一个国家的象征和最高权利，任何国家无权干涉。国家主权包括跨界民族在内的所有民族问题，它们都是一个国家的内政，都应由这个国家自行解决。在这一原则指导下

① 闫文虎．跨界民族问题与中国的和平环境［J］．现代国际关系，2005（5）．

处理跨界民族问题，就要求尊重相关国家的主权和疆界，妥善处理两国跨界民族间及其两国间的关系，建立双边或多边合作机制，维护边疆的稳定。而所谓国家利益至上原则，指的是在多民族国家中，在国家利益和民族利益之间，国家利益是至高无上的，任何单个民族的利益，都必须无条件服从于国家的整体利益。

（二）中国政府在处理跨界民族问题中的探索

新中国成立60多年来，中国在涉及跨界民族问题的处理过程中，逐渐产生了内容丰富多样、视角新颖独特的关于解决跨界民族问题的理论与实践，提出了许多化解跨界民族矛盾与冲突、保障边疆稳定及国家安全的创新主张。

60多年来，中国政府对内实施民族区域自治，始终坚持民族平等和民族团结政策；对外积极稳妥地处理与周边国家之间存在的跨界民族问题，并尽最大努力减轻跨界民族问题引发的危害，使跨界民族成为中国与周边国家友好交往的桥梁和纽带。但从全球发展的趋势看，跨界民族问题的产生和国际大环境与周边邻国的地缘政治与经济状况紧密联系。

李学保在《跨界民族问题与中国国家安全：建国60年来的探索和实践》一文中，对处理跨界民族问题中维护边疆稳定和国家安全所出现的一些新的情况，做了主要关于跨界民族问题的复杂性、国际化趋向及国家安全体系建设的深入思考。

针对我国在不同时期面临的跨界民族问题的现实，党和政府从维护边疆稳定与国家安全的高度，相继出台了一系列的政策措施，在解决跨界民族问题过程中逐渐形成了一系列的理论、方针和政策，具体表现在如下几个方面：

1. 充分认识多民族的国情与民族问题的长期性、复杂性和重要性，高度重视跨界民族问题对国家安全的影响。

2. 大力加强跨界民族地区经济建设力度，增强中华民族的亲和力、感召力和凝聚力，从根本上消除跨界民族问题危害国家安全的社会基础。

3. 冷静应对复杂局面，创建处理跨界民族问题的方式方法，捍卫和维护国家的领土完整和主权安全。

4. 推行睦邻外交政策，积极参与区域安全合作机制，为处理国内跨界民族问题创造良好的外部安全环境。

5. 加强边界管理和边防建设，建立健全防控跨界民族问题滋生蔓延的长效机制，从而构筑保卫祖国的铜墙铁壁。

第七节　跨界民族对国际关系的影响

历史经验表明，跨界民族自产生起即已进入国际关系的范畴，并从各个方面影响着国际关系的运行和发展。而更为关键的是，跨界民族之所以存在特殊性，就在于它和错综复杂的国际关系交织在一起。因此，跨界民族问题一直影响着国际政治关系的运行，对国际政治关系产生重要影响。

云秀清、李德英等人认为，中国和周边邻国的民族关系表现出“跨界民族使中国与邻国民族关系复杂化”、“跨界民族问题使邻国的政局影响到中国边疆的稳定”、“跨界民族之间的历史渊源和地缘优势增进了中国与邻国的民族交往”、“跨界民族之间的民族关系与密切交往，使中国周边潜伏着不稳的隐患”、“跨界民族问题关系到国家领土与主权的安全”等特点。

张兴堂从以下几个方面展开了论述：第一，跨界民族问题处理得好坏影响到国家间的政治关系；第二，跨界民族关系是国家间政治关系的“晴雨表”；第三，跨界民族问题关系到一个国家的主权；第四，跨界民族问题关系到一个国家的国防安全；第五，跨界民族问题关系到相关国家间的外交关系。

雷勇（2012）则认为，跨界民族问题是在以下几个方面对国际关系产生影响的。首先，对所属的国家的主权带来了冲击与破坏，涉及的内容主要是根据跨界民族的政治要求与民族利益重新划分疆界。其次，跨界民族问题对国家安全带来直接的危害。最后，跨界民族问题对移民带来了消极影响。从根本上说，造成跨界民族的原因除了国际政治之外，移民也是其中的原因之一。

对于跨界民族对国际关系方面的影响研究，通过整合分析，学术界对这一问题的观点主要可以归纳为以下几点：

一、跨界民族的多样性、普遍性、复杂性必然会对国际关系产生重大影响，主要表现为以下两点：首先，跨国民族和相关民族的政治矛盾与权益之争的发展危害极大。其次，国外强权国家为了它们的利益，借助跨国民族问题在该地区大做文章，不断插手该问题，使双方的矛盾冲突不断升级，造成该地区动荡不安、危机四起，进而达到控制这个地区的局势和扩大在该地区势力范围的目的。因此，随着国际势力的介入，原本复杂的跨国民族问题变得更加扑朔迷离。

二、还有一些学者认为，跨界民族作为一种最突出的民族政治现象，跨界民族问题在如下几个方面对国际关系产生影响。首先，对所属的国家的主权带来了冲击和破坏，涉及的内容主要根据跨界民族的政治要求和民族利益重新划分疆界。其次，跨界民族问题对国家安全带来直接的危害。另外，跨界民族问题对移民所带来的消极影响。

三、由于跨界民族问题容易被国际敌对势力和部分逃亡国外的民族分裂主义分子利用，因此会对民族团结、国家统一和地缘安全构成威胁。首先，跨界民族问题加剧了民族分裂势力问题，诱发民族冲突、民族战争、民族仇杀及国家政局动荡，甚至可能会使国家政权解体和重组，民族团结与主权统一受损。其次，跨界民族问题诱发地区冲突，影响局部地区稳定。最后，跨界民族问题影响经济和社会发展。另外，跨界民族问题也加剧了核扩散、跨国走私、贩毒、跨国性人口拐卖等跨国性犯罪及其难民问题，影响所属国的边疆稳定。①

第八节 跨界民族对民族政策的导向

跨界民族问题大部分都涉及国家的领土和主权安全，而且极易引发外部势力的干预，由此对国家安全、社会稳定和地缘政治往往会产生深远影响，因而一直备受国际社会的关注。

新中国成立以来，党和政府高度重视边疆少数民族问题，在解决跨界民族问题的实践中先后提出了一系列有关解决其问题的政策主张，积极有效地抵御了“西化”和“分化”势力，维护了边疆的稳定与民族团结，促进了与邻国的睦邻友好关系。

李学保在《建国以来党和政府解决跨界民族问题的政策实践与经验启示》一文中，论述了新中国成立以来党和政府解决跨界民族问题的相关政策与实践，文中论述了从新中国成立以来党和政府高度重视民族问题，制定与实施了一系列关于民族平等、民族团结、民族区域自治和各民族共同繁荣的民族政策，为跨界民族问题的根本解决提供了政治前提和制度保证。

要解决跨界民族问题，必须清楚地认识到如下几点：第一，充分认识民族问题的长期性、复杂性和敏感性，高度重视跨界民族问题对边疆稳定与国家安全的影响；第二，加快发展跨界民族地区经济、社会和文化事业，努力根除跨界民族问题危害国家安全的社会基础；第三，不断创新解决边疆跨界民族问题的方式和方法，坚决维护边疆社会稳定与国家安全；第四，积极开展睦邻外交，促进区域合作，为处理跨界民族问题创造良好的外部环境；第五，不断调整和改进边界管理方式和边防建设重心，建立防控跨界民族问题滋生蔓延的长效机制；第六，加强民族团结教育活动，树立“三个离不开”的中华民族整体意识和国家意识，增强跨界民族的国家认同感。同时，总结新中国成立以来党和政府解决跨界民族问题的经验启示。

就国际层面而言，从冷战后国际关系中“文明冲突”日益突显，中国边疆的地缘政治更加复杂；就国内层面而言，由于改革开放的深入、社会主义市场经济的发展，对民族理论与政策提出了新的要求。赵环宇提出：“发扬马克思主义解放思想、实事求是、与时俱进的理论品质；建构中国特色民族理论体系的需要更加迫切。”②

---

① 孙志香．改革开放以来我国跨界民族问题研究综述［J］．内蒙古财经学院学报（综合版），2009（3）．

② 赵环宇．中国民族政策与国家认同建设［D］．中央民族大学，2010.

第三章　跨界民族跨境人口流动研究综述

人类社会的发展离不开人口流动，人口流动与社会各个方面的发展有着密切的联系。伴随着经济的发展，人口流动日益频繁，流动人口规模越来越大，已成为一个不可忽视的庞大的社会群体，受到社会的广泛关注。由此，各个学派从不同角度对人口流动进行探究，对人口理论的充实做出了贡献。

在空间尺度上，人口流动按不同的地区界限可划分为国内流动和国际流动。人口的国际流动——跨境人口流动，较之通常意义上的人口流动，最显著的区别在于其在流动空间上至少跨越了某两个主权国家共有的边界线。这种特殊的地缘人口流动使得边境地区成为不同政治、经济、文化以及种族、宗教等的交汇点，使新的社会网络、家庭结构和人际关系形成。

跨界民族则是指沿着两国边境线分布的同一民族，即人口分布相连但属于不同国别的同一民族。跨境民族的存在与流动，是一个自然的历史地理与人文地理过程的产物，并且大都有了相当长的历史延续。因此，跨界民族跨境人口流动较之一般意义上的人口流动，更加错综复杂。

本章以跨界民族跨境人口流动为研究对象，整合国内外学者对该问题的多角度研究理论，从人口流动、跨境人口流动以及跨界民族跨境人口流动三个层次逐步深入，对学者们的研究理论进行梳理，辩证提出跨界民族跨境人口流动研究的理论不足与展望，为更深层的研究奠定基础。

第一节　人口流动的理论与研究

任何研究都需要有一定的理论做指导，而且任何理论的创新都是建立在学习和借鉴以往研究成果之上的，对人口流动问题的研究也不例外。

一、人口流动

（一）人口流动的内涵

人口流动是一种社会现象，是指越过一定地界，暂时离开常住地但不改变定居地点的人口的暂时性流动。人口流动有四层含义[①]：

第一，人口流动的主体是人，只要是人口从一个地理单元移往另一个地理单元，并有较长时期居住的行为，都称为人口流动。

第二，人口流动是从一个地理单元移往另一个地理单元的行为，具有一定的方向性。这里的地理单元的空间含义是多层次、多角度的，既可以是一个行政区域内城乡单元或一个国家内的不同行政区域单元，也可以是不同国家单元；既可以是一个自然地理单元或非既定行政区划单元，也可以是一个经济地理单元。

第三，人口流动是一种较长时期而非短期的行为，具有一定的时间性。在现实生活中，人口从一个地理单元到另一个地理单元既可以是较长期的行为，如长期工作或定居等，又可以是较短期的行为，如出差、旅游、探亲等。

第四，人口流动的一个重要衡量指标是其主体的主要居住地是否变更，即人口流动的主体不仅仅局限于户籍所在地发生变更的那部分群体，也包括户籍所在地没有发生变更的那部分群体。

人口流动的产生有多方面的原因，其根本原因在于个人或群体在社会生活中所必需的义务、活动、物品等在空间上是彼此分离的。从个人与群体的角度来观察，一方面是与常住地联系在一起的归属、义务、权利和物品，另一方面是常住地以外存在的各种活动、机会、物品。由此导致人口由常住地向能够满足其各种需求的地点移动，如中国改革开放以来的“民工潮”、“打工族”等形式的人口流动。

随着社会化程度的提高，社会生产的发展，人口流动的规模越来越大，类型也不断变化。在传统社会中，人口流动数量很小，只限于社会交往、采集食物、宗教活动等。进入现代社会后，随着经济活动和人口城市化的发展，人口流动迅速增长，类型大大丰富，人口流动结构也开始出现分化。[②]

（二）人口流动与人口迁移的区别

人口流动和人口迁移是两个不同的基本概念。[③] 人口迁移是人口移动的一种形式，是指人口分布在空间位置上的变动。一般指的是人口在两个地区之间的空间移

① 高洪．当代中国人口流动问题——基于经济管理学的研究［M］．上海人民出版社，2008.
② 韩玉敏，郝秀芬，王军．新编社会学词典［M］．中国物资出版社，1998.
③ 高洪．当代中国人口流动问题——基于经济管理学的研究［M］．上海人民出版社，2008.

动，这种移动通常涉及人口居住地由迁出地到迁入地的永久性或长期性的改变。由于各自研究角度的不同，学术界对人口迁移的概念存在多种界定。联合国《多种语言人口学辞典》给人口迁移下了一个为人们普遍接受的定义，即“人口在两个地区之间的地理流动或者空间流动，这种流动通常会涉及永久性居住地由迁出地到迁入地的变化。这种迁移被称为永久性迁移，它不同于其他形式的、不涉及永久性居住地变化的人口移动”。这一概念引申出人口迁移的两个重要属性：一是人口迁移的时间属性。即只有那些居住地发生“永久性”变化的运动才能称为人口迁移，而日常通勤活动造成的居住地暂时变动则被排除在外。二是人口迁移的空间属性。即人口迁移必须迁出原居住地一定距离，一般以跨越行政界线为依据，从而排除了在同一行政区域内改变居住地的人口。①

人口流动则不单单是指以改变居住地为目的，跨越一定地区的人口移动行为，可以是既动且迁，也可以是动而不迁。下表为人口流动和人口迁移的比较：

表 3.1　人口流动和人口迁移的比较

人口流动	人口迁移
空间上的位移	空间上的位移
移动目的多样	移动目的是改变居住地
不改变定居地	改变定居地
短期的，往复的	长期的，永久的

（三）人口流动与流动人口的区别

流动人口主要是人口学研究的对象，人口流动主要是经济学和管理学研究的对象。流动人口是指一定时期内不改变户籍状况，离开常住地暂时寄居外地或临时外出的人口，按照这一定义，流动人口可以划分为经济型流动人口和非经济型流动人口两种基本类型。经济型流动人口是指以经济为目的，以从事生产活动，特别是从事非农业产业活动为目的的流动人口，包括建筑施工、临时雇工、企事业合同工、集贸商贩、家庭服务、修理服务人员等；非经济类型流动人口是指不以经济活动为目的的短期外出人口，包括探亲访友、寄养寄住、治病疗养、旅游观光、公务出差、中转和其他非经济型流动。

人口流动和流动人口既有区别也有联系，人口流动的研究离不开对流动人口的研究，流动人口是人口流动研究的客体，流动人口中的主体部分是劳动力。具体区别如表 3.2 所示：

① 360 百科：人口迁移，http：//baike. so. com/doc/6230983. html，2014 年 10 月 9 日 .

表 3.2　人口流动和流动人口的区别

人口流动	流动人口
经济学和管理学研究对象	人口学研究对象
流动人口的流动行为	人口流动的主体

二、人口流动的分类

衡量人口流动的基本尺度是流动涉及的空间及其持续的时间。在空间尺度上，可按不同等级的行政区域划分为省际、县际、乡际三级人口流动形式；可按农村、城市两大居住地区划分为以城市和农村为流动目的的各种流向的人口流动以及城市的“通勤式”或“钟摆式”的人口流动；按不同的地区界线划分为国内流动和国际流动。在时间尺度上，可按人口流动的出行规律分为：（1）长期人口流动，离开户口登记地一年以上而寄居在外地，户口仍留在原地。（2）暂时性人口流动，离开户口原登记地一天以上一年以下而寄居在外地，户口仍留在原地。（3）周期性人口流动，有规律地定期往返于户口登记地和寄居地之间。（4）往返性人口流动，早出晚归，不在外过夜的人口流动。另外，根据人口流动的原因和目的可分为：公务性人口流动、征调性人口流动、经济性人口流动、文化性人口流动、政治性人口流动、义务性人口流动、探亲性人口流动。对人口流动的划分还可根据流动的功能、当事人与流动目的的认同程度等多种指标衡量。

人口流动的具体分类主要是从流动的地区差异、时间差异以及流动的主体和方式的差异来进行划分的。①

（一）从流动的地区差异划分

从人口流动的地区差异看，既可以按跨越行政区的大小来划分，也可以按跨越地区的性质来划分。按跨越行政区的大小来看，则有国际和国内、省际和省内以及县（市）际和县（市）内流动，甚至还可以划到乡和村一级；按跨越地区性质的不同来划分，则有不同城市地区和不同农村地区间的迁移，如城市到城市、农村到城市以及城市到农村和农村到农村的流动。如图 3.1 所示：

① 高洪．当代中国人口流动问题——基于经济管理学的研究［M］．上海人民出版社，2008.

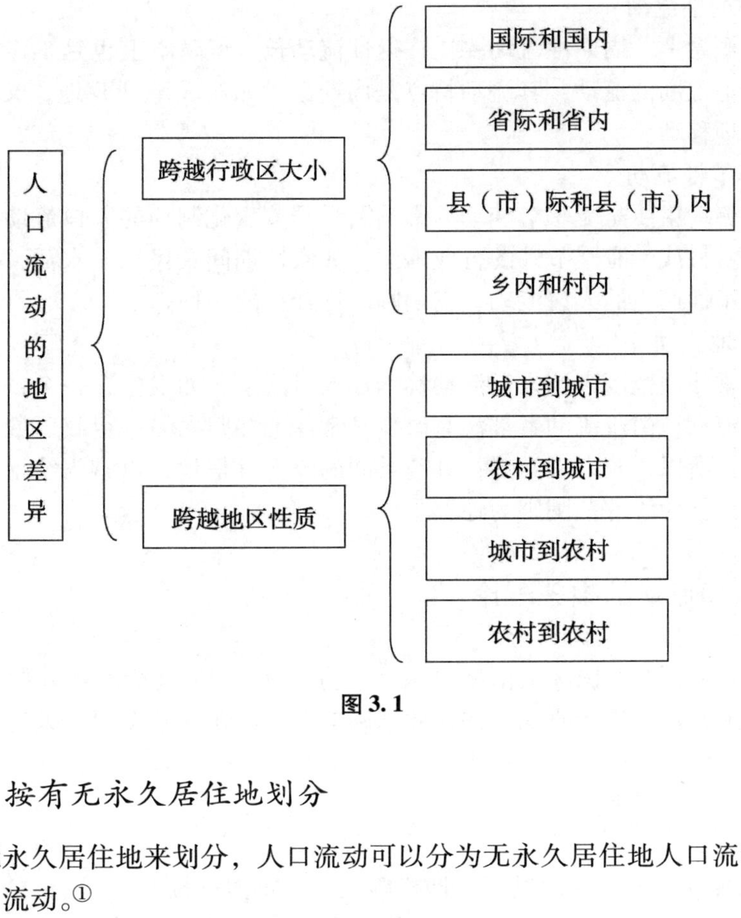

图 3.1

（二）按有无永久居住地划分

按有无永久居住地来划分，人口流动可以分为无永久居住地人口流动以及有常住地的人口流动。①

1. 无永久居住地人口流动

游牧民族的人口流动，就属无永久居住地的人口流动。虽然游牧人口在亚洲、非洲、拉丁美洲的一些国家还存在，但已为数不多。

2. 有常住地的人口流动

凡不改变其常住地的人口流动，一般称为有常住地的人口流动。一般分为 4 种形式的流动：

（1）往返流动

凡是日常往返于居住地和工作地，而其居住地稳定不变的人口流动称往返流动，也称钟摆式流动。这种流动是以交通条件的改善为条件，随着交通的改善，流动人数也随之增加，这种往返流动可以发生于一天、一周甚至一个月，距离可长可

① 马瀛通．数理统计分析人口学［M］．中国人口出版社，2010.

短，也可以是国际间的往返流动。

（2）周期性流动

在时间概念上，周期性流动要比往返性流动长，但基本上也是工作地与其归属人口的常住地之间的流动，其流动特点是周期性。如从 A 地到 B 地，又从 B 地到 A 地的定期循环移动。

（3）季节性流动

季节性流动主要是受季节变动的影响及受季节变化制约的人口流动。这类流动一般发生在农村或带有季节性的行业地区。如农忙期间农民忙于农活，待农闲时则去城市做短工而产生的人口流动，它是临时性迁移的一种。

（4）本地流动

在某一常住地范围内的人口流动称本地人口流动。如发生在一个乡中或一个城市中的人口流动，由于流动者都没有改变其常住地并归属另一行政区域内的常住人口统计范围，所以，若以省为界，县与县间的改变常住地，以省为统计范围，则为本地流动，以县为统计范围则为迁移。

三、人口流动的相关理论

人口流动的研究在国际上由来已久，西方学者从 19 世纪后期开始从不同角度对人口迁移流动现象进行研究，并在此基础上进一步建立和发展了人口迁移流动理论，形成了相对完善的理论体系。①

（一）人口流动动因理论②

1. E. G. Raven Stein 和唐纳德·博格等人的“推力—拉力”理论

“推力—拉力”理论最早可以追溯到拉文斯坦的“迁移理论”。E. G. Raven Stein 认为人们进行迁移的主要目的是改善自己的经济状况，同时他还对人口迁移的机制、结构、空间特征规律分别进行了总结，提出著名的人口迁移七大定律。③ 如表 3. 3 所示：

表 3. 3　人口迁移七大定律

研究领域	具体定律	定律内涵
迁移机制	经济律	为了提高和改善生活质量而进行迁移
	城乡律	乡村居民比城镇居民迁移可能性要大

① 李敏．河北省人口流动状况及影响分析［D］．河北大学，2009.

② 钱水映．人口流动与社会经济发展研究［M］．武汉大学出版社，1998.

③ 朱杰．人口迁移理论综述及研究进展［J］．江苏省城市规划，2008（7）．

续表

研究领域	具体定律	定律内涵
迁移结构	性别律	女性迁移以短距离为主，且相对于男性迁移倾向更强
	年龄律	各年龄段，人口迁移的倾向是不同的，青年人是人口迁移的主体
	距离律	移民的数量分布随着距迁入中心距离的增加而减少
空间特征	递进律	中心城市吸纳城镇人口所造成的空缺，将由乡镇周边更远地区的居民所填补，直到中心城市的吸引力波及最偏远的角落
	双向律	迁移的流向不是单向的，每一股主流都伴随相应逆流存在

唐纳德·博格认为，从运动学的观点看，人口流动是两种不同方向的力作用的结果：一种是促使人口流动的力量，即有利于人口流动的正面积极因素；另一种则是阻碍人口流动的力量，即不利于人口流动的负面消极因素。在人口流出地，存在一种起主导作用的“推力”，把原居民推出其常居地，产生推力的因素有自然资源枯竭、农业生产成本增加、农村劳动力过剩导致的失业和就业不足、较低的经济收入水平等。必须指出，在流出地存在“推”人口流动的因素的同时，也存在“拉”人口的若干因素，如家人团聚的欢乐、熟悉的社区环境、在出生和成长地长期形成的社交网络等。只不过比较起来，流出地的“推”的力量比“拉”的力量要大，占据主导地位。同样，在流入地，存在一种起主导作用的“拉”力把外地人口吸引过来，产生“拉”力的主要因素有较多的就业机会、较完善的文化设施和交通条件、较好的气候环境等。与此同时，流入地也存在一些不利于人口流入的“推”的因素，如流动可能带来的家庭分离、陌生的生产生活环境、激烈的竞争、生态环境质量下降等。综合起来，流入地的“拉”力比“推”力的力量更大，占据主导地位。如图 3. 2 所示：

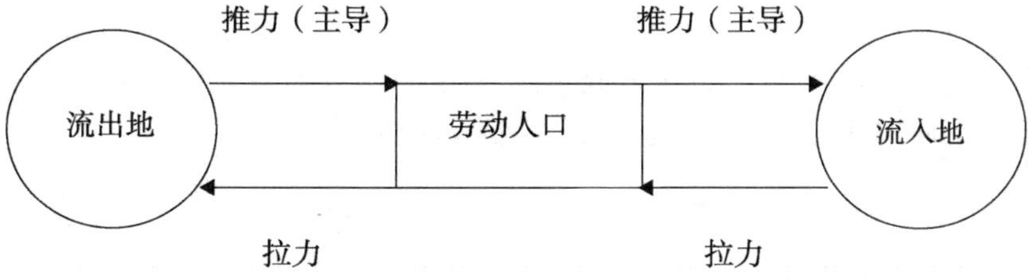

图 3. 2

推拉理论还有许多量化模型，美国社会学家吉佛把“万有引力定律”引入推拉模型，并应用于人口迁移研究。他认为，两地之间迁移人口与两地人口规模成正比，与两地之间距离成反比，并基于此提出了引力模型（gravity model）：

$$Mij = kPiPj/d$$

式中，Mij 为 i 地与 j 地之间的人口迁移量，Pi、Pj 分别为两地的人口规模，d 为两地之间的距离，k 为常数。

之后，国外许多学者对引力模型做了改进，引入了收入、失业率、教育水平、年龄结构等社会经济因子。①

2. E. S. 李（Everett. S. Lee）人口流动原因的解释②

E. S. 李（Everett. S. Lee）认为引起和影响人口迁移的因素有四种，分别是：原居住地（迁出地）的因素；迁入地的因素；中间障碍因素；迁移者介入的因素。在原居住地和迁入地因素中都存在两种不同的倾向：一是引起和促使人们迁移，二是排斥和阻碍其迁移，而且这两种倾向在不同的人身上发生不同的作用效果，人们最终是否决定迁移，取决于他对迁入地和迁出地正负因素的权衡和选择。E. S. 李的人口迁移因素决定论可以用图 3. 3 表示：

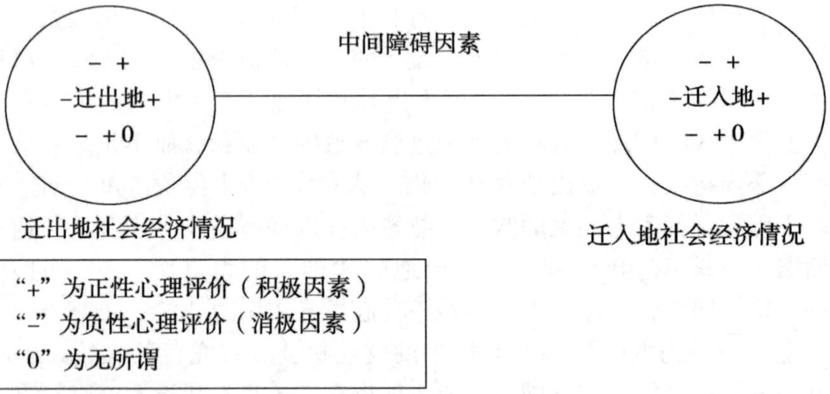

图 3. 3

E. S. 李还认为，个人的性格、爱好、敏感程度，对其他地方的认知程度、与外界接触的情形都会影响其对迁入地与迁出地社会经济情况的评价，也影响他对中间阻碍因素的认识，因此，迁移行为的决定并非总是理性的。而且，有些人的迁移决定并非是由自己做出的，如家庭成员随家庭主要劳动力流动就是这一类型。此外，人所处生命周期的不同阶段也与迁移流动有密切关系。

（二）人口流动规律理论

1. 列文斯坦的人口迁移规律

列文斯坦的人口迁移规律被认为是人口流动规律最早的全面性总结，是人口流动理论的开端，至今仍有重要的现实意义。他的迁移定律的主要内容总结如下：大

---

① 朱杰. 人口迁移理论综述及研究进展［J］. 江苏省城市规划，2008（7）.

② 钱水映. 人口流动与社会经济发展研究［D］. 武汉大学出版社，1998.

多数迁移者只做短距离迁移；迁移过程是分步前进的；长距离迁移者大多数愿意去向某个大型商业中心；每个迁移流产生一个补偿性逆流；农民比生长于城市的居民易迁移；在出生地附近的小范围内，女性比男性更易迁移，但远距离外出闯荡者多为男性；多数迁移者为成人，未成年家属很少迁出县；大城市的人口增长成分中，迁移超出自然增长；人口迁移量随工商业的发展和交通设施的改善而增长；迁移的主要方向是自农村地区往工商业中心；主要的迁移动机来自经济因素。①

2. 泽林斯坦的“人口流动转变”五阶段模型②

1971 年泽林斯坦发表了《人口流动转变假说》一文，提出了“人口流动转变”五阶段理论，即传统社会阶段、早期转变社会阶段、转变后期社会阶段、发达社会阶段以及高度发达社会阶段。

（1）传统社会阶段

在这一阶段里，人口生产类型是“高出生率—高死亡率—低增长率”的模式，人口很少流动。

（2）早期转变社会阶段

这一阶段，死亡率开始下降，人口增长率升高，即“高出生率—低死亡率—高增长率”，人口迅速增多，随之出现了大规模由农村向城市的人口迁移以及国内移民拓荒或海外殖民。

（3）转变后期社会阶段

出生率相对于前一个阶段有所下降，人口自然增长率也随之下降，在这一阶段，农村向城市的人口迁移因移民海外而减慢。

（4）发达社会阶段

这一阶段的人口再生长模式仍继承于前一阶段，即“低出生率—低死亡率—低自然增长率”，城镇之间的人口流动逐渐加强，而农村向城市的人口流动开始减少。另外，此阶段开始出现了由发展中国家向发达国家流动的现象，并且日益增强，因商业、旅游活动导致的周期性人口流动也在不断增加。

（5）高度发达社会阶段

高度发达社会阶段的人口流动主要是城市内部的流动以及城市之间的流动，对于来自发展中国家的非技术工人的大量迁入，发达地区可能予以控制。③

3. E. S. 李（Everett. S. Lee）对人口流动规律的总结

E. S. 李除了对人口流动原因进行了解释，还对人口流动规律进行了总结。他提出了三个系列的假说，分别论述了在不同条件下的迁移量、迁移流和逆迁移流、

---

① 丁金宏．人口的空间过程——胶东半岛的实证研究［M］．华东师范大学出版社，1996.

② 钱水映．人口流动与社会经济发展研究［M］．武汉大学出版社，1998.

③ 丁金宏．人口的空间过程——胶东半岛的实证研究［M］．华东师范大学出版社，1996.

迁移者特征的规律。①

E. S. 李提出了关于迁移量的六条规律：在一个给定的区域内，迁移量因该区域内差异程度不同而不同；迁移量因国民的差异程度不同而不同；迁移量与克服介入障碍的难度相关；迁移量因经济波动而不同；如果没有强加的限制，迁移量和迁移率随时间的推移而增加；迁移量和迁移率因一国或一地区所处发展阶段不同而不同。

E. S. 李关于迁移流和逆迁移流的规律总结：在有很强的确定性的迁移流中，迁移更容易发生；每一个主要的迁移流都相应地发展出一个逆迁移流；如果在迁移流的发展中迁出地的主要因素都是负的，那么迁移流的效率就很高（迁移流的效率指迁移流对逆迁移流的比率，或相对的流所影响的人口净分布）；迁出地和迁入地越相似，迁移流和逆迁移流的效率就越低；介入障碍越大，则迁移流的效率就越高；迁移流的效率由于经济条件不同而不同，在繁荣时期高而在萧条时期低。

E. S. 李还提出了关于迁移者特征的规律：迁移具有选择性；主要对目的地正因素做出反应的迁移者，具有主动选择性；主要对原住地负因素做出反应的迁移者，具有被动选择性，或者在负因素对整个人口群组起决定性影响时，他们根本不被选择；将所有迁移者放在一起考虑，选择将是双向模式的；主动选择性随着介入障碍的加大而增加；在生命周期的特定阶段，被提高的倾向对迁移者的选择是重要的；迁移者的特征，倾向于介乎原住地和目的地人口特征之间。

4. K. 斯温德尔和 R. G. 福特的迁移规律理论

K. 斯温德尔和 R. G. 福特认为可以将迁移过程看成是由三个要素构成，即地区、迁移者和组织。迁移过程被看作是地区的一个函数，迁移者是在这些地区间以及一定的时间里移动，而这种移动是得到不同组织帮助的。

这三个要素都可以分解成其基本组织成分：地区可以被描绘成一个具有不同人口和功能的空间网络，由此形成一个具有不同经济和社会机会的地区等级；迁移者可以分类分解，第一类分为首次迁移者、会回返迁移者和附属迁移者；第二类按迁移者的年龄、性别和社会地位等社会特征划分；第三类按教育技术水平和经济发展阶段决定的目标来划分；组织是控制迁移流的外在因素，包括政府这样的（制定迁移政策的）正式组织，也包括种族这样的非正式组织，还包括自然灾害、政治纷争、战争等“组织”。② 如图 3.4 所示：

① 豆丁网：人口迁移理论，http：//www. docin. com/p－549339922. html，2014 年 5 月 15 日访问.

② 豆丁网：人口迁移理论，http：//www. docin. com/p－549339922. html，2014 年 5 月 15 日访问.

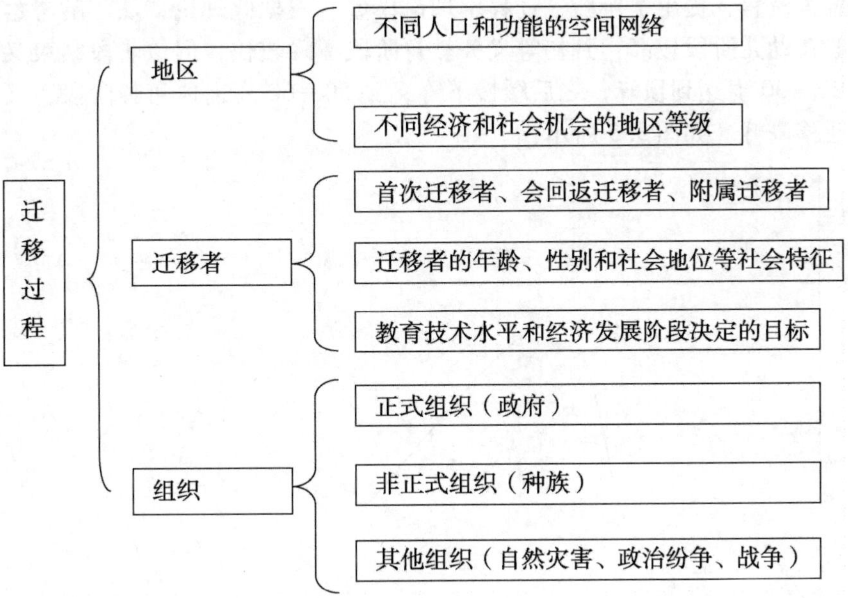

图 3.4

（三）其他相关理论

1. 库兹涅茨的人口迁移理论

库兹涅茨认为，经济增长与人口的再分布是通过一些相互联系的因素连接在一起的。一个国家在任何时间上的人口分布都可以看成是对经济社会的反映，而经济机会的分布受技术发展的影响。技术发展的速度在各个地区之间是有差别的。与技术发展的速度相比较，地区之间出生率和死亡率差别的作用太慢，不能有效调节人口的再分布以适应经济发展的需要。这样，人口迁移就成了适应地区间经济发展差异的主要机制。

如果人口迁移不能改变人口与经济发展之间的不平衡，经济发展就会受到不利影响。在短时间内，人口迁移的成本可能会影响经济的发展，但就长期而言，人口迁移有助于经济结构的调整，从而促进全社会经济的发展。①

2. 年龄—迁移率模型②

劳动迁移理论和人力资本理论认为，年龄越小、教育水平较高的人群往往更倾

① 国家人口和计划生育委员会流动人口服务管理司．流动人口理论与政策综述报告［M］．中国人口出版社，2010.

② 豆丁网：人口迁移理论，http：//www. docin. com/p－549339922. html，2014 年 5 月 15 日访问．

向于迁移。为了把握年龄与迁移率的一般关系，美国人口学家 Rogers 利用瑞典等国的人口普查资料，提出了年龄—迁移率理论模型。根据此理论，从年龄考察迁移概率，一般在幼儿阶段较高，到初等义务教育阶段下降较快，但该阶段结束又迅速上升，到 20—30 岁达到顶峰，之后缓慢下降；到 50—60 岁退休年龄阶段，又形成一个小的迁移高峰。如图 3. 5 所示：

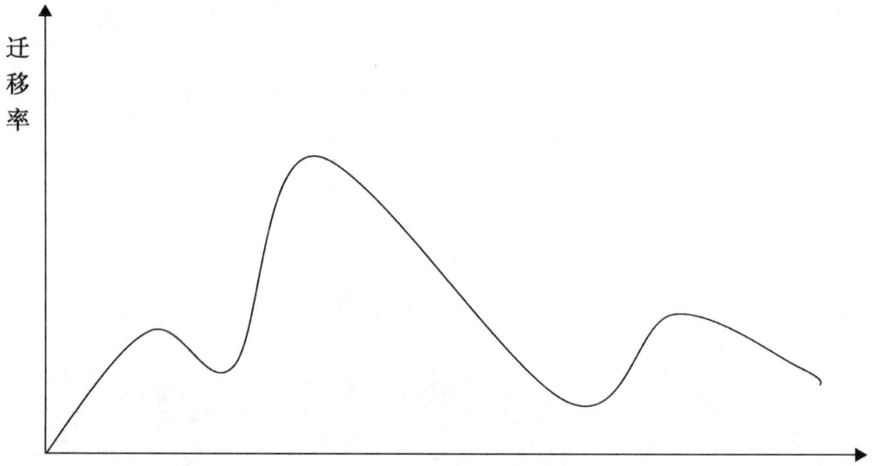

图 3. 5

典型的 Rogers 曲线，由前劳动力成分（0—14 岁）、劳动力成分（15—64 岁）、后劳动力成分（ >64 岁）和不受年龄影响的常数成分等 4 个相对独立的部分组成。Rogers 理论为深入从年龄结构考察人口迁移特征提供了理论依据和方法支撑，对发达地区人口老龄化和迁移人口年龄结构研究具有重要借鉴意义。

3. 发展经济学说中的人口迁移理论

发展经济学理论视角以刘易斯和托达罗模型为代表。

刘易斯将一国经济分为农业部门和工业部门，认为由于劳动边际收益率较低而引发了农村劳动力源源不断地流向城市工业部门，同时城市工业部门因为高劳动生产率和低劳动力成本获得巨额的超额利润，不断地扩大工业部门以吸收农业部门的剩余劳动力，直到两部门的劳动生产率相等为止。这时农村剩余劳动力吸收完毕，一国的工业化过程也宣告完成。

此外，美国发展经济学家托达罗于 1969 年提出“托达罗模型”。该模型认为，城乡预期收入差异的扩大是发展中国家农村人口迁移规模持续增大的主要原因，并且城市失业率也影响着农村居民的迁移决策。[①]

① 朱杰．人口迁移理论综述及研究进展［J］．江苏省城市规划，2008（7）．

4. 迁移网络理论

迁移网络是迁移人口的重要中介，是一系列人际关系的组合，其纽带可以是血缘、乡缘、情缘等。[①] 它是迁移者、未迁移者、以前的迁移者和在原住地的家庭和朋友，与迁入地移民基于亲属关系、友情关系所建立起来的一系列特殊联系。移民网络形成后，一方面，移民信息可能更准确、更广泛地传播，移民成本可能因此而降低，从而不断推动移民潮；另一方面，随着时间的推移，向外地甚至向国外特定地区的定向移民可能会融入某地的乡俗民风，从而使得人口流动不再与经济、政治条件直接相关。

该理论有三个基本假设：一是迁移规模一定程度上不是强烈地受迁出地和迁入地之间收入差距和就业形势的影响，因为事前占有充分的信息，使得迁移成本和风险都大幅度下降；二是迁移网络一旦形成，它会无限扩展，让愿意迁移的人分享信息；三是迁移网络一旦形成，政府对迁移流动的控制就比较困难，特别是国际移民中一些地下移民组织能够绕过政府的控制。因此，迁移网络的累积效应很大。在发展中国家，劳动力市场不健全、不完善，用工信息和就业信息不对称，迁移网络对推动劳动力流动和转移会发挥重要的补充作用。

迁移网络是一种社会资本，人们依据这种社会资本来获得在国外就业的机会和高收入。在一些城市，由于某些特定的民族和群体的存在，极大地增加了具有同样文化背景的另外一些人迁移到那里去的可能性。

5. 人口迁移决策理论

20 世纪 60 年代中期，沃尔波特（Wolpert）提出了人口迁移决策理论，回答了人们如何进行迁移决策的问题。

沃尔波特的理论包括三个基本概念：第一，“地点效用”，即一个人在其所处的空间位置上所能享受到的各种条件的总和；第二，“满意因子”，即潜在迁移者根据可得性、过去的状况、其他人达到的水平等调整自己的“期望水平”，根据可行性调整自己的迁移行为；第三，“活动空间”，即能够被选择作为迁移者目的地的地区。由于人们总是倾向于迁到较稳定的地区，为达到此目的，人们会推迟迁移而寻找更多关于外部世界的信息，寻找信息的过程，有助于扩大个人的“活动空间”并进行比较。同时，人口迁移也受到外部环境的影响，从而形成各种具有共同特征的迁移人口群体。

在沃尔波特人口迁移决策理论的基础上，布朗（Brown）和摩尔（Moore）提出了人口迁移决策过程模型，主要讨论了人口迁移中居住地的选择问题。根据这一模型可知，人口迁移使人们对压力做出反应。只有当原居住地的地点效用由于自身的或者外界的压力减少到低于某一阈值时，迁移者才会决定进行迁移。但是，即使

---

① 李东．人口流动与重庆经济增长极的形成和发展研究［D］．西南财经大学，2010.

做出这种决定，人口迁移也不一定真正发生。①

6. 舒尔兹（T. W. Schultz）的成本—效益迁移理论

舒尔兹（T. W. Schultz）把迁移看作是一种带来某种经济效益的投资行为。一个潜在的迁移者要综合考虑他在迁移过程中的成本、投资、代价及迁移后可能获得的收益。这种理论的核心也是经济因素，所以，从本质上说，人口的迁移和流动是一种社会经济现象，人口的迁移和流动是以社会、经济因素为基本动力，社会经济环境的宏观格局及其动态变化无不反映到人口迁移和流动之中，人口的迁移和流动客观上充当了社会经济系统运行的"示波器"。西奥多·W. 舒尔兹（T. W. Schultz）的成本—效益迁移理论为人口迁移理论引进了数量经济学定量分析模型，同时把人口迁移和社会经济系统运行统一起来，丰富和发展了人口流动、迁移理论。②

7. 连锁因果说③

该理论基于如下假设：第一，某个人认识的人群中移民的人越多，此人移民的倾向就越大；有过一次移民经历的人，再度移民的可能性相对更大，更可能带动其亲朋好友移民。第二，移民汇回家乡的钱款，将增加原居地的收入不均，从而使那些没有移民汇款收入的家庭增强"相对失落感"进而引发新的移民。因此，移民行为有其自身内在的延续性。法国著名社会学家布迪厄（Pierre Bourdieu）的"惯习说"被用于解释"事实上并没有多少移民能够对于迁移的付出与回报做出准确的计算从而追求最高收益，但是流动照样进行"与"相同的国家何以人口流出（流入）的差异如此之大"等问题。这一学说指出，在某一社会群体中，当"移民行为"内化为超越意识控制的、具有衍生性的"惯习"时，即使诱发初始移民行为的客观环境发生变化，被局外人断定为非理性的移民行为在该群体内仍会获得认可而得以延续。基本意思是，移民现象以某种方式改变了现实，又通过一系列社会经济过程造成了新的移民。其理论对人口迁移有新的突破，提出了解释移民信息的多少和"相对失落感"的概念，来解释人口流动的延续和扩展的动因，同时增加了非经济因素影响的连结点。但也存在某些缺陷：其一是减弱了对经济因素的考虑；其二是不能说明在信息流通如此通畅和经济差异较大的欧共体内部，并未出现大规模的人口流迁这样的现实。

---

① 国家人口和计划生育委员会流动人口服务管理司．流动人口理论与政策综述报告［M］．中国人口出版社，2010.

② 王克亚．河南省农村人口流动及其对流出地经济发展的影响研究［D］．河南大学，2009.

③ 杜丽红．中国城市流动人口管理问题研究［D］．西南财经大学，2007.

第二节　跨境人口流动的理论与研究

跨境人口流动是指人口的流动在空间上至少跨越了某两个主权国家共有的边界线，这属于人口流动中的空间层面。跨境人口流动是一种特殊的地缘人口流动方式，在边境地区不同政治、经济、文化、种族、宗教等进行交汇，使得跨境人口流动有别于单纯的境内流动人口，使得跨境流动人口的某些特征与常态下整体人口的基本特征会存在较大差异。跨境人口流动状况如何，流动方式是怎样的，有什么样的特征以及可能会对边境的管理和稳定带来何种影响，这都是众学者重点研究的问题。

一、跨境人口流动的相关概念

（一）跨境人口流动的概念界定

人口流动可以按跨越行政区的大小来区分，有国际和国内、省际和省内、跨县市和县内流动①。所谓跨境人口流动，是指一部分边境地区的人口在流动过程中，其跨越的行政区涉及跨越国界、边境线。

通过分析国内学者人口流动特别是人口跨境流动的研究成果可以了解到，随着跨境流动人口群体的不断壮大，学术界和政府部门对跨境流动人口的研究愈来愈具体，愈来愈重视。但就现阶段来看，大多数研究是从城市做起，侧重于流入人口的分析，对于我国陆地边境地区的流出人口和流出地的探索相对较少。深入研究边境地区跨境流出人口现状及其影响因素，对进一步促进边境地区的经济和社会发展以及全国陆地边境地区的经济和社会发展具有十分重要的意义。

（二）跨境人口流动的概念辨析

1. 跨国人口流动

跨国人口流动，广义上讲，其最显著的特征是，人口的流动跨越了至少某两个主权国家共有的边界线②。狭义上讲，基于边境沿线地区的跨国流动人口，是指从我国境内跨国流出境外或由境外跨国流入我国境内，并在这一边界地区长期滞留。

---

① 宋健．中国流动人口的就业特征及其影响因素——与留守人口的比较研究［J］．人口研究，2010（6）．

② 鲁刚．中缅边境沿线地区的跨国人口流动［J］．云南民族大学学报（哲学社会科学版），2006（6）．

2. 跨国人口迁移

人口迁移按照国籍的不同，可以分为国际人口迁移和国内人口迁移，是指人口居住地的永久性改变。由于人口迁移包含“空间”和“时间”两个概念，所以人口迁移是一个较为复杂的过程。在空间概念上，是一种跨地区的人口流动活动；在时间概念上，应该有一定的时间长度积累。跨境人口流动和跨国人口迁移所不同的是，跨国人口迁移是指人口居住地（跨越国界）的永久性改变，强调时间因素，即人口迁移活动应该有“足够长”时间，但是具体“时间”的长度学界并未给出统一标准①。

二、跨境人口流动的相关理论研究

流动人口选择跨越边境、在国外长久居住，需要多方面的支持，这其中包括政府支持和相关制度的支持等。跨境人口流动相比其他形式的人口流动，其流动范围更大，统计更为复杂，流动性比较多变。我国学者对跨境人口流动这一问题的研究，主要可以归纳为以下几个方面。

（一）跨境人口流动原因的研究

戴长征、乔旋（2009）在《跨国人口流动的原因及其对国家安全的影响》一文中对跨国人口流动的研究主要是以“二战”结束后，特别是经济全球化日益加深过程中各国间出现的人口流动现象为背景，对跨国人口流动的原因做了深层次的分析。他认为影响人口跨国流动的主要有政治、经济与自然环境等三方面原因。在政治方面，他认为，首先国家通过相关政策，尤其是民族和移民政策对人口的流动产生了重要影响。例如，“二战”结束后，各国入境政策逐步清除了种族主义倾向，吸引了大量移民的流入；其次，国家的政治动荡影响人口的流动。例如，1989 年 12 月，利比里亚由于部族矛盾等原因爆发内战，长期战乱使全国 250 万人中的一半流亡国外，成为难民。在经济方面，由于社会生产力的发展以及从欧洲开始扩展的资本原始积累和资本主义生产方式，使得跨国的经济利益逐渐成为影响跨国人口流动的重要原因，取代了宗教迫害等因素。例如，进入 20 世纪 80 年代以后，随着持续的经济增长，韩国国内工资水平显著提高。同时，由于人口结构以及产业结构的变化，韩国国内某些行业出现了劳动力短缺现象。从 80 年代后半期开始，大量外籍劳工从亚洲各国不断涌入韩国。在自然环境方面，他认为自然与社会的因素对跨国人口流动的影响从未减少，他认为瘟疫、饥荒、自然灾害、生态环境破坏等原因都会引起大规模的跨国人口流动。例如，20 世纪 60—80 年代，非洲遭遇多次自然

① 张芸．改革开放后山区农村人口跨境迁移的地理学分析：基于福建省明溪县沙溪村的调查［D］．福建师范大学，2012.

灾害，大面积的严重干旱就有 4 次，其中 1982—1984 年那次旱灾波及 34 个国家。据诺曼·迈尔斯的估计，由于环境恶化和人口剧增，使得撒哈拉以南非洲地区每 4 个人中至少有 1 人缺少食物，8 个人中有 1 人从国内一个地区移居到另一个地区，16 个人中有 1 人完全离开自己的国家，逃往他国。①

靳美玲（2013）在《吉林省边境地区人口跨境流出状况及其影响因素分析》一文中，指出根据人口流动的原因，可以将流动人口划分为两类：经济型流动人口和社会型流动人口。经济型流动人口是因务工经商、求学培训、工作调动等原因而流动的人，社会型流动人口是因投亲靠友、随迁家属和退休离职等原因而流动的人。该文章主要通过对吉林省边境地区进行实地调查，得出吉林省边境地区人口跨境流出主要还是出于经济目的经济型流动的结论。她认为，境外对吉林省边境地区跨境流出人口的吸引力主要表现在工作机会等经济吸引力。由于边境地区经济发展较慢，人们收入不高，往往出国打工一年的收入比在家时一年的收入要多得多，为了提高家庭的生活水平，大多数跨境流出人口选择务工经商来增加家庭收入，为家人提供更优越的生活条件。②

（二）跨境人口流动类型的研究

关于跨境人口流动类型的研究，学者们表述不一，有学者把它归结为“跨境人口流动的原因”，有学者归结为“跨境人口流动的方式”。在本书中，我们把它叫作“跨境人口流动的类型”，主要是指对跨境人口流动的目的进行的分类。总结各个学者的研究，不难发现，跨境人口流动类型的研究主要集中在以下几个方面：边境贸易类跨界人口流动、劳务类跨界人口流动、旅游类跨界人口流动、探亲访友类跨界人口流动、非法类跨界人口流动等。例如，鲁刚（2006）和陈真波（2010）在《中缅边境沿线地区的跨国人口流动》和《西南边境跨国流动人口的现状与问题》中分别进行相关阐述，他们对跨境人口流动进行分类的方法都是从流动人口的角度，包括外籍流入我方境内的人口和流出并滞留在境外的我方人口两方面，他们认为可以分为以下三类：以商贸、劳务为目的、以非法活动为目的，即“三非人员”——非法入境、非法谋职（就业）和非法留居的各类外籍人员。

1. 边境贸易类跨境人口流动

何跃（2008）在《云南边境地区主要贸易口岸的境外流动人口与边疆安全》一文中，重点分析了边境贸易类跨界人口流动，他认为，边境贸易类的人口流动是因为边境贸易等经济活动而导致的境内外人口流动。该文章指出，从 2004 年开始，我国政府对境外开展禁毒斗争以来，停办了异地（非边民）出境办证手续，对从事边境贸易人员的出入境手续也增加了很多条件，出入境办证比较困难，加之国家对

① 戴长征、乔旋．跨国人口流动的原因及其对国家安全的影响［J］．教学与研究，2009（1）：68—74.

② 靳美玲．吉林省边境地区人口跨境流出状况及其影响因素分析［D］．吉林大学，2013.

口岸政策实行紧缩政策，境外流动人口呈减少趋势。如以云南省临沧地区 3 个口岸为例，2005 年 1—8 月，孟定清水河口岸、南伞口岸和沧源口岸等三个口岸出入境人员为 731865 人次，同比减少 26.8%。全省边境地区主要贸易口岸出入境人员也呈同比减少趋势。从 2005 年以来，出现境外流动人口减少，这固然与国家紧缩口岸政策有关，也与中国政府在边境地区主要贸易口岸加大打击“非法”外国流动人员专项行动力度有关。①

陈真波（2010）在《西南边境跨国流动人口的现状与问题》一文中指出，在西南边境地区滞留在中方的外籍流动人口中的商贸劳务类人员主要分布在边境沿线各口岸，并在一些中小城镇和农村有所蔓延，而尤以云南省德宏州瑞丽、畹町，保山市腾冲，西双版纳州景洪、打洛、磨憨，红河州河口，文山州麻栗坡天保和广西防城港市的东兴、防城，崇左市的凭祥浦寨、龙州、宁明为主，同时还集中在百色市的靖西等国家一二类口岸。②

例如，广西凭祥市浦寨口岸与越南谅山省文朗县接壤，连接越南谅山省新清口岸。在浦寨建有的 1000 多套商铺内几乎都有越南务工人员，尤其以水果批发市场和红木家具市场的越南务工人员比较集中，且以年轻人为主。由于越方对边民的管理严格，他们一般早出晚归。凭祥、龙州等地的部分林场还雇用了一些私自入境的越南边民。近年来，越南越境打工人员有深入我国内地的趋势。

靳美玲（2013）在《吉林省边境地区人口跨境流出状况及其影响因素分析》一文中，根据人口流动的原因，将流动人口划分为两类：经济型流动人口和社会型流动人口。经济型流动人口是因务工经商、求学培训、工作调动等原因而流动的人，社会型流动人口是因投亲靠友、随迁家属和退休离职等原因而流动的人。在其所调查的样本中，吉林省边境地区跨境流出人口中有 96.38% 的人是外出务工经商，可见务工经商是人们跨境流出的主要原因，还有 0.95% 的人为外出求学，因此可见，经济型流动人口占绝大多数。然而，因投亲靠友而外出的人口以及随同流动的人口比例分别为 1.26% 和 0.47%，由此可以明显看出，社会型流动人口的比例很小。该调查结果显示，吉林省边境地区人口跨境流出主要还是出于经济目的的经济型流动。这表明，境外对吉林省边境地区跨境流出人口的吸引力主要表现在工作机会等经济吸引力。③

综合上述几位学者的研究，我们发现，一直以来，经济因素都是造成人口跨国流动的主要推动力量。经济动因主要包括对市场的力量、经济机会与利益的期望、经济成长的需要等。由于边境地区经济发展较慢，人们收入不高，往往出国打工一

---

① 何跃．云南边境地区主要贸易口岸的境外流动人口与边疆安全［J］．云南师范大学学报（哲学社会科学版），2008（2）：35—43.

② 陈真波．西南边境地区跨国流动人口的现状与问题［J］．贵阳学院学报（社会科学版），2010（1）：104—108.

③ 靳美玲．吉林省边境地区人口跨境流出状况及其影响因素分析［D］．吉林大学，2013.

年的收入比在家时一年的收入要多得多，为了提高家庭的生活水平，大多数跨境流出人口选择务工经商来增加家庭收入。

2. 劳务类跨境人口流动

陈真波（2010）在《西南边境地区跨国流动人口的现状与问题》一文中，阐述跨国劳务流动时，采用了具体实例法。例如，在每年农闲时，保山市腾冲县都会由政府有关部门组织3000名左右劳动力，前往境外进行劳务活动，例如开矿、修路、伐木等。劳务类跨境人口流动与商贸人员人口流动不同在三个方面：一是大部分以中方边境地区的群众为主；二是多为承建工程的经贸，或者工程公司招募的劳工；三是从事工作的不同，路桥工程、木材采运以及矿山开采和电站、房屋建设等大型劳务活动为主导形式①。

近年来，随着边境经济合作范围的扩大，劳务类跨境人口流动中农业技术和文教卫生类的出境人员也陆续增多。例如，在联合国禁毒署的资助下，西双版纳、临沧、思茅等州市与缅方合作实施“毒品原植物改植替代计划”——先后派出农科人员及工人近3000人次前往缅甸，指导缅方各族群众种植水稻及高效经济作物。

3. 旅游类跨境人口流动

鲁刚（2006）在《中缅边境沿线地区的跨国人口流动》一文中，指出观光旅行也是跨境人口流动的一种类型。云南的旅游业是云南省经济活动的重要部分，在丰富多彩的旅游产品中，跨国边境旅游是云南旅游项目的一大特色项目。基于旅游观光的跨国人口流动的数量，在云南省跨界人口流动中占有较大比重。数据显示，前往西双版纳旅游的海内外游客250万—300万人次，其中通过勐海县打洛口岸出境前往缅甸小勐拉的游客高达近百万人次，加上缅甸入境的游客，合计突破百万。②

4. 探亲访友类跨境人口流动

肖震宇（2010）在《云南跨境民族地区防控人口非法流动的法律对策研究》一文中指出，边境沿线两侧跨境而居着很多同源共祖的兄弟民族，他们在语言交流、风俗习惯等方面都是一致的，因此这种基于血缘的跨国探访十分频繁，且由于边境线漫长，其人数当不亚于因经济因素的往来而难以估量③。

鲁刚（2006）在《中缅边境沿线地区的跨国人口流动》一文中，将探亲访友类的跨国人口流动又分为三种类型：一是出境探亲访友的人员，二是境外人员入境探亲访友，三是边境沿线两侧边民之间的相互跨国探访。

除上述商贸、旅游、劳务、探亲访友等四大类型的跨境流动外，还有境外人员

---

① 陈真波．西南边境地区跨国流动人口的现状与问题［J］．贵阳学院学报（社会科学版），2010（1）：104—108.

② 鲁刚．中缅边境沿线地区的跨国人口流动［J］．云南民族大学学报（哲学社会科学版），2006（6）：5—10.

③ 肖震宇．云南跨境民族地区防控人口非法流动的法律对策研究［J］．云南大学学报（法学版），2010（2）：65—70.

的入境避乱（即难民）、政府部门之间的公务往来以及第三国人员的跨界出入境等多种情况，因人数较少，在此不再赘述。

5. 非法类跨境人口流动等

除了上述四类合法跨境人口流动外，还存在非法形式的跨境人口流动。其中，“三非人员”，是指那些非法入境、非法谋职和非法居留的各类外籍人员。下面具体阐述：

（1）非法的跨国婚姻

陈真波（2010）在《西南边境地区跨国流动人口的现状与问题》中指出，在非法居留者中有很大一部分是非法的跨国婚姻造成的。以广西崇左市江州区新和镇为例，新和镇位于崇左市江州区西北面，东北面与大新县接壤，西南与龙州县交界，距市区 28 公里。全镇总面积 265 平方公里，总人口 1.98 万人，是一个以种植甘蔗为主要产业，相对比较富裕的小镇。作者在广西崇左市江州区新和镇调查时发现，一些在此经商的越南人常常将越南女孩介绍与当地小伙结婚，在中国长期居留，而且这种婚姻一般不到当地民政部门登记，是一种比较典型的非法居留中国的现象。作者在云南省腾冲县猴桥镇边境地区进行调查时，据当地派出所的同志介绍，几乎每个村寨都有从缅甸非法入境的妇女与当地中国公民结合的婚姻。派出所对此进行过专门的清理行动，但收效不是很大。“外来妹”在我边境地区安家从某种程度上缓解了当地贫困男青年择偶难题，但也存在不少隐患。①

何跃（2008）在《云南边境地区主要贸易口岸的境外流动人口与边境安全》一文中指出，由于地理、历史、政治、经济、民俗等方面的综合原因，越、老、缅三国边民非法入境、非法居留、非法谋职的现象较为突出。②“三非”人员违反我国计划生育管理规定，非法通婚现象日益突出，大部分跨国婚姻没有办理婚姻登记手续和生育证，其婚姻得不到法律保护，存在超生、抢生现象，扰乱了边境一带的户口管理秩序。“三非”人员大都具有越南或缅甸国籍，在我境内居留短则 1 至 5 年，长则 20 多年，大部分已成家立业、生儿育女。由于我公安机关没有法律依据对其实施户口登记，不能纳入中国公民正常管理，户口难以落实，他们以及他们的后代成为“黑人”、“黑户”，且入境人员居住地较分散，给户籍管理带来了较大困难。

（2）非法商贸务工

非法商贸务工是指为了打工挣钱而非法越境即偷渡出入境的跨国流动，既包含偷渡出境，也包含境外人员偷渡入境。在非法商贸务工越境人员中，既包括边境地

① 陈真波．西南边境地区跨国流动人口的现状与问题［J］．贵阳学院学报（社会科学版），2010（1）：104—108.

② 何跃．云南边境地区主要贸易口岸的境外流动人口与边疆安全［J］．云南师范大学学报（哲学社会科学版），2008（2）：35—43.

区的常住人员，还有来自两国内地的人员。此类人员通常选取山林小路躲过双方的哨卡，非法出入国境。

(3) 非法迁居

肖震宇（2010）在《云南跨境民族地区防控人口非法流动的法律对策研究》中讲到，因为云南边境跨境民族地区的绝大部分属于贫困山区，这里的人民基本的温饱问题尚未完全解决，一些人生活艰难，而邻近国家部分地区的物质条件则相对比较优厚，造成了少数民族大量向国外迁移。例如，缅甸的一个民族地方势力“佤邦”与缅甸政府达成了和平协议，制定了“南迁计划”，向泰缅边境勐阮、岩城等地迁移了10万人，并提供了一系列如提供粮食、安置费、生产生活用具，解决住房、小孩免费入学等优惠政策，吸引了我国大量边民参加。据统计，仅在云南澜沧、孟连、西蒙三县，迁移到缅甸“佤邦”辖区的边民就有拉祜族、哈尼族、佤族共799户2832人。缅甸“8·8事件”发生后，涌入我国“避难”的人就有近3万，其中绝大多数都是非法迁居到缅甸果敢的我国边民。[①]

(4) 偷渡逃亡

鲁刚（2006）在《中缅边境沿线地区的跨国人口流动》中指出：偷渡逃亡在非法出境中属于一种非常特殊的类型，虽然人数不多，但是会造成极大的危害与影响。20世纪90年代初以来，边境沿线全方位开放，此类非法出境活动不时发生。其中，偷渡人员的身份有的属于杀人、爆炸等重大刑事案件的犯罪嫌疑人；有的则属于挪用公款、贪污受贿等经济类犯罪分子；更有甚者是越狱出逃的重刑犯。而他们偷渡出境的方式则多为以下几种：以“蛇头”为向导，从山林小路中偷渡国境；靠假的身份证办理出境旅游手续以从边关口岸蒙混过关；冒充边民混于其中出境等。

(5) 非法滞留

除了上一点，鲁刚（2006）在《中缅边境沿线地区的跨国人口流动》一文中还指出了另一种非法出境的方式——合法出入境而非法滞留。这种方式较为常见的是以边境贸易或者旅游为理由，持有效证件通过边关口岸进入境内之后，流散到城乡间以务工为生。例如，20世纪末期，瑞丽市清理外来人口的时候发现，该市区的外籍打工人员113人，其中竟有67人未办理过合法的留居手续，占总人数近60%。同样的情况在我方人员中也有发生，而且人数更多，情况更严重。

（三）跨境人口流动特征的研究

靳美玲（2013）在《吉林省边境地区人口跨境流出状况及其影响因素分析》一文中，主要是以吉林省边境地区为研究对象，分别从跨境流出人口的规模、年

① 肖震宇．云南跨境民族地区防控人口非法流动的法律对策研究［J］．云南大学学报（法学版），2010（2）：65—70.

龄、性别、民族、婚姻状况、文化程度、户口性质、经济贡献、地域流向等方面对相关调查数据进行分析，得出吉林省边境地区人口跨境流出的特征①。其特征主要表现为：1. 吉林省边境地区人口的跨国流动规模越来越大，而且还有继续扩大的趋势，人口流动意愿十分强烈。2. 在性别特征上，男性比重略高于女性，男女两性几乎平分秋色。3. 从年龄构成看，跨境流出人口的主体是15—59岁的青壮年劳动力人口。4. 从民族特征来看，吉林省边境地区跨境流出人口中朝鲜族所占比例非常高。5. 从婚姻状况来看，初婚有偶的人是主要的跨境流出群体。6. 从文化程度来看，跨境流出人口以初中文化水平和高中文化水平两个层次为主。7. 从户口性质来看，农业户口的人们相对于非农户口的人们跨境流出要活跃得多，这表明农村人口与城市人口相比，具有更加强烈的跨境流出意愿。8. 从经济贡献来看（这里的经济贡献主要是指最近一年对家里的经济贡献），总体上，跨境流出人口为家庭做出了很大的经济贡献。在其所调查的样本中，在最近一年里，有38.85%的人给家里的钱数为6千元至10万元，其所占比例最高；有17.26%的人给家里的钱数为4千元至6千元，有3.78%的人给家里的钱数为2千元至4千元，有7.09%的人给家里的钱数少于或等于2千元，也有0.16%的人给家里的钱数高达十万元以上。9. 在地域流向方面，有92.67%的人外出流向韩国，有3.55%的人外出流向日本，外出流向其他国家的人数则很少。

鲁刚（2006）在《中缅边境沿线地区的跨国人口流动》一文中，以中缅边境沿线地区为研究对象，从人口流动和流动人口两个层面分析研究，认为中缅边境沿线地区的跨国流动人口具有双向流动、流动量大、形式多样、结构复杂以及空间分布不平衡五大特征。

武洋（2013）在《边境地区人口流出及其影响因素分析——基于黑龙江省三个边境县的调查研究》一文中，以黑龙江省三个边境县，即黑河市的爱辉区、黑河市的孙吴县、牡丹江市的东宁县为研究对象，总结出三个边境县流出人口的特征主要表现在男性要多于女性、年轻人比老年人更容易流动、年龄在15岁到30岁的人比更年轻或者更老的人容易发生流动、未婚者较已婚者有较高流动率、流出人口的教育程度为初中的人数最多等几个方面。②

张芸（2012）在《改革开放后山区农村人口跨境迁移的地理学分析：基于福建省明溪县沙溪村的调查》一文中，以福建省明溪县沙溪村为研究对象，指出该地区跨国移民的主要特征有：在年龄结构上，20—39岁青壮年人群是主体；在性别结构上，男性明显多于女性（男女比例约为151：100），占主导地位；在受教育水平上表现为低层次特征，出国人员受教育程度普遍不高，以初中或者初中以下学历为

① 靳美玲．吉林省边境地区人口跨境流出状况及其影响因素分析［D］．吉林大学，2013.

② 武洋．边境地区人口流出及其影响因素分析［D］．吉林大学，2013.

主；在职业构成上呈现多样化特征，以农民最多。①

综合上述几位学者的研究，不难发现，对跨境人口流动特征方面的研究主要是以某个具体的地区为研究对象，采用实地调查的方式，从跨境流出人口的规模、年龄、性别、婚姻状况、文化程度、地域流向等方面进行数据分析，进而得出该地区跨境人口流动的特征的相关结论。

（四）跨境人口流动影响的研究

全球化时代下的跨国人口流动也是一把“双刃剑”，跨境人口流动所带来的影响可能波及一个国家的方方面面，大多数学者都已研究了跨境人口流动给地域经济带来的影响或者是社会安全带来的影响。本章结合已有文献，对跨境人口流动所带来的影响进行分析，将影响总结为三个方面：政治影响、经济影响以及社会影响。例如，学者李琦在《犯罪研究》期刊 2011 年第 1 期中主要研究了跨境人口流动对犯罪的影响，邓睿、张开宁等学者（2010）在《医学与社会》中主要研究了跨境人口流动对艾滋病传播的影响，本章将以上文献资料的研究归为跨境人口流动的社会影响这一类别当中。

1. 政治影响

政治安全是一个国家对其主权的维护与保障，当代跨国人口流动对国际政治产生了重大影响，其中尤为显著地表现在国际移民与国家或地区政治安全的关系上。著名学者史蒂芬在《现代社会国际人口流动研究》中提到，“国际移民的最为持久的意义，也许正是其对于政治的影响”。② 首先，大量人口的流入对国内政治格局走向产生巨大影响；其次，人口大量流入易于诱发该国家或地区的政治动荡。例如，冷战结束后，东欧地区特别是前南联盟地区的社会动荡和战乱导致大量难民涌向西欧国家，造成严重的难民和移民问题。

2. 经济影响

跨国人口流动促进了经济全球化，进而促进了各国间的交流。但是为流入国经济发展做出贡献的同时，跨国人口流动也给输出国的经济发展带来了负面影响，其中最突出的表现为人才流失。由于专业技术人才大量地流向少数的几个发达国家，人才流失问题日益严重，已经严重制约了发展中国家的社会进步和经济发展。

有关数据统计显示：仅 20 世纪 60—70 年代，印度、菲律宾、巴基斯坦等国向英美等发达国家输出的工程师、医学家、科学家等其他专业技术人员就达到了 40 多万名；20 世纪 80 年代中期，阿拉伯国家获得博士学位的学者中有近 60% 移居到

---

① 张芸. 改革开放后山区农村人口跨境迁移的地理学分析：基于福建省明溪县沙溪村的调查［D］. 福建师范大学，2012.

② Stephen Castles，Mark J1 Miller1 The Age of Migration：International Population Move 2 ment s in the Modern World［M］. 12nd edition N Y：The Guilford Press，1998.

发达国家；苏联解体后，中亚五国的俄罗斯人民因为受到当地主体民族主义的冲击，大多数都离开了中亚地区迁返到俄罗斯居住。由于历史和现实等原因，发展中国家的社会经济条件远落后于发达国家，因此，人才流失导致发展中国家人才严重匮乏，进而直接影响到发展中国家的经济发展。

3. 社会安全影响

跨境人口流动的影响还表现在非法移民、走私等犯罪活动以及疾病传播、身体健康安全等社会安全问题中。非法移民易于衍生许多犯罪问题，跨国组织犯罪、毒品走私、非法倒卖私货等都与非法移民有直接或间接的关联，这严重影响了国家的社会稳定。另外，非法移民还会影响到社会公众的健康，学者张开宁等人在《我国跨境流动人口艾滋病综合预防的思考》一文中提到，自1989年我国首次成批在边境地区发现艾滋病感染者以来，艾滋病感染人数不断攀升，某些边境地区甚至已进入高度流行期，并由边境向内地扩散①；另外冰毒、摇头丸等新型毒品在边境地区的传播，也严重影响了人们的健康。

第三节　跨界民族跨境人口流动研究

跨界民族是指沿着两国边境线分布的同一民族，即人口分布相连但属于不同国别的同一民族。跨界民族由来已久，但是对跨界民族跨境人口流动这一问题的研究时间并不长。跨境民族的存在与流动，是一个自然的历史地理与人文地理过程的产物，他们虽属于不同的国家，但却属于相同的民族，拥有共同的语言与风俗习惯，这使得跨界民族之间的流动相当频繁。这些跨界民族跨境人口流动，无疑对国家安全、边疆稳定和国家关系都有着深入的影响，可以说，跨界民族跨境人口流动问题是边疆问题中一个非常具有现实意义和理论意义的问题。

本节主要汇总并分析国外跨界民族跨境人口流动的案例，以及基于国内各学者最近几年来有关跨界民族跨境人口的研究所作的简单评述。

一、国外跨界民族跨境人口流动著名案例研究

目前针对国外跨界民族跨境人口流动的专门研究并不多，大多数研究是在跨界民族的总体研究中有所涉及，本书将其内容抽取出来后发现，现有研究主要是从流动的原因上进行分析的，这些原因主要有：政治原因、经济原因、文化与宗教原

① 邓睿、张开宁、陈飒、王晶莹、刘慧群．我国跨境流动人口艾滋病综合预防的思考［J］．医学与社会，2010（11）：12—13，26.

因、战乱原因等，以下选取库尔德民族、斯里兰卡民族、格鲁吉亚民族作为例子进行阐述。

（一）政治原因

库尔德人在所在国均处于少数民族地位，政治上不同程度地遭受歧视，其聚居地一般都是经济落后、文化封闭的地区，这是库尔德民族问题产生的重要原因，也是库尔德人不断进行民族自治与独立斗争的重要原因之一。库尔德问题是外族侵略和欧洲列强瓜分世界、争夺霸权的历史产物，现如今仍是被区内或区外大国所利用的筹码。

1590 年奥斯曼帝国与萨非王朝签订协定将库尔德居住区分割。1639 年两国又签订《席林堡条约》，将库尔德斯坦大部分划归奥斯曼帝国，小部分划归伊朗。这次划分大体确定了库尔德斯坦现今的分割状况，并一直维持到 19 世纪，在这期间导致了大量的人口流动。1847 年奥斯曼帝国与波斯签订《埃尔祖鲁姆条约》，再次肯定了两国边界走向。19 世纪末，奥斯曼帝国逐步走向衰落，在亚洲民族解放运动的推动和影响下，库尔德人的民族独立意识觉醒，开始组织政治社团和群众团体，出版库尔德语报刊，宣扬库族人历史和文化，提出建立“库尔德人家园”，实现民族独立等主张。库尔德民族解放运动出现了历史上第一个高潮。

1980 年土耳其军事政变，以及 20 世纪 90 年代初土耳其政府与库尔德工人党（PKK）在该国东南部的冲突升级和海湾战争结束，是库尔德民族跨境流动的主要原因，大量的难民和寻求庇护者涌入欧洲。1980 年土耳其军事政变，欧洲在批评土耳其民主恶化的同时，接纳了大量声称在自己国家遭到迫害的库尔德难民及寻求庇护者。政变后的 10 年间约有 35 万土耳其公民向德国提交了庇护申请，其中库尔德人占 90%。自 1984 年 PKK 发动对政府的游击战以来，土耳其东南部陷入长年冲突和动荡之中，1984—1998 年，估计有 317 万人在土耳其国内冲突中丧生，其中绝大部分是库尔德人，另有约 300 万库尔德人流离失所。1991 年海湾战争结束后，伊拉克库尔德人失败，在这期间又导致了大量的民族人口流动，约 200 万库尔德人逃往土耳其、伊朗，造成举世瞩目的难民问题。这些流离失所者和难民中的相当一部分通过各种途径流入欧洲。由此可以看出，政治性因素是导致库尔德民族跨境流动的主要原因之一。

政治原因带来的跨界民族跨境人口流动往往具有强制性，库尔德民族由于政治原因被强制移民也是跨界民族跨境人口流动的一个例子。移民是库尔德人所在国曾经采用过的政策。移民既包括移出，即将库尔德人强行从原居住地迁出；也包括移入，即将其他民族迁入库尔德人的聚居区，从而改变其民族结构。1927 年 6 月，土耳其大国民议会就曾经通过移民法律，把东部的库尔德人强行迁移到西部，被强行迁徙的库尔德人甚至不准穿着本民族服装。与此同时，土耳其政府还鼓励土耳其人迁入库尔德人的聚居地，以推动民族同化进程。伊拉克政府也曾在 1975 年强行推行库尔德地区阿拉伯化的移民政策和蚕食政策，当局将数十万库尔德人迁至伊拉克南部，并且将基尔库克这些生产石油的地区划出库尔德地区范围，造成大量库尔德人成为难民涌入伊朗。所在国的移民政策使得原本分布零乱的库尔德民族更加支离破碎，在制造大量难民的同时也进一步阻碍了库尔德民族认同的形成与发展。这类强制性移民促使大规模跨界民族跨境人口流动，使得地区国家的关系更加错综复杂。

（二）经济原因

经济因素也是引起跨界民族跨境人口流动的重要原因之一，库尔德民族劳工的流动就是经济因素引起的跨境人口的流动。“二战”后随着经济的复兴与繁荣，从经济发展的角度来讲，欧洲各国需要廉价的劳动力降低生产成本。针对欧洲亟须劳动力的现状，大量的移民无疑可以解决这一问题，不少国家都制订了劳工招募计划。20 世纪 60 年代，库尔德人以劳工移民的身份第一次大规模流入欧洲各国，接收移民的欧洲国家开发了一些移民产业，重新振作了一些传统产业。20 世纪 60 年代约 3 万土耳其人到达法国，其中，约 1.5 万—1.7 万是土耳其的库尔德人。1961 年、1967 年和 1969 年德国、瑞典和法国先后与土耳其达成有关招募劳工的协议，促使更多的库尔德人来到欧洲国家工作。这次劳工移民因 1973 年石油危机、世界经济衰退而基本结束。

（三）文化与宗教原因

求学而引起的跨境人口流动，属于文化因素的范畴。由于伊拉克与英国之间有着浓厚的历史渊源，20 世纪 70 年代以来，英国一直是来自伊拉克的库尔德学生的重要接收国。在意大利的 400—600 多伊拉克库尔德人中，最初到达的就是 20 世纪 80 年代前后留学的 100 多名学生；在意大利的伊朗库尔德人约有 300 人，绝大多数是以政府奖学金的形式来的。① 这种跨界民族跨境人口流动的方式属于文化性流动。

除此之外，宗教影响也是跨界民族跨境人口流动的不可忽视的因素。传统的印度教中心在印度的泰米尔地区，公元初年之时，佛教和耆那教在泰米尔地区广泛流行。泰米尔人的宗教信仰种类较多，并不单一，虽然大多数人信仰印度教，但也不乏少数基督教徒，大约 4.3% 的斯里兰卡泰米尔人和 7.6% 的印度泰米尔人信奉基督教，除此之外，还有穆斯林耆那教徒。现代居住在斯里兰卡的泰米尔人，基本上都是印度教徒，他们大多是十九二十世纪随英国人进入斯里兰卡岛的，有的是传教人，有的是茶园工人。信仰印度教的泰米尔人认为自己勤劳、聪明，于是要传扬这种优秀的宗教，他们便随茶园工人的人口流动进入斯里兰卡，当然，茶园工人中也不乏忠诚的教徒。有十多万兰卡泰米尔人分散居住在斯里兰卡全国各个城镇之中。

---

① 张学琼．欧州库尔德移民与国际关系［J］．云南行政学院学报，2009（1）．

"他们的相貌、语言、宗教信仰、服饰及风俗习惯基本上保持着印度南部泰米尔人的传统特点。但是，若干世纪以来，在与僧伽罗人的不断交往中，斯里兰卡泰米尔人又不可避免地在政治、文化、经济、风俗习惯等方面受到一定的影响，因而与印度泰米尔人有一定的区别。"泰米尔人讲泰米尔语，绝大多数信奉印度教。由于宗教的原因，导致了泰米尔人的人口流动，而正是由于宗教的人口流动，对斯里兰卡民族问题产生了重大影响。

（四）战乱原因

战乱能引起大规模的人口流动，这类流动有自发性的，也有被迫强制性的。1983年，猛虎组织（泰米尔伊拉姆猛虎解放组织（LTTE，英语 Liberation Tigers of Tamil Eelam），又称泰米尔猛虎组织、猛虎组织，是斯里兰卡泰米尔族的反政府武装组织，被列入恐怖组织名单）在北部发动袭击，猛虎组织成员在贾夫纳半岛打死了13名政府军士兵，13名军人的死亡随后触发了首都科伦坡的反泰米尔人暴动，导致数百人死亡数千人逃亡，猛虎组织所宣称的"第一场伊拉姆战争"由此爆发。据不完全统计，在此次动乱中，大量房屋、工厂被烧毁，350多人死于非命，另外还导致了十万余人流离失所。正因为这次战争，导致了泰米尔人的国内人口流动和跨境人口流动。

斯里兰卡政府看到武力解决泰米尔民族问题收效甚微，只好回到谈判桌旁，双方于1985年达成了3个月的停火协议，泰米尔方面要求北方省与东方省合并，成为泰米尔人的"独立家园"，实行自治；斯里兰卡方面坚决不同意，在1990年，猛虎组织发动了"第二场伊拉姆战争"。直到2009年，持续了将近30年的斯里兰卡内战才告一段落。在这场持续时间长、破坏巨大的内战中，斯里兰卡有8万—10万人丧生，有接近100万的斯里兰卡人因此移民到了世界各地，这些人有一部分去了欧洲，有一部分去了加拿大与俄罗斯，还有一部分人去了世界其他国家，这些到世界各国的跨界泰米尔人，也带来了一系列的跨境民族问题，我们会在下文中提到。由此也可以看出，战争因素是导致斯里兰卡人口流动的一个重要因素，这样大规模的移民也影响着现在国际上对斯里兰卡民族问题的态度。

（五）历史原因

跨界民族跨境人口的流动往往也会受到历史因素的影响，南奥塞梯跨境民族问题的形成与跨界民族跨境人口流动就有着很深的历史渊源。如今的南奥塞梯连同格鲁吉亚其他地方，于1801年被沙俄吞并。俄国二月革命之后，奥塞梯人成立国家委员会，主张奥塞梯人自治。国家委员会很快被南奥塞梯并入苏维埃的布尔什维克党人所控制。十月革命发生后，南奥塞梯成了孟什维克派的格鲁吉亚民主共和国的一部分，但北奥塞梯却成了布尔什维克派的泰历克苏维埃共和国的一部分。1918—1920年间，南奥塞梯成为格鲁吉亚政府与受到苏维埃联邦政府支持的奥塞梯反抗军的战场。茨欣瓦利被奥塞梯叛军占领并掠夺，格鲁吉亚人被屠杀。奥塞梯方面的资料则显示战争中有5000名奥塞梯人被杀害，13000人因疾病与饥饿而死亡。在几次对格鲁吉亚的反抗失败后，奥塞梯人中弥漫着同情苏联政府与布尔什维克的情绪。

1921年，苏联第11红军击败格鲁吉亚民主共和国，并成立格鲁吉亚苏维埃社会主义共和国政府，许多奥塞梯人也参与了这次进攻格鲁吉亚的战役。格鲁吉亚苏维埃政府为了感谢奥塞梯人，于1922年4月20日成立南奥塞梯自治州，并以当时格鲁吉亚人仍占多数的茨欣瓦利为首府。虽然南奥塞梯有自己的语言（奥塞梯语），但俄语和格鲁吉亚语都是官方语言之一，在行政上通行。现时，俄语是政府的主要行政语言，而在苏联统治时期，在格鲁吉亚地方政府的管制下，除了奥塞梯语在整个地区通行，亦可在学校里教授和使用。

南奥塞梯跨境民族问题的形成有着复杂的历史原因，其产生与格鲁吉亚、俄罗斯以及西方的一些大国有着密切的关系。格鲁吉亚是南高加索地区的一个山地国家，处于俄罗斯的西南边，由阿布哈兹自治共和国、阿扎尔自治共和国、南奥塞梯自治州、两个直辖市和九个大区组成。格鲁吉亚的国家面积6.97万平方公里，总人口520万，其中格鲁吉亚人有70%，占了整个国家人口中的大多数，俄罗斯人仅占6.3%，阿塞拜疆人约占6%，剩下的部分是奥塞梯人和阿布哈兹人。格鲁吉亚地理位置分布大致如下：西南与土耳其相连，北与俄罗斯接壤，东南和阿塞拜疆及亚美尼亚共和国相邻。南奥塞梯现位于格鲁吉亚境内，面积3900平方公里，将近19万人口，其在1917年前是由俄罗斯管辖的，在1922年成为格鲁吉亚的一个自治州。南奥塞梯自治州由奥塞梯人、俄罗斯人和格鲁吉亚人组成，与俄罗斯境内的北奥塞梯接壤，并且南奥塞梯人和北奥塞梯人同属于奥赛梯民族，在历史上也是同属于一个国家，但是，一直以来南奥塞梯人在格鲁吉亚受到的待遇和所处的地位远远不如位于俄罗斯境内的北奥塞梯。

二、中国跨界民族跨境人口流动的研究

目前，中国跨界民族跨境人口流动的研究主要集中在跨界民族跨境人口非法流动方面。肖震宇（2010）在《云南跨境民族地区防控人口非法流动的法律对策研究》一文中，指出由于特殊的人文和自然条件，跨境民族地区人员流动十分频繁，如何处理好跨境民族人口非法流动的问题，是构建和谐社会过程中应该高度重视的问题。

该研究阐述了云南跨境民族的形成过程：在漫长的边境线上，有16个少数民族跨境而居（壮、傣、布依、苗、瑶、彝、哈尼、景颇、傈僳、拉祜、怒、阿昌、独龙、佤、布朗、德昂族），由于历史的原因，他们因生存需要或因内部斗争或因民族矛盾而迁徙，最后因为国界划分形成了跨境民族。跨境民族之间有着悠久的历史渊源关系，文化同宗同源，在语言、风俗、宗教等方面有着许多共同的文化

要素。

同时该研究也分析了云南跨境民族地区人口非法流动产生的原因。首先在地理位置上，由于云南边境一线都是陆路边境，在边境两侧无天然屏障，山水相连，甚至村寨相通（例如德宏州瑞丽的银井，村子中间仅立有一块界碑作为中缅两国的分界），便利的交通为这些跨境民族人口的非法流动提供了便利。其次，边境沿线两侧跨境而居的众多兄弟民族，同源共祖、语言相通、亲如手足，因此，跨境民族之间出入境探亲访友、通婚、互市来往极为频繁，在促进边境地区经济社会发展的同时，也造成非法出入境现象屡禁不绝。再次，边境地区经济文化发展相对落后，边民国界意识、法制观念较为淡薄，持证出入境意识不强，在云南跨境民族跨界人口非法流动的问题上造成非法出入境问题突出。最后，非法迁居。由于云南边境跨境民族地区经济较为落后，引发了更多的少数民族大规模移居至条件更为优厚的邻国地区。例如，缅甸的民族地方势力与佤邦在与缅甸政府达成协议后，南迁计划吸引了大量的边民参加，该计划迁移10万人到泰缅边境勐阮、岩城等地定居。

针对此类跨界民族跨境人口非法流动问题，作者最后提出了加强与邻国合作、加大综合治理力度、完善法律法规、理顺出入境管理秩序、减少出入证件种类、加大处罚力度的建议与对策。

靳美玲（2013）在《吉林省边境地区人口跨境流出状况及其影响因素分析》一文中阐述了吉林省边境地区人口跨境流出的特征。调查数据表明，吉林省边境地区跨境人口流出具有比较明显的民族特征：在所调查的跨境流出人口中，有97.08%的人口是朝鲜族，1.97%的人口是汉族，满族和回族的人口比例则很少，分别为0.87%和0.08%。可见，吉林省边境地区跨境流出人口中朝鲜族所占比例非常高。这是由于朝鲜族文化观念中长期以来十分重视教育，因此朝鲜族人口有着较高的文化素质。此外，朝鲜族人勤劳勇敢，相比于其他少数民族，朝鲜族人口有着更加强烈的愿望想改变自己的生活状况。自1992年中韩建交以后，延边地区朝鲜族人口跨境流出逐渐频繁，由于朝鲜族人口的民族特性，再加上其与韩国人之间沟通无障碍且文化相通，因此朝鲜族跨国流动的比例不仅高且跨境流出的倾向也十分明显。近年来，延边朝鲜族跨境流动人数越来越多，而且还有继续增长的趋势。

通过以上总结，不难看出，仅有一小部分学者对中国跨界民族跨境人口流动进行了相关的研究，其特点都是选取一个具体的调研地作为研究对象，对“民族”特性的研究并不是特别明显。

三、研究述评

目前各学者从不同的角度对跨界民族跨境人口流动问题进行了相关的研究，本书在此基础上对各学者最近几年来的主要有关跨界民族跨境人口的研究作了简单的概括：首先，部分学者主要研究了跨界民族跨境人口流动的状况。这类研究的重点在于“跨境人口流动的现状”，其特点是选取我国边境地区具体的地点作为研究的对象，如云南省、吉林省，并采用问卷、实地调查等研究方法，通过数据的分析，总结出某地区跨境人口流动的原因、方式、特征以及影响，并针对该地区跨境人口流动存在的问题提出建议与对策。其次，部分学者重点研究了跨界民族跨境人口流动的非法流动，这类研究的成果主要集中在对跨国婚姻和“三非人员”的研究上。这里需要注意的是，并不是所有的跨国婚姻都是非法的，学者们研究的重点是“非法嫁入中国的外国新娘”（流入）中的人口流动。对于此类非法的跨境人口流动的研究，很多学者分析了其原因及带来的弊端，其侧重点是研究“非法流动”，并没有对其“民族”特性做深入研究。最后，部分学者主要对国外的跨界民族跨境人口流动进行研究。这类研究的特点是重点研究国外某一民族，对其历史背景进行详细阐述，并分析该跨界民族跨境人口流动的原因以及影响。

由以上研究成果看，本书认为目前各学者对跨界民族跨境人口流动的专门研究主要存在以下不足：第一，对跨界民族跨境人口流动的研究没有突出“民族”特性。很多研究重点落在“跨境人口流动”、“跨国人口流动”上，对“跨界民族”只是一笔带过，或者只对跨界民族的历史渊源以及形成过程进行阐述，没有把跨界民族跨境人口流动的“民族”特性体现出来。第二，跨界民族跨境人口流动的研究面过于狭窄。很多研究选取了边境地区的具体地点作为研究的对象，即研究对象只涉及“点”没有涉及“面”。这是由于这部分的流动人口是跨越边境流动，需要政府支持以及相关制度的支持，此类流动相比其他形式的人口流动，其流动范围更大，统计更为复杂，流动性多变。因此，对跨界民族跨境人口流动的资料与数据的收集困难，研究只能涉及“点”，很难做到点面结合。第三，对跨界民族跨境人口流动的研究并没有把“跨境人口流动”与“跨国移民”进行很好的区分。跨国移民较跨境人口流动，其强调的是“时间的永久性”，但部分学者把“跨国移民”与“跨境人口”等同起来。由于历史战乱，很多民族不得不离开原居住地，被强制性地迁移到其他国家，并长久地定居，此类跨境民族从严格意义上来说并不属于跨界民族跨境人口流动的范畴。

本书认为，目前对跨界民族跨境人口流动的专门研究并不是很多，特别是当前对中国边境地区跨界民族跨界人口流动的研究，成果并不能很好地呈现我国跨界民族跨境人口流动的现实状况，不足为解决我国复杂的跨界民族跨境人口流动问题提供充实的理论依据。本书接下来的内容将会对此进行具体的研究，我们将呈现对西南边境的人口流动（其中主要是跨境民族）状况的调研结果，并在此基础上进行详细分析，以期带来边境人口流动的第一手资料和有价值的分析。在具体调研中，我们又分为中缅边境和中越边境来具体进行，接下来的两章将对这两段不同边境的人口流动进行呈现和分析，并在最后一章进行全面总结。

第四章　中缅边境跨界流动

中缅两国是山水相连的友好邻邦，自古以来，中缅跨界地区的人口有着频繁流动，这种跨境人口的流动既有自然原因，也有社会原因。在自然原因方面，两国毗邻，地理位置上占据优势，两国边民间来往便利。在社会原因方面，中缅之间存在十几个跨界民族，他们之间历史渊源很深，血缘、地缘都很近，友好相处，相互通婚，互通有无，加之中缅两国的经济往来密切，使得跨境人员的流动也越来越多，越来越频繁。目前，中缅边境上跨界流动现象大致分为公务流动、劳务流动、商贸流动、通婚流动、教育及人文宗教流动等。

第一节　总体情况

中缅两国是山水相连的友好邻邦，边界线全长 2186 公里。其中，中缅边界西藏段 189 公里，云南段 1997 公里。沿中缅边界线走向，我国境内依次为西藏的察禺地区和云南的怒江、保山、德宏、临沧、思茅、西双版纳六州市人口 1000 余万；缅甸一侧则为克钦邦和掸邦，人口 400 万—500 万，合计边境沿线两侧人口总数约 1500 万。[①] 中缅边界中国一侧沿线共 13 个国家一二类边境水陆口岸，有怒江州泸水县的片马、保山市腾冲县城、德宏州瑞丽、临沧市镇康县南伞、沧源县城、思茅港以及西双版纳州景洪港、勐腊县关累港、勐海县打洛等，分别与境外缅方的大小口岸相对应。除了这些边境口岸还有近百条的边民互市通道以及难以计数的山林小道等。中缅边境线由于在地理上分别远离中缅两国的政治、经济、文化中心地带，因而边界线两侧的居民都以少数民族为主，其中云南段的中缅边境涉及 25 个县市 129 个乡镇，在边境线两侧，有 16 个民族跨境而居，与周边国家民族相同、语言相通、文化和风俗相近、经贸交往历史悠久。[②] 此外还有非跨界民族也居住在边境线，据统计中缅边境线上居住的民族达 30 个之多，在中缅边界沿线缅方一侧，还分布

① 鲁刚．中缅边境沿线地区的跨国人口流动［J］．云南民族大学学报（哲学社会科学版），2006（6）．
② 刘稚．中国—东南亚跨界民族发展研究［M］．民族出版社，2007.

着数以十万计的主要来自云南境内的汉族人口，一般称为“境外云南人”或“境外华人”。中缅边境上的各民族日复一日地在祖国最西南边境线上忙碌着、奔走着及交往着，形成了特殊的跨界流动的现象。

一、中缅两国友好往来为跨界流动奠定了政治基础

不管是过去还是未来的时间里，中缅边境的跨界民族的跨境人口流动从未停息，并且从时间空间上看，中缅关系友好相处都是必然趋势。缅甸于 1949 年 12 月 16 日宣布承认新中国政府、1950 年 6 月 8 日与中国正式建立外交关系，这使得缅甸成为最早承认新中国的非社会主义国家之一。在缅甸独立、新中国成立不久以及国际形势总体复杂的历史背景下，这个阶段两国在外交关系方面面临的挑战有以下几个方面：尽快建立起正常外交关系，消除缅甸对新中国的猜忌和恐惧心理，处理包括麦克马洪线在内的边界问题，在缅华人的双重国籍问题，国民党残部等问题。中缅两国较好地处理了这些问题，两国的外交关系迅速发展。1954 年 6 月 29 日，两国总理发表了著名的和平共处五项原则联合声明，这成为两国友好关系的关键历史事件。缅甸成为与中国、印度一道公开倡导和平共处五项基本原则的最早国家之一，缅甸也因此成为中国倡导重要外交理念的重要伙伴。正式建立外交关系，促使中缅两国无论是经济还是文化上的交流都进入一个国际化标准，并且在政策上推动了跨界民族的跨境流动，促进了两国更加友好地往来，交往更加密切。。

1954—1956 年，中缅两国政府多次交换意见，经过多方协商，顺利解决了华侨“双重国籍”的问题。在边界问题上，中缅两国也开展多次谈判，使得“麦克马洪线”等历史遗留问题得到解决，并最终达成协议开展勘界工作。值得关注的是，为配合勘界工作，应缅甸政府的要求，中国军队曾在 1960 年底至 1961 年初期间与缅军共同作战，打击了盘踞在中缅边境地区的国民党军残部。这种举动在国际关系中鲜见，这也说明了中缅两国关系的不同寻常。1960 年 1 月，缅甸看守政府总理奈温访华，中缅签订了《中缅友好和互不侵犯条约》。同年 10 月，中缅签订《中缅边界条约》。缅甸是第一个与中国签订边界条约及友好和互不侵犯条约的国家。[①] 这一和平的边境条约为边民的相互来往提供了保障，促进了中缅跨境人口流动，同时也使得两国和平友好交往的步伐加快了。

缅甸于 1962 年发生政变，奈温上台后组建了“缅甸社会主义纲领党”，提出“建设缅甸式的社会主义”这一目标。在内政外交上都采取了有别于吴努时期的政策，这也在一定程度上影响了中缅的关系。20 世纪 60 年代后期，处于“文化大革命”期间的中国受极“左”思潮的影响，向外“输出革命”，公开支持缅甸共产党。双方的政策变化在一定程度上影响了两国的关系。缅甸于 1967 年发生排华事

① 卢光盛．中缅政治经济关系的发展、现状及意义［J］．国际关系学院学报，2009.

件，使得中缅两国关系趋于紧张。缅中相互撤回外交使节，中国暂停对缅援助。1969 年 3 月，缅甸照会中方，表示《中缅友好和互不侵犯条约》于 1970 年 5 月 14 日期满后将予以终止。至此，中缅关系跌入历史低谷。然而时隔不久，奈温于 1970 年 11 月表示希望两国恢复友好关系，中方对此也做出了积极回应。同年 11 月和次年 3 月，两国新任大使先后赴任。奈温于 1971 年 8 月再次访华，在与毛泽东会谈时对 1967 年的排华事件表示"深切的遗憾"。至此，两国关系恢复正常，随后中国恢复了对缅甸的经济援助项目，两国于 1971 年签署贸易协定，相互给予最惠国待遇。

1988 年 9 月缅甸发生政变，军人集团掌控国家政权，改国名为"缅甸联邦"，成立了以苏貌为首的"国家恢复法律与秩序委员会"（简称"恢委会"）。美国以缅甸政变及随后军政府对学生和群众的镇压为由率先对缅进行经济制裁，并呼吁其他西方国家加入制裁行动。美国撤回驻缅大使，并停止对缅经济技术援助。随后欧共体国家、加拿大、澳大利亚等西方国家也以民主人权问题为由对缅实施了经济制裁。1990 年缅甸大选后，军政府拒绝将政权移交给在大选中获胜的"全国民主联盟"（National League for Democracy，NLD），导致了来自西方国家的更严厉制裁并延续至今。①

1993 年 2 月，中国外长钱其琛访问缅甸。1994 年 12 月，李鹏总理应丹瑞（1992 年 4 月接替苏貌出任"恢委会"主席）的邀请访问缅甸。1995 年 12 月，中国政协主席李瑞环访问缅甸，再次强调和平共处五项原则，并提出"四个相互"（相互尊重、相互学习、相互支持、相互谅解）的睦邻原则。1996 年 1 月，丹瑞首次以"恢委会"主席的身份访问中国。2000 年 6 月在中缅建交 50 周年之际，"和发委"副主席貌埃上将访华，两国签订了确立两国合作原则和方向的文件——《中缅关于未来双边合作框架文件的联合声明》。2001 年 12 月 12 日，江泽民主席访问缅甸，两国发表联合声明，表示加强发展睦邻友好关系、扩大经济合作、加强在国际和地区事务中的相互协调等。2003 年 1 月，丹瑞第二次访华，两国签署多个合作协定。2004 年 3 月，中国副总理吴仪访问缅甸，双方签订了 21 项协议、备忘录和换文。2006 年 2 月，梭温总理对中国进行访问，在与温家宝总理会谈时，两国总理表示要共同努力把两国睦邻友好关系不断提高到新的水平。由以上回顾可知，中缅两国交往的历史和两国间山水相连的友谊为两国边民的跨界流动奠定了政治基础。

二、中缅边境跨界流动形成的经济基础

自从中国与缅甸 1950 年建交后，两国贸易关系一直保持上升态势，到 2002 年，中缅双边贸易额达到 8.62 亿美元，同比增长 36.4%，中国已成为仅次于泰国

① 卢光胜．中缅政治经济关系的发展、现状及其意义［J］．国际关系学院学报，2009.

的缅甸第二大贸易伙伴国。2003 年，中缅双边贸易总额达到了 10.77 亿美元，同比增长 25%；2004 年中缅双边贸易额达到 11.45 亿美元，同比增长 6.3%；2005 年达到了 12.1 亿美元，增长 5.6%。2006 年，贸易额为 14.60 亿美元，同比增长 20.7%，其中中国对缅出口 12.07 亿美元，同比增长 29.2%，中国自缅进口 2.53 亿美元，同比减少 7.9%，中方实现贸易顺差 9.54 亿美元。据缅官方统计，截至 2012 年 3 月 31 日，外国对缅投资总额达 407 亿美元，对缅甸投资总额排名第一的国家是中国。可持续的经济发展，不仅带动了中缅两国的边境贸易，也使边境居民的生活越来越富裕。虽然跨界民族的跨境流动会出现很多管理问题，但是跨境的人口流动带来的益处不可忽视；如果对这一流动的自然规律加以运用，将使两国都受益匪浅。

目前，缅甸经济发展水平还比较低，工业生产落后，大量生活资料和生产资料需要进口，而缅甸又是中国商品进入南亚、通向印度洋的捷径，所以缅甸与中国的贸易关系极为密切。自从 1997 年 7 月加入东盟以来，缅甸利用地区优势积极与邻国尤其是泰、中两国发展深入的贸易关系，因此，现今中缅贸易愈发扩大和多元化了。而在市场需求方面，缅甸需要大量中国商品，大到机械设备、汽车摩托车、农机、化工产品、仪器仪表，小到日用百货、纺织服装、药品、家用电器、小五金制品、化妆品、食品饮料。当然，如今缅甸也向中国出口大量商品，主要有大米、玉米、各种豆类、橡胶、皮革、矿产品、木材、珍珠、宝石和水产品等。从中缅贸易的现状来看，缅甸的贸易依然离不开中国的合作，中国方面为了进一步加强与缅甸的经贸来往，开放了大量的贸易口岸，以云南为例：目前，云南全省 128 个县市已全部对外开放，共有国家级口岸 11 个，省级口岸 9 个，边民互市通道近百条。开放的口岸加速了两国边境城市的经济发展，推动了相邻省份的经济建设，大大有利于贸易交往。在云南的瑞丽市，由于 2010 年桥头堡黄金口岸和试验区建设工作的有力推进，引起国内外广泛关注，人流、物流、资金流、信息流开始聚集，对外贸易进出口总额同比增长 44.2%。2011 年德宏州全州口岸出入境人员 1271.74 万人次，比上年增长 18.51%；出入境交通工具 280.45 万辆次，增长 236%；出入境货运量 18198 万吨，增长 136%；口岸进出口额 19.6 亿美元，增长 13.12%。经瑞丽边防检查站出入境的占到很大比重。2009 年国家主席胡锦涛同志提出把云南建成中国面向西南开放的重要桥头堡，在“桥头堡”战略背景下，居住在 1700 公里中缅边境线两侧的两国人民的各种往来越来越频繁，边民的流动也越来越多。可以说中缅两国经济的交往为跨界流动提供了经济上的基础。

三、中缅边境跨界流动的民族历史文化积淀

跨境民族是指由于长期的历史发展而形成的，分别在两个或多个国家中居住的同一民族。根据中国民族史学家的研究，中国云南的景颇族和傈僳族与缅甸克钦族

同属于东南亚汉藏语系藏缅语族的一支，他们起源于青藏高原地区的怒江、澜沧江和长江源头一带，大约在公元7世纪沿横断山脉向南迁徙，到达今天的居住地域。[①]目前缅甸境内有很多华人族群，包括回教华人、果敢华人、国共内战期间被击败的国民党部队后裔，还包括自古以来两国人民就进行物物交换等贸易活动的商队等。因为古时两国分界并不明确，云南与八莫间的陆上贸易导致“山地中国人”季节性地移居缅甸。据说回教华人是忽必烈部队中阿拉伯人及鞑靼人的后裔，原来定居于云南西部的大理，与当地妇女通婚。1855年，这批回教华人背叛清廷，遭受清廷大军的屠杀，他们中许多人劫后余生翻山越岭，逃到缅甸东北部的掸邦，便定居于此。通过追溯历史，可以发现果敢华人并不是移民，他们清一色是云南人，世代居住在中缅边界的果敢地区，由于在1897年2月4日签订的《中英条约》中，清廷把果敢割让给英国，使得这些原属中国人的果敢华人变成了缅甸的本土少数民族。

云南片马的西面、南面、北面与缅甸克钦邦第一特区接壤，在明清时期这些毗邻接壤的地区成为中国与缅甸交流的交通要塞，成为中国与缅甸进行贸易的必经之地，缅北地区则是华人华侨的主要聚居地。从19世纪中叶开始，由于土地、战争等因素，大量中国人移居缅甸，缅甸华人社会经济的发展已经有100多年的历史。1861年，第一个广东籍商人经新加坡来到缅甸曼德勒王朝古都。不过，大规模移民潮则是由于战争因素引起的，1885年英国侵占了整个缅甸，并把它并入印度，华人大规模通过海峡由海路移民缅甸，这是历史上规模较大的跨界人口流动。20世纪60年代末的缅甸排华反华运动后，虽然缅甸华人华侨大量外迁，但是在缅的华侨华人及其后裔的总人数仍有100万人，约占缅甸总人口的2.2%。[②]

“二战”时期的历史更直观地向我们展示了造成今天中缅西南边境跨界民族被国界分隔成两个国家国民的情形。19世纪30年代中国有两大片土地被帝国主义列强所侵占：一是被日本帝国主义所侵占的东北三省，二是被英帝国主义所侵占的西南边陲的江心坡地区及片马边城。这两大片土地，是当时灼烧中国人心灵念念不忘的国耻家恨。抗战胜利后，东三省被收复，被英国占领的江心坡划归缅甸。新中国成立后，在1960年10月，两国政府签订了中缅边界条约，圆满解决了历史遗留下来的边界问题，中华人民共和国从缅甸联邦手中收回1913年被英国侵占的片马地区以及1941年割让给英属缅甸的班洪、班老等领土，正式放弃了对江心坡和现今边境重镇云南瑞丽弄岛境外南坎的领土宣称。

1852年至1885年之间，英国发动三次侵缅战争，缅甸沦为英国殖民地。英国遂以缅甸为跳板染指中国西南边疆，于1913年武力占据片马，断绝江心坡与中国内地之通道，并于1927年吞并江心坡。1948年缅甸脱离英国独立，1957年周恩来与缅甸总理吴努会谈时表示承认当年由英国所划定但原不被中国承认的中缅国界

---

① 康豪．中缅边境地区景颇/克钦族社会经济发展研究［D］．硕士论文，2010年5月．

② 侯松岭，聂爱．浅析缅甸华人经济的现状、特点与发展［J］．东南亚纵横，2003年5月．

线，即英人所划的中印麦克马洪线的缅甸段。3 年后，中国与缅甸签署边界条约，仅收回片马，同时将江心坡以西与印度阿萨姆省接壤的中国藩属的孟养土司控制的大片土地一并划给了缅甸。1960 年的“中缅边界条约”第二条称，“鉴于中缅两国的平等友好关系，双方决定废除缅甸对属于中国的盂卯三角地（南坎指定区）所保持的‘永租权关系’，考虑到缅甸的实际需要，中国方面把这个地区（面积约 220 平方公里，85 平方英里）移交给缅甸，成为缅甸联邦领土的一部分。”南坎，是孟卯三角地尖端处一个城市，其形势犹如九龙之于新界。孟卯三角地，是瑞丽江及支流南畹河交界处一个富饶的坝子，处中缅交通要道上，至今从缅甸入云南，亦必由南坎度瑞丽江。南坎虽属中国，却是被缅甸国土包围的一块飞地，当年垂涎南坎的英国要求清政府割让，被李鸿章所拒绝；但在清光绪二十三年（1897 年），清政府在英国的压力下，被迫将南坎永久租借给英国。根据该年中英两国签署的“中英续议缅甸条约”，英国承认南坎为中国之地，但由中国永久租予英国管辖。据记载，英国付租直到缅甸独立，后由缅甸付给。直到 1960 年确立新的“中缅边界条约”。

除了殖民历史产生的边境同源的跨界民族外，近现代发生在中国本土的历史事件形成的迁徙流动也是使得同根民族分散在中缅边境两侧的重要原因。生活在缅甸北部的华人华侨，有的是清朝时因战乱移居境外的云南人，有的是解放战争中逃窜到邻国去的国民党残余，还有的是在“文化大革命”中越界到邻国去的中国知识青年。在片马地区从 20 世纪 90 年代到 2005 年之间，随着缅甸国内形势的稳定和中缅边境贸易的活跃，还有一些精明的以汉族为主的中国商人为了寻找原料，以直接投资者或合作者的身份进入缅甸，开始大规模砍伐木材。在那个时期每年都有成千上万的中国劳工在不法商人的雇佣下，逃避关卡检查，深入深山老林砍伐柚木，经过近 20 年的发展，这些劳工成为在缅从商的华人华侨。

由于各民族祖先的季节性迁徙抑或殖民地时期的土地占领或是近现代两国间政治划界形成的跨界民族，他们都是特殊的，其特殊之处就在于作为社会群体，他们有着共同的血缘文化关系，他们具有共同的民族情感和民族认同。从国家政治层面来说，民族成员分属于不同的国家，具有不同的国籍，应该具有不同的国家归属感。但是这种国家归属感在民族意识、亲缘意识和地缘意识比较强烈的西南边境地区出现了不同情况。如云南省怒江州片马地区居住着占人口总数多数的景颇族和傈僳族，他们与邻国缅甸克钦邦居住的克钦族是属于同根同源的民族；中缅边境两边的傣族、中国的独龙族和缅甸的日旺族等具有相似的民族文化、民族语言和民族心理，有着共同的血缘文化关系，民族认同自然而然成为民族的自觉行为，变为一种归属感。强烈的民族意识、亲缘意识和地缘意识在主导着跨境民族的交往，国界的概念则具体化为边境线上的边防站，边境的这些民族不会感受到政治上的国界之分而只有地理上位置的变化；“我们都是一族，在没划分国界之前，我们都是住在一个寨子的同村”，所以跨界流动对于边境的跨界民族来说是一件自然而然的事情。因此居住在中缅边境的这些同根同源的各民族无论从历史、地理、生活习俗、文化及宗教信仰等方面都基本是相同或者相似的，跨界流动存在着历史的必然性。

第二节　劳务流动

一、中缅跨界劳务流动现状

自 1997 年《中华人民共和国政府和缅甸联邦政府关于中缅边境管理与合作的协定》签订，中缅边境贸易快速发展，据当地村民介绍，在 20 世纪 90 年代，大部分中国年轻人流入缅甸境内，是去做剥罂粟壳的工作，但是现在缅甸境内罂粟种植大量减少，自从 20 世纪 90 年代缅甸肃毒中心（CCDAC）与联合国肃毒组织（UNDCP）合作，签订了禁毒协议之后，中国边境经济发展迅猛，劳务流动的方向已经发生彻底的逆转，大量的廉价缅甸劳务工人涌入中国。

两国经济发展存在差距。即使近年来缅甸经济发展取得了进步，但与中国的经济差距还是很大，导致跨境外来务工人员的大量涌入。以前中国号称世界廉价劳动力基地，而随着经济的发展，中国的劳动力已然不再廉价，从而转向更加落后的发展中国家寻求劳动力输出。在中缅边境的一些小城市就能明显地发现缅甸外来务工人员和中国公民的工资待遇的差别。例如，瑞丽市人民政府在 2013 年统计该年一季度瑞丽全市从业人员平均工资为 8125 元，但是根据笔者的走访，外来务工人员工资普遍低于该水平。①

案例　口述笔录　云南瑞丽　鲍××　43 岁

我是糯良乡的坝尾村人，我们村里这几天收割谷子（水稻），来了四五个缅甸人，帮忙收割谷子，然后翻耕稻田。每人每天的工钱是 30 块钱，这个价格他们很满意了，但是如果你请当地的人，大概 60 块钱也不会有人愿意干，本地人嫌工钱太低。他们不会对工钱太过于介意，只要雇主给一个他们能接受的价钱就可以，本地人也不会给太低，毕竟大家都知道干这样的重体力活不容易，所以我们都会凭良心给合理的价钱。当农活结束，他们要回家的时候，我们一般都会额外给他们回家的车费，常常还会给一些香油或者粮食，叫他们带回家。

---

① 瑞丽市人民政府政务公开专栏．瑞丽市 2013 年一季度劳动工资统计简析，http：//www.rl.gov.cn/xxgk/view.asp？int_ Document_ ID＝1825055.

由于房地产行业向中小县城的渗透，提供了大量的劳动岗位，进一步促进了劳务人员的流入，这些缅甸劳务人员主要从事保姆、建筑工或临时搬运工类的体力劳动；还有一部分缅甸籍打工者从事的不是以上劳动，而是在农村，在农忙时节，从缅甸流入这些县城周边的村落，帮助当地村民收割和耕种；只有小部分学历较高的从事脑力劳动。很多中国家庭都会请保姆，而绝大多数的家庭都会选择缅甸保姆，当地流传着这样的说法：如果你能找到一个干净、勤奋的缅甸人当保姆，你会有一个舒适的家。在笔者走访的一些家庭中，工资也是选择缅甸保姆的原因之一，在一般的家庭中，缅甸保姆的工资是300到500元，并且会开出一些条件，比如包吃包住，给买一些生活用品。当然，保姆所在的家庭不一样，工资待遇也会有不同。

案例　口述笔录　云南瑞丽　丹××　23岁保姆

笔者采访的一个曾经做过保姆工作的缅甸人“阿姐”，现在23岁，已经嫁给了一个中国人，她表示虽然没有户口，但是一家人过得很幸福。她回忆起，2006年的时候，因为家里需要，准备从缅甸偷渡到中国找一份薪水不错的工作。当时问过很多人，如果在瑞丽每年的工资是60万缅币；如果愿意去远一点的城市，工资会高很多。阿姐当时的想法是因为自己还很年轻，家里也有其他的兄弟姐妹，所以愿意到更远的地方见识见识，挣更多的钱。阿姐回忆起，起初，她很担心自己没有身份证过不了边防检查站，后来她的雇主专门开着私家车来接她，叮嘱她不要说话就行了。“当时没有去过那么远的地方，在我眼里，昆明是一个很大的城市，刚去的时候很怕看见警察，老是感觉他们在盯着我，会过来查我的身份证，我本身的性格比较内向，不敢多说话，不敢去其他地方，到阿姨家的时候发现他们家里有4个小孩，我当时很迷茫，我才到他们家，阿姨和叔叔都出国旅游了，就让我跟着准备要离开的另一个保姆学习和照顾好他们的起居。”阿姐笑着回忆起当时打工的经历，她还表示，很感谢遇到这样一家人，他们对她很好，还会给她买很多东西，也不会老是防着自己。“慢慢地适应了远离家乡的生活，熟悉了这里的工作后，能和家里的小孩打成一片，我很开心。”阿姐很想念那些小孩。“我当时的工资是一百万缅币，在我们这个行列中算是不错的薪水了，而且雇主对我很好，可是只能一年回一次家，这也是当年我离开的原因之一吧。在昆明做了两年的保姆工作之后，有一天家里人打电话过来，说妈妈病重了，当时我很无措，哭得很厉害，想要马上回去。阿姨家也一直挽留我，希望我回去了以后还能再回来继续留在他们家工作，也表示可以再开高一些工资。”后来，阿姐回去了以后就表示不去昆明了，她说，她后来还去过很多地方打工，比如瑞丽、马来西亚。“后来听说昆明的那个阿姨曾经打听过我，希望我能过去，但是那个时候我已经准备结婚了，嫁给我现在的老公，家里人都不同意我再过去。”阿姐略有些遗憾，但脸上洋溢着幸福。

案例 口述笔录 云南瑞丽 阿奈 25岁保姆

一般家庭都会选择女保姆，但也会因为一些特殊的原因选择男保姆。笔者采访的这个男保姆的主要工作是照顾一个生病了而且生活不能自理的老人。他说，在雇主家打工工资待遇挺好的，一个月有1000块钱，而且他的媳妇也在他们家当保姆，但媳妇的工资就比自己的低很多了。“爷爷是一位很慈祥的老人，平时对我很好，我一直照顾到他离开人世。”他有些不舍地说着，“爷爷有六个子女，他一般都在二姑娘家住，其实除了爷爷对我好以外，其他家里人对待我们就不像平常人家那样了”，阿奈有些尴尬地说，他告诉笔者，在家里的时候他们是不能和雇主一起上桌吃饭的，只能等他们吃完，再到厨房里吃饭。“我主要的职责是照顾爷爷，有时候阿姨吩咐的事情忘记做了，或是做得不够好会被骂得狗血淋头，说实话，在这里就像过着下等人的生活，只有爷爷是对我真心好。”阿奈还告诉我们，因为他们很怕被警察查身份，所以过来打工的缅甸人都有一个习惯，有暂住证的都会随身携带。

案例 口述笔录 云南瑞丽 吴×× 18岁保姆

一般招收工人都要在16岁以上，而在笔者走访的过程中，采访到一个保姆已经在雇主家待了5年，她跟笔者说：“我13岁就从缅甸来到雇主家，因为家境不好，所以我很早就学会做家务，跟大多数出来打工的人一样，家里人供不了我读书，就只能尽早出来打工。”笔者了解到，该雇主曾是缅甸籍的华人，经过几年的努力拿到了中国居民身份，但是还是会回到缅甸的仰光生活，所以张女士，每年能和雇主一起回家一到两次。她主要的职责是照顾家里的小孩子，她和另一个保姆是搭档，另一个保姆主要做家务和做饭。“因为我不会讲汉语，而且年龄比较小，一般情况下我们做保姆的很少出去，我来雇主家的时候，什么都没有带，而每年都会得到很多衣服，都是雇主买的，他们都对我们很好。我们一年的工资按50万缅币算，自己的生活花销由雇主承担。”笔者调查发现，缅甸保姆不能上桌和雇主一起吃饭，是很常见的。而很多保姆都会认为自己是不能和雇主一起吃饭的，并表示这样的举动会伤害自尊心。（由于采访者不会说中文，由翻译者提供资料。）

在云南西南最大的边境口岸能看到很多临时的搬运工，他们在街上游荡，并随时寻找搬运货物的工作。在姐告的搬运工基本上都是缅甸人，俗称“老缅”，因为工作和地理因素，他们看起来皮肤更加黝黑，能很好地区别于其他人。他们大多数都没有通行证，属于偷渡。据了解，他们一般早上偷渡过来，晚上的时候再偷渡回去，一般情况下都不会留宿在姐告。

有一个缅籍跨界来中国务工的小伙子，大家都叫他阿安，他说，自己很不喜欢读书所以就早早出来打工了，但是不知道能做什么，就只能跟着大家每天做点零工，赚几包烟钱。他介绍道，在他们之中几乎没有人能用中文与雇主交流，只能用肢体语言进行简单的交流，和雇主谈好价钱，一次搬运的工资20元到30元不等。“我有些同伴每天只做一次工作，赚够今天的钱就不再接搬运的工作，每次雇主都会很无奈，说着一些我们听不懂的话；其实有时我觉得他们那样挺好的，就能给其他人提供搬运的工作，让大家都能赚到钱。因为我想攒钱娶老婆，所以每天都会很积极地寻找搬运的工作；虽然很辛苦，但能赚更多的钱。”

还有一类打工者会比较幸运，他们有较高的文化水平或是某一种技能，能找到一份薪水不错的工作。对于他们的工作管理，也存在极大的差异，有些人能签到劳工合同，而有些人只能是口头协议。

案例　口述笔录　云南瑞丽　毛××　男　已婚

缅甸人来中国打工，会说汉语的工资要比不会说的高。

我来中国已经七八年了，干过各种各样的工作，印象最深的是第一份工作，是建筑工人，我每天要干12个小时，条件特别艰苦，工资不高，而且因为缅甸身份的原因，受到歧视，因此只干了一个月便放弃了。

现在这份工作已经干了3年，是最轻松的一份工作，工资2000元人民币左右，这相当于在缅甸几个月的工资，尽管这份工资比同职业的中国人要低。

虽然我签了合同，但是合同的效力对于我们并不明显。我以前一个朋友，他是缅甸人，来中国在文具店打工，干了半年，想要辞职的时候，老板不给工资，他跑了很多相关部门，但是依旧得不到工资，最后只得以自己的方式解决。从缅甸找了些同胞，按照应得的工资拿走了店里的东西。

我之所以是缅甸户口，是因为我的老祖（曾爷爷）在五六十年代两国均不安稳的时候，由于缅甸更容易讨生活，全家去了缅甸，从此扎根在那里，成为缅甸华侨。

现在如果有机会我们是很想回来的，因为中国的福利要高一些，而缅甸还是军事管理，战争对于人民的影响很大，特别是下缅甸的居民。例如，人民币和缅币的兑换，战争以前，100元人民币可以兑换12000元的缅币，但是在战争期间，100元人民币就可以兑换16000元的缅币。这样子，出来打工会比较挣钱，但是做生意的就会赔。所以我们想回来，但是这只是个美好的愿景。

我希望自己的孩子可以在中国接受教育，但是费用要比中国的孩子高一倍左右。缅甸的有钱人会把自己的孩子送到中国来，在我的村子里有四五千人，里面大概有四五个孩子会到中国来上学，他们都是村里的有钱人。

二、跨界劳务流动带来的影响和问题

低廉的劳动力即大量缅甸劳工涌入中国务工，因为在中国得到的报酬要高于在缅甸的薪酬，这种利益的诱惑使缅甸人接二连三地进入中国寻求工作。对于中国来说，给予缅甸劳工的工资远远低于中国劳工。据统计，缅甸工人的平均月工资约2000缅元（十余美元），比越南还低。80%的缅甸人受过中等以上教育，每年有3万大学生和8000多中专生毕业，他们一般都懂英语。此外，缅甸是信奉小乘佛教的国家，人们性情温和，热情好客。缅甸的廉价劳动力涌入中国一方面大大降低了中国产品的生产成本，增强了我国产品的国际竞争力；另一方面通过就业的竞争也促进了中国劳动者素质的提高。

跨界劳务流动在给我国边境带来好的影响的同时，其本身也存在一些问题，一是外来务工人员没有劳动合同。在采访一位来中国打工的华人时，了解到跨境而来的缅甸人员在务工时很少会签劳动合同，因此他们的权益也就无法保障。这名华人说他曾经有个缅甸朋友在瑞丽一家文具店打工，供吃住。可每次向老板娘要工资时，老板娘都说下月结，就这样干了半年。当他辞职要工资时，老板娘不认账了，一分钱都不给。他气恼，和老板娘评理不得结果，就去报警，可警察来了也帮不了他，因为他没有维护自身权益的证据，就算警察知道他很委屈也没办法。后来他回到缅甸找了一群缅甸朋友来到文具店，按照自己应拿的工资在警察面前“抢”了相应价值的文具。警察就看着他们拿，并没有阻拦。中国政府有责任保护跨境而来务工人员的权益，以规范劳动力市场，更有责任提高我国公民素质及法律意识。二是对本地务工人员的冲击。跨境而来的缅甸务工人员劳动力较廉价，且中国政府不限制跨境务工人员的流入，这对当地务工人员是一个不小的冲击。在日益激烈的竞争中多了跨境人口，使当地务工人员压力更大。笔者在瑞丽的大街上看到很多卖饮料、缅甸菠萝、特色小吃的缅甸人，他们大多是缅甸华人，会说当地话，这抢走了当地人很多生意，对当地人的生意带来威胁。三是使得边境地区农业生产受制于政治局势。以沧源县为例，许多劳动力进入沧源县城的各个市场，而沧源当地的年轻劳动力则流向中国沿海等省份打工。这就形成了一个梯级互补机制，缅甸人的流入填补了当地劳动力的不足。但是由此也引发了一些问题，如在当地农村，留守的一般都是妇女和儿童，农忙时节没有劳动力，就只好雇用缅甸人，而当地年轻一代的中国人不屑于继续在农村从事传统的农业生产，所以当地的农业生产，特别是在劳动力上严重依赖缅甸人口的流入，这对于当地农业生产的独立性和持续发展是不利的。特别是当双边关系发生变化时，农业生产所需的劳动力完全取决于形势的发展，因此农业生产受制于政治局势。

针对跨界劳务流动存在的问题我们提出两点建议：一是设立相关机构，专门办理相应事宜，防止工人想维权却苦于无处可告。二是完善相应法律。中国政府有关部门应尽快出台完善的、具有前瞻性和可操作性的国家级劳务合作法律，使之纳入法制的轨道。为劳务输出乃至人才输出创造有利的条件。有了合理的利益保障，也会在一定程度上减轻中缅人民因为劳务纠纷产生的矛盾，从而稳定社会治安，维护两国人民友好关系。

第三节　商贸流动

在中国西南地区，缅甸一直与中国云南保持着密切的合作关系，从经济到日常生活，双方紧密联系，经济发展推动着两国的相互交流、交融。不管在任何时代，经济的需求都是跨境人口流动的重要因素之一。本节所说的商贸跨国人口流动是指因长期或短期从事边境贸易等经济活动而跨越国界流动的人口流动。

一、商贸流动的成因

（一）中缅双方的经济飞速发展

在很多人看来，缅甸一直是个小而贫穷的国家，虽然毗邻中国，但经济一直不发达，而且一说到缅甸，基本上不会把它和经济强国联系在一起。但其实不然，缅甸今天的经济发展已经有了很大突破，缅甸的经济在东盟 10 国中仅次于印尼位居第二。近 20 年来，缅甸的经济发展速度惊人。1992 年至 1995 年，GDP 年均增长率达 7.5%；1996 年至 2001 年，GDP 年均增长率达 8.5%；2001 年至 2006 年，GDP 年均增长率达到 12% 以上；在 2009 年至 2010 年，国内经济增长 10.4%；2010 至 2011 财年，外贸总额达 152.78 亿美元，比上一财年增长 29.8%。[①] 与此同时，缅甸在投资、外贸、旅游及降低失业率等方面也取得了骄人的成就。截至 2010 年 7 月，31 个国家和地区在缅甸的投资涉及 12 个领域共 440 个项目，投资总额达 318.95 亿美元；仰光国际机场 2011 年进出港国内外旅客超过 240 万人次，同比增长 70 多万；截至 2011 年年底，缅甸国内失业率已下降到 1.7%。经济的快速发展带动了两国越来越频繁的经贸往来，也大大增加了人口流动的数量。

① 德宏州史志办公室.2011 德宏年鉴. 德宏民族出版社，2011.

（二）国家边境口岸的政策支持

2000年，国家批准云南省姐告成为全国唯一实行“境内关外”特殊管理模式和优惠政策的边境贸易区，大力促进了边境贸易的发展，以2006年为例，中缅贸易总额达到了12.7亿美元，边境口岸贸易额也达到7.2亿美元。瑞丽开发开放试验区的建设自2011年5月启动，州委书记李磊回顾总结了瑞丽国家重点开发开放试验区前期建设取得的成绩，德宏州按照中央和省委、省政府的战略部署和要求，超前谋划，主动作为，精心组织，创新举措，做了大量卓有成效的工作。一是深入调查研究，认真编制实施方案和建设规划；二是加强组织领导，建立健全试验区工作机构；三是坚持先行先试，创新试验区政策措施；四是完善基础设施，试验区发展基础得到夯实；五是大力发展产业，为试验区建设提供了有力支撑；六是强化招商引资，试验区建设的动力和活力明显增强。瑞丽试验区创造了公路建设开工最多、重点项目落地最多、招商引资金额最多，建设速度最快的“三多一快”奇迹。通过2012年的努力，德宏、瑞丽以前所未见的速度迈开步子、做大格局，被称为“黄金效应”。位于边境这一特殊地理位置的瑞丽，必将成为中缅经济贸易发展的重要枢纽。[①]

二、商贸流动的类型

（一）边民互市贸易

边民互市贸易指边境地区边民在边境线20公里以内、经政府批准的开放点或指定的集市上，在不超过规定的金额或者数量范围内进行的商品交换活动。例如，在沧源县城农贸市场内，可以看到很多缅甸人在当地租有铺面，销售缅甸玉石以及一些小商品，比如缅甸产的跌打药、手工绣制的小包包等。此外，沧源县城的贸易集市非常繁荣，这是内地同等级别的县城贸易所没有的欣欣向荣。每逢集市日，不光是县城周边的农民来赶集购物或者出售农产品和家畜，附近的缅甸人也都会来购物或者出售其农产品，都是在固定的街道上摆摊交易，并无任何阻碍。而在另一个笔者走访的边境城市——瑞丽，我们采访到了一些从缅甸到中国做小本生意的个体老板。他们认为中国的东西在缅甸都很好卖，缅甸人都喜欢中国物美价廉的日用品，并且中国的政策很好，缅甸商人进入中国做生意基本不用办复杂的手续，而且中国的一些商品对缅甸是免税的，因此大大促进了中缅双方的贸易往来。笔者采访了解到，以经济要求为基础大致可把小买卖的个体户分成两种：一种是低成本中低

① 杨强．中国打造三大重点试验区引领沿边开放开发，http：//www.chinanews.com/gn/2012/08－17/4116107.shtml，2012年8月17日．

收入的小吃商，另一种是需要一定资金垫付的特产商。

案例　口述笔录　云南瑞丽　杨××　58岁　汉族　缅甸国籍小吃商

杨女士用这段模糊的记忆开始了和笔者的交流，“抗日战争时期，父辈们从云南腾冲逃到缅甸打工，那时候缅甸更好讨生活，我就在那里出生，但一直没有缅甸国籍，而只有外侨寄住证，1986年申请缅甸国籍，2003年才申得。那时候家庭条件不好，也没有现在的政策，所以没念什么书，没有文化，小学都没毕业。而现在中国的经济发展得更好，生活水平也更高，所以才又回到这做些小生意，你看那边那个卖饮料的小车是我女儿的。”像这位杨女士一样，大多数的小吃商都会选择做特色小吃生意，比如泡露达、柠檬水等，经济基础要求低，工序简单，而且有一定的利润。杨女士向笔者介绍了赚钱的工具车，该车是由一辆简单的三轮车改造而成的，由上下两部分组成，上部分是制作冷饮的台面，下部分是储存一些必需品的封闭式底箱。杨女士表示，“这是我们家的宝贝啊，现在瑞丽旅游业发展起来了，越来越多的人来到云南瑞丽，我们的小本生意每天也能赚个两三百块钱；而且推车很方便，我们基本不会在姐告留宿，早上通过边防检查站过来，下午的时候再回去。接下来，希望我们家的杨氏冷饮能打出口碑，这样我就多开几家小分店。”

案例　口述笔录　云南瑞丽　玛丹　20岁　缅甸克钦族特产商

笔者采访到一个说着一口流利汉语的缅甸人，当我们问起她为什么会讲汉语时，她很开心地说：“都是为了赚钱啊，我卖的是缅甸、泰国的特产，大多数光顾的客人是中国的游客，为了更好地交流，我花了1年的时间边学汉语边打工，现在已经成为一个小老板了。当时，出来打工的时候，看见隔壁邻居在零售和批发特产，想自己攒够钱和学会汉语也开一家属于自己的店。”笔者采访过程中，玛丹透露她们进货的商品有些是免税商品，而有些是从缅甸偷渡运到中国的，没有缴纳海关税，所以在非旅游景点买到的特产会便宜很多，相较于前者仅三分之二的价格。她们秉承薄利多销的原则，产品得到了众多游客的青睐。

（二）两国双边贸易往来

中国从缅甸进口的大部分是木材、玉石、大米等基础原材料，特别是玉石的出口一直以来是缅甸的经济支柱，而云南的玉石贸易也很大程度上依赖缅甸的玉石进口。缅甸玉石主要产于缅北猛拱一带，即掸国，玉石有红、绿、青、黄、紫、白、黑等多种颜色，红者为翡，绿者为翠，成色更好的晶莹透亮。而缅甸玉石厂的开采、投标多为腾冲商人包揽，因此，腾冲人对缅甸玉石的采掘和贸易有着不可磨灭的特殊贡献。玉石在腾冲经过加工，销往昆明、贵州、广东、上海、香港等地，经济价值能上升到很高的程度，所以瑞丽从事玉石生意的人非常多，玉石加工也颇具有一定规模。我们也走访了瑞丽等地，通过与当地人和缅甸商人交流，了解到许多关于玉石进口的信息。虽然缅甸政府现在开始大力保护本国的玉石资源，极力限制上等玉石的出口，只允许加工后出口，但依然无法阻止国人对玉石的购买和进口，而最好的方法就是过境后前往缅甸当地市场购买玉石。在瑞丽时，当地的中国商人告诉我们，缅甸的玉石市场有仰光和曼德勒的玉石集散地和帕敢的玉石产地。由于缅甸的玉石销售分玉石毛料和玉石成品，所以仰光和曼德勒的玉石交易市场既卖毛料也卖成品，帕敢则主要是毛料市场，交易量不大，而曼德勒市场则是缅甸中低档玉石的主要交易市场。

除了玉石这一特殊的商品，缅甸的木材也是中国商人最喜欢的进口资源之一，每年缅甸都会有大批的木材通过边境口岸出口到中国，而这些出口的木材中也有许多高档木材，诸如柚木、花梨木、红豆杉等。像年初的时候，中国就从缅甸进口了大量的柚木原木，因为缅甸森林资源丰富，原木价格较为便宜，所以很多木材都销往边境，再通过云南运输到全国各地。巨大的森林资源，是缅甸经济发展的重要的支持产业的来源。

中国进口很多缅甸的原材料，同样缅甸也需要更多的中国产品，中国向缅甸出口的商品有：船、机车、车厢、钢轨、飞机、柴油机、拖拉机、农用汽车、汽车、自行车；水泥、燃料油、石蜡、明矾、化肥、化工原料；香烟、啤酒、奶粉；药品；布料、棉纱、针织品、纺织品；电池、洗衣粉、热水壶、陶瓷餐具、日用百货等。而中国从缅甸进口的主要商品有：木材、玉石、豆类、芝麻、鱼虾等海产品、生皮、芒果、龙眼、藤条、木棉、铜矿沙、锰矿石等。

表 4.1　2003—2010 年中国对缅甸的贸易情况　（单位：亿美元）

	2003	2004	2005	2006	2007	2008	2009	2010
出口总额	9.10	9.38	9.35	12.07	17.00	19.78	22.54	34.76
进口总额	1.70	2.07	2.74	2.53	3.78	6.47	6.46	9.66
进出口总额	10.80	11.45	12.09	14.60	20.78	26.25	29.00	44.42

根据整理的数据，从 2003 年到 2012 年，中国对缅甸的贸易进口总额在不断升高，到 2012 年进出口总额达到 44.42 亿美元。2003 年，中缅双边贸易额突破 10 亿美元大关。2004 年，中缅双边贸易额达到 11.45 亿美元，中国已成为仅次于泰国的缅甸第二大贸易伙伴国。2006 年，贸易额为 14.60 亿美元，同比增长 20.7%，中方实现贸易顺差近十亿美元。2007 年，中缅贸易额再度被刷新，突破了 20 亿美元的大关，比上年增长了 29.7%。2008 年，尽管有全球金融危机的影响，中缅贸易

依然没有受到太大的影响，贸易额为26.25亿美元，增长率高达26.3%。2010年中缅贸易总额为44.42亿美元，比上年同比增长34.7%，约占缅甸全年贸易额的三分之一。另外据相关部门的统计，截至2011年3月，中国内地和香港在缅总投资额增至159亿美元，中国对缅投资总量首次超过泰国对缅投资总量，上升为第一位，未来中国很有可能取代泰国成为缅甸的最大贸易伙伴国。①

表4.2 2004—2010年云南及全国对缅贸易统计 （单位：亿美元）

	2004	2005	2006	2007	2008	2009	2010
全国对缅贸易总额（亿美元）	11.45	12.09	14.60	20.78	26.25	29.00	44.42
云南对缅贸易总额（亿美元）	5.51	6.31	6.92	8.74	11.93	12.27	17.60
云南对缅贸易额所占比重（%）	48.1%	43.3%	47.4%	42.1%	45.4%	42.3%	40.0%

由表4.2可以看出，云南对缅贸易额在2004年到2010年间都占了全国对缅甸贸易额的40%以上，滇缅贸易每年都保持着较快的增长，2004年滇缅贸易额还不到6亿美元，2008年就增长到约12亿美元，是2004年的两倍多，2010年，滇缅贸易额为17.6亿美元，比上年增长了30.3%。据最新报道，2011年滇缅贸易突破20亿美元大关，外贸额达20.7亿美元，同比增长17.8%，占了云南省与东盟贸易的34.8%。滇缅贸易的发展不仅为边境城市创造了巨大的财富，改善了边境人民的生活，也为推动中缅贸易的发展打下了坚实的基础。由瑞丽姐告边境口岸办理的中缅两国双边贸易中，笔者从姐告边防检查站了解到，三大口岸货车出入境的车次为日均7000辆，周边的一些小型出入境口岸每天日均量也达到了百余辆。其中2008年，瑞丽全市口岸贸易进出口总额61.65亿元，比上年增长34.1%。其中进口总额17.29亿元，增长249.2%；出口总额44.35亿元，增长10.8%。2010年，瑞丽市完成口岸对外贸易进出口总额88.45亿元，比上年增长47%，其中进口总额21.21亿元，比上年增长37.8%，出口总额67.24亿元，增长50%。瑞丽市姐告边境区具有保税区、出口加工区、自由贸易区和边境贸易区的功能，可开展一般贸易、加工贸易、边民互市和国际经济技术合作；是经国务院批准设立的实行“境内关外”特殊监管模式的边境贸易区。2011年，姐告边境贸易区企业完成进出口贸易额4.09亿元，完成年任务数5亿元的818%；其中：出口403亿元，进口5.6亿万元；且经姐告边境贸易区出入境人员有879万人次，比上年增长20%；出入境的车辆和人员分别居全国陆路口岸的第一位和第三位。②

① 数据来源：中国统计年鉴（2004—2011）。

② 数据来源：云南省统计年鉴（2005—2011）。

三、典型的出入境口岸分析——瑞丽开发开放试验区

在中缅贸易中，边境口岸贸易具有相当重要的地位。位于边境这一特殊地理位置的瑞丽，是中缅经济贸易发展的重要枢纽。2010年桥头堡黄金口岸和试验区建设工作的有力推进，引起国内外广泛关注，人流、物流、资金流、信息流开始聚集，对外贸易进出口总额同比增长44.2%。2011年德宏州全州口岸出入境人员1271.74万人次，比上年增长18.51%；出入境交通工具280.45万辆次，增长23.6%；出入境货运量181.98万吨，增长13.6%；口岸进出口额19.6亿美元，增长13.12%，经瑞丽边防检查站出入境的占到很大比重。

大建设、大工地、大园区、大产业，形成了沿边开放的大气势。2012年昆交会上，德宏州以瑞丽试验区为重点，摆出了总投资500亿元的60个建设项目，“大绣球”一抛，引得国内外大企业、大集团纷至沓来。此前，瑞丽试验区已经签下意向投资协议超过300亿元，实际投资达160余亿元。同样，这是充满活力的黄金口岸。2011年，瑞丽口岸出入境1272万人次、出入境车辆280余万辆次、进出口货运量182万余吨，货值19.6亿美元。2012年上半年，口岸各项指标呈两位数增长态势。占全省对缅贸易60%的瑞丽口岸，继续领跑中缅贸易。

四、中缅跨界商贸流动的影响及存在的问题

中缅两国的友好关系已经有2000多年的历史了，缅甸人对中国人有一个特有的称呼“瑞苗胞波”，缅语意为“同胞亲戚”，不难看出这个称呼凝聚了两国人民的深情厚谊。中缅边境由来已久的跨国婚姻使边境上的人民关系十分和谐。通过对居住在瑞丽的缅甸华人的采访，笔者发现他们与当地中国人相处得很是融洽，不会因为不同的国籍而生疏冷漠。在当地傣族人的心中，他们认为无论国籍是中国还是缅甸，只要是傣族人，就都应该是团结在一起的亲人。这种亲如一家的状态，为中缅两国各方面的和谐交往奠定了坚实的基础。

缅甸拥有丰富的森林资源，森林覆盖率在50%以上；矿产资源种类繁多，缅甸宝石、玉石以储量大、质地优而享誉世界；缅甸江河纵横，水力资源理论蕴藏量居东南亚各国首位；缅甸拥有大陆架12万平方公里，因此渔业资源也很丰富，年理论捕捞量为230万吨以上，目前仅开发70万吨左右；缅甸的可耕地为1849万公顷，现有耕地1232万公顷，占可耕地的66.6%，尚有许多荒地有待开垦。在对缅甸华人的采访中，笔者得知，来到中国的缅甸人除了作为廉价劳动力以外，基本上就是经营木材生意和玉石生意。而中国近年来经济飞速发展，原材料的需求量很大，需要一定数量的进口。我国的人均资源占有量很少，但我国有丰富的人力资源和一定的技术优势，正好与缅甸优势互补，开展边境贸易和多种形式的经贸合作。这种经济结构

的互补对两国的经济发展都起到了促进的作用，形成了互惠互利的局面。“十二五”规划中提到要建立扩大消费需求的长效机制。把扩大消费需求作为扩大内需的战略重点，通过积极稳妥推进城镇化、实施就业优先战略、深化收入分配制度改革、健全社会保障体系和营造良好的消费环境，增强居民消费能力，改善居民消费预期，促进消费结构升级，进一步释放城乡居民消费潜力，逐步使我国国内市场总体规模位居世界前列。而进入中国的大量的外来缅甸人口，无论是务工还是经商，或多或少地都会在一定程度上拉动整个边境城市的消费，推动当地基础设施的改善，促进 GDP 增长，从而为当地的经济发展提供动力，带动社会的进步。

中缅两国之间的跨界商贸流动给双方带来了共同的发展，但双边经济也存在很多管理问题。如在中缅边境存在偷税漏税问题。瑞丽处于中缅边境，又是开发开放实验区，商贾云集，市场繁荣。国内贸易异常活跃，对外贸易发展迅速。然中缅边防检查站存在一定漏洞，笔者亲自去了两个可以直接偷渡到缅甸的地点，有水路亦有旱路。不仅如此，据一位中国边民说，还存在偷运货物的水路，用车将货物拉到地点，再用船运到缅甸，这就逃了税费。

非法移民和偷税漏税行为严重影响了社会治安和运行秩序，因此必须严厉查处，加强边防检查站的管理。手续可以简洁，但是不能放松。对于违法者要进行相关惩处和教育。提高公民法制观念，加大宣传力度，向公民说明非法移民、偷税漏税这些违法行为带来的危害。从根本上避免这类违法行为的发生；健全相关法律机制，为查处违法行为提供法律保障，做到“有法可依、有法必依、执法必严、违法必究”。

第四节　通婚流动

一、形成中缅边境大量跨国通婚原因

跨国婚姻是中缅跨境人口流动的原因之一，而形成跨国婚姻也有着各种各样的原因。根据在调研地的调查和对相关文献的查阅，我们总结出了以下四点原因：

一是民族认同带来的心理认同，为中缅跨国通婚提供了文化基础。在中缅国境线跨界而居的民族绝大部分都是同根同源的同一个民族，他们有着相同的民族习俗，有着相同的民族语言，有着相同的民族节日，有着相同的民族服装，有着相同的民族信仰，也因此双方的相处没有隔阂。就如笔者在瑞丽调查所看到的，瑞丽当地的傣族人民与缅甸的傣族人民相处十分融洽，每当泼水节的时候，缅甸的傣族人民还会邀请中国的傣族人民一起去度过这个民族节日。由此可见，无论中缅的傣族都认为只要是傣族就是一家人，如此高的民族认同为中缅傣族的通婚提供了基础。

二是共同宗教信仰带来的价值认同，给跨国通婚提供了价值观基础。同样是在云南瑞丽市，傣族信仰佛教，无论是中国的傣族还是缅甸傣族都是小乘佛教的信徒（缅甸的国教是小乘佛教）。对于同一宗教的信仰，使双方的世界观、人生观、价值观都有着相似的地方，这也为中缅傣族的通婚提供了条件。而且两国政府为推动两国友好关系的发展，经常在各个方面进行合作交流，如经常共同举办一些佛教的大型活动。

三是中缅两国的经济差异，形成了跨国婚姻的经济动力。改革开放后特别是西部大开发十年来，我国西部少数民族边疆地区的经济发展水平也得到了飞速的提高，以云南省瑞丽市为例，瑞丽经济发展速度明显加快，综合实力不断加强；基础设施明显改善，口岸功能不断完善；产业结构更趋合理，以进口加工、商贸流通、旅游文化、特色生物为主导的特色产业体系逐步形成。“十一五”期间全市生产总值年均增长12.3%，2010年年末生产总值29.68亿元，同比增长15%；口岸进出口总额84亿元，同比增长39.6%；全社会固定资产投资总额29.7亿元，同比增长32.4%；财政总收入突破10亿元大关，达到12.04亿元；财政一般预算收入3.7亿元，同比增长68.8%；实现社会消费品零售总额15.2亿元，同比增长22.8%；城镇居民人均可支配收入14935元，同比增长10.3%，农民人均纯收入4218元，同比增长12%；城镇登记失业率为4.3%。而缅甸是军人政权国家，政局受军政府、全国民主联盟（简称民盟）和少数民族团体三股力量内部以及相互间矛盾斗争左右。尽管民盟和部分少数民族团体武装在法律范围内与军政府继续进行斗争，但明显处于劣势。激进的“缅甸联邦民族联合政府”、“缅甸民族民主阵线”、“克伦民族联盟”、“全缅学生民主阵线”、“掸邦联合革命军”等多次策划反政府活动，试图发动新一轮“袈裟革命”，甚至以暴力方式发动恐怖袭击，借以制造社会混乱和恐慌，动摇军政府的统治基础。但这些活动没有冲击军政府的优势，由军事领导人组成的“国家和平与发展委员会”依旧对缅甸保持着集权控制，并不断采取措施巩固权力，采取暴力手段打击反对者。由于缅甸还没有实行对外开放政策，数十年来经济发展缓慢，是世界最不发达国家之一。有缅甸华人形容，现在缅甸的经济状况相当于30多年前的中国。这样的经济差距的对比，以及缅甸国内连绵不断的战争是导致缅籍人员流动到中国的原因之一，也是形成跨国通婚的动力。我们通过调查得知，很多缅甸新娘嫁到中国来就是因为在缅甸家境贫穷，希望通过婚嫁得到丈夫的经济帮助，摆脱以前困苦的生活状况。还有不少的缅甸男性表示，希望来到中国挣钱，并能娶到一个中国女性为妻子，长期定居在中国。从长远考虑，能给自己的孩子创造一个更好的教育和生活的环境。动乱的局势以及相对低下的经济发展水平使很多缅甸边境居民更愿意到中国通过婚姻的形式安定下来。

四是中缅两国边界管理政策，为中缅跨国通婚提供了便利。根据笔者在边防检查站的采访，可以看出在瑞丽，中缅两方人民的出入境手续相对简洁，在特殊的民族节日的时候，更是会开放特殊的通道来便利两国人民的出入。笔者在边防检查站遇到了一位缅甸华人并对他进行了采访，他是一位运货司机，经常往返于中缅之间，他拥有“缅甸中国边界通行证”，“缅甸中国边界通行证”是出入境必备的证件，需要在中缅双方的边防检查站盖章。这个证件只需在缅甸交纳3000缅币就可办理，中国方面免费。而过境一次则需向缅甸交纳300缅币，中国方面免费。笔者就政策及管理问题发放了50份问卷，回收有效问卷50份，其中28名当地居民，22名缅甸华人。对于跨境的管理政策，2%的被调查者表示非常了解，84%的被调查者表示基本了解，14%表示了解很少；对于目前跨境的人口管理是否严格，76%的被调查者认为正常，10%认为放松，14%认为严格；对于是否知道跨境需要办理什么手续，96%的被调查者表示知道，4%表示不知道。除了“缅甸中国边界通行证”，还有“临时居留证”，在中国打工的缅甸人都需办理这一证件，有效期一年，可续办。根据向缅甸打工者以及相关人员了解，这一证件需在中方派出所办理，而且办理过程简单，工作人员都积极为缅甸打工者办理。便捷的边民出入境手续和相对宽松的国家边境通婚政策，加快了跨界民族跨境人口流动的频率，在一定程度上成为促进通婚形成的催化剂，并且加快了中缅双方的文化交流。

二、中缅边境跨国通婚的流动现状

跨国婚姻已经是促成中缅边境人口流动的一个重要原因，当然，主要的流动方式是缅甸籍的“新娘”嫁入中国，也称为“跨国新娘”，中国籍女性嫁给缅甸男性的情况属于个别现象，且在此现象中人员流动方向是缅甸籍男性流动到妻子生活的中国城乡。中缅边境的跨国新娘的规模至今是一个未知数，目前相关部门统计的数据只是跨国通婚中的一部分，如沧源佤族自治县外事办公室，该机构统计的数据显示，2010年全年嫁入沧源县的缅甸新娘有68人，2011年1月至8月，嫁入沧源县境内的缅甸新娘为56人，没有中国新娘嫁入缅甸的记录。[①] 但是据该机构的潘先生介绍，这些数据只占整个跨国新娘数据的一小部分，因为很多的跨国新娘嫁入中国，包括新娘本人以及新郎家庭，都不知道要在外事办公室登记，所以大多数的数据是外事办公室不能掌握的。由于中缅关系一向较为友好，这种良好的国家关系和两国接壤地区相近的风俗习惯，使边境上的两国人民相处十分融洽。而随着社会的不断发展，人们的思想已经产生了翻天覆地的变化，中国人的婚姻观念越加开放，对于跨国婚姻的接受程度有了显著提高。在云南边境瑞丽，跨国婚姻不仅越来越普遍，而且民政部门登记在册的跨国婚姻数目也呈上升趋势。2006年8对，2007年12对，2008年数10对，2009年400多对，2010年300多对，2011年300多对，2012年400多对，2013年截至采访时间7月8日100多对。[②]（见图4.1）

① 数据来源：沧源佤族自治县外事办公室。

② 数据来源：瑞丽市民政部门。

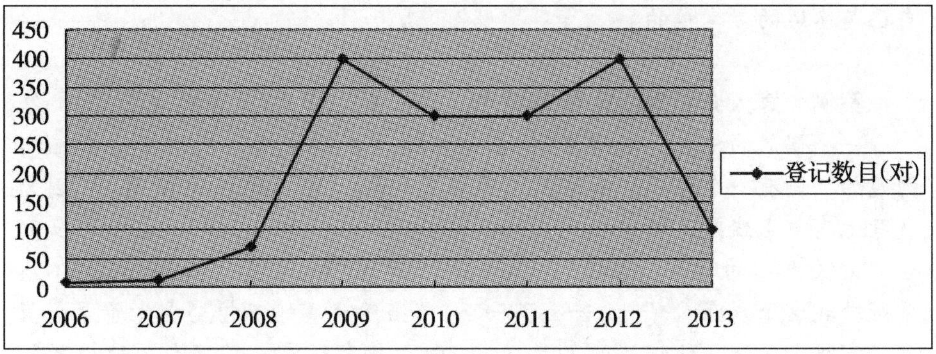

图 4.1　云南瑞丽跨国婚姻登记数目变化情况

瑞丽市这些登记在册的跨国婚姻中，傣族通婚高达 80%。同时，这些跨国婚姻中只有 20% 左右的男方是缅甸人，即中缅通婚中，缅甸女性嫁入中方的比例占了大部分。在中缅边境形成跨界通婚的途径大致分为自由恋爱型、媒人介绍型，不过也无法排除有缅籍女性被骗或者是被拐卖而形成跨界婚姻的情况。在调研地瑞丽市采访到的跨界通婚当事人中，绝大多数是自由恋爱型的，也有少部分是媒人介绍的。

案例　自由恋爱型　云南瑞丽　李女士　35 岁

笔者采访李女士时，她正在忙碌着她的生意，她的丈夫是缅甸人，操着一口勉强的汉语，她和丈夫做的小本生意是缅甸的特色小吃——甩手粑粑，过了早餐忙碌的时间，她坐下来和我们聊天。当问起她怎么和丈夫认识的时候，她笑笑，"可能是他的手艺太好了，就吸引了我，我们应该是属于自由恋爱吧。"她看看一旁的丈夫，幸福地说。李女士提到，自己有 5 个兄弟姐妹，因为家庭经济状况的原因，她只有初中文化水平，为了减轻家里的负担早早地出来打工。李女士略有一点害羞地向笔者回忆着当时和丈夫相识、相爱的过程："我一直都喜欢吃这个缅甸的甩手粑粑，每天都会来点一份，还会要一杯奶茶，一来二去我们就认识了，聊天中知道他是一个缅甸人；后来每次我来的时候，他都会多给我一些，或是不收我的钱，有时我有什么事他也会来帮忙，我们渐渐地就在一起了。一开始的时候，家里人知道他是缅甸人，是不赞同的，后来他的人品感动了父母的心，最后点头答应了。"笔者了解到，户口是父母不同意的最大原因，因为男方的生意是在瑞丽，而且李女士不愿意放弃中国身份，而他们之间要办结婚证是十分困难的。最后的解决方法只能是，彼此的家人和亲戚朋友承认他们之间的关系，但是结婚登记证还处于真空状态。李女士还说，他们已经结婚 10 年了，有了两个孩子，还好在 2004 年，政策比较宽松的时候，花了一些功夫，给小孩上了户口，使孩子现在能正常上学。她认为，自己是幸运的、幸福的。

案例　媒人介绍型　云南瑞丽市　杨先生　35岁

一个偶然的机会，笔者了解到一位35岁的杨先生，他娶了一个缅甸的媳妇，还有一个孩子，和家里老人住在一起。他不忌讳地提到，“因为我身上有一点残疾，所以我现在的老婆是家里人介绍认识的。当初和女孩子‘处关系’的时候，当她们知道我身上有残疾的时候，都会退缩，不愿意嫁给我这个残疾人。”他苦笑了一下，“当时我真的不想娶妻生子了，直到经家里人牵线，认识了我的妻子。”由于身有残疾，家里人给他选择的妻子是一个缅甸人。“她嫁给我时，家里给了好多聘礼，因为她的家里出了一些临时情况，才会选择把她嫁给我。刚接触阿荣的时候，感觉她胆子特别小；和她相处一段时间，发现她很勤快，也很干净，把家里整理得井井有条，还很孝顺老人。我只能拿低保，做一些轻松的工作，有了小孩以后，阿荣为了小孩能过上更好的生活，也开始工作，因为她只有缅甸的身份证，所以做的工作也有一定的局限。她为这个家做的一切，我都看在眼里，我很感谢她。”笔者了解到，他们结婚4年了，因为家里的经济条件不允许，特别是到缅甸开结婚证明非常麻烦，一直都没有领结婚证，托了关系和花了时间才上了小孩的户口。

三、中缅边境跨国通婚类人口流动的特征及问题

（一）特征

从目前中缅边境以通婚为目的的跨界人口流动的流动方向来看，大多都是从缅甸流向中国，不仅是缅籍女性嫁到中国，缅甸籍男性娶中国籍女子，其婚后生活地依然是以中国为主，在通婚流动人数中绝大部分为缅籍女性。跨国通婚流动的数量总体是日趋上升的。在中缅边境独龙族聚居地的调查中我们发现，随着边境地区的开放与发展，越来越多的本族女性嫁到内地，而当地适婚男性比例远远高于适婚女性，由此带来了单身的独龙族男子数量激增问题，生活在缅甸的独龙族经济社会各方面发展要远远落后于边界这边的同一民族，因此他们愿意嫁到中国来。近几年独龙族男性娶缅甸女子的案例越来越多，2013年独龙江乡边防派出所登记的“缅甸新娘”有7人，因种种原因没有登记在册的数量还是未知数。从跨国婚姻的形式来看，合法的跨国婚姻即在民政部门领结婚证的跨国婚姻仅占一小部分，具体比例有多少由于数据不健全而无法统计。从中缅跨国通婚的流动地区来看，因通婚流动的人口流动地几乎都是在国境线两侧的少数民族村落、乡镇以及县市之间。从跨国婚姻流动的稳定性来看，中缅边境跨国婚姻呈现比较稳定的状态，因为居住在边境线的民族

其生活习性、宗教信仰、文化等都是相似的，跨国婚姻中离婚的情况并不多见。

（二）通婚类流动中存在的问题

1. 跨国通婚中，跨国通婚流动人员数量和信息出现缺漏

对于跨境流入的缅甸人管理不到位，缺乏基本的数据和信息，这部分人对边疆安全和当地社会稳定形成一定的隐患。当地政府针对跨境人口的管理机构主要有边防派出所、边境口岸办公室、外事办公室等。但是这些机构的人员也承认，他们所掌握的数据和信息非常有限，只是一些正规途径的信息，即与跨境行为和行政权力有联系的部分才有相关信息，比如每年因公务而交流跨境的人员信息，还有进出口的货物数据等，而其他民间的互动引起的人员跨境流动却几乎没有数据。这部分人员主要包括流入的打工者、嫁入中国的缅甸籍新娘，还有一些经商的人。这部分人的信息对于管理部门是一个空白。所以可以想象，这种信息不对称可能会逐渐积累，形成安全隐患，包括社会治安、边疆的稳定等一系列问题。

2. 跨国婚姻办理结婚证困难，婚姻有实无名

笔者在中缅边境了解到，目前中国对于中缅边民通婚的政策相对于其他非边境地区公民与缅通婚的政策宽松许多。对于边民通婚，只需到县一级的单位或市级办理，但跨省的则需到省级单位，例如嫁到四川省，就要到四川省级单位去办理，在缅甸那边开具未婚证明，持身份证、边境证，最开始是需要用护照的，但由于国家对边民中缅通婚的宽松政策，边民们使用边民证即可。但我们对银井村副书记伊索的采访得知，在他了解范围内，有很多中缅通婚的夫妻未进行登记，原因之一是两人办理结婚登记，缅甸一方需回到缅甸故乡所在地办理相关手续，然后才能到瑞丽市民政局办理登记证。但有一部分人无法支付回到缅甸的费用或无时间，因此手续不全不能办理登记证。另外在中国只有达到法定年龄才能办理结婚登记，男性法定结婚年龄为 22 周岁，女性法定结婚年龄为 20 周岁，而缅甸则没有规定法定年龄，也就造成一部分缅甸人早婚，而双方中有一方未达法定年龄就无法领证。

3. 跨国婚姻带来了户籍管理和计划生育管理的双重困难

缅籍户口的“新娘”、“新郎”在中国落户难，也造成了合法婚姻关系的困境，进而带来了跨国通婚的夫妻在生育孩子时落户的问题。我们向瑞丽银井村的副书记伊索了解中缅边境通婚情况时，他说：“缅甸新娘嫁到中国这边，需要在缅甸开出相关证明，证明自己未婚，然后到瑞丽外事办办理证明。但实际上很多人都没有办理，因为费用很高且手续繁杂。如果达到中国这边的适婚年龄，政府可以办结婚登记手续，生下的孩子可以落户；如果没达到适婚年龄，就不能领结婚证，生下的孩子是不能落户的。但无论哪种情况，缅甸嫁过来的新娘都没有中国的户口，还拥有缅甸身份证。但是在银井村，村寨是把她们按中国人口来管理。虽然她们的身份是缅甸人，但是我们承认她们是中国媳妇。而中国嫁到缅甸去的这种情况也是有的，但是比缅甸嫁过来的要少，而且即使你嫁过去，中国这边也不会销掉你的户口，除

非你自己亲自到相关机构要求销除。”

跨国婚姻带来的新娘户口问题给很多通婚家庭带来了不便，缅甸新娘没有户口，在医疗和社会福利上就得不到保障。对此，银井村副书记伊索向笔者表示，对于新娘的户口问题还需要进一步协商完善，婚姻登记和新生孩童户口问题是连在一起的，要解决新生孩童户口问题就要从根上解决结婚登记难问题。他建议在中缅边境的合适位置设立一个专门为中缅两国边民通婚服务的办事机构，解决由于无法支付费用或无时间办理相关手续而不能登记领取结婚证的问题。但这一设想还需要向上级请示，与缅甸政府协商，基层领导们任重而道远。

第五节　教育及人文宗教流动

一、中缅边境的跨界教育流动

（一）中缅边境跨界教育流动的影响因素

中缅两国不仅在通婚、经济商贸方面有密切的往来，在教育方面也频繁交流合作。由于缅甸是军人执政的国家，再加上本身经济结构的封闭性和脆弱性，缅甸经济仍然未走出困境，也影响了缅甸教育的发展。反观中国，自 20 世纪 80 年代以来，实施改革开放，开始实行社会主义市场经济并推行经济体制改革，中国内地至 2010 年 GDP 超过 72000 亿美元，已经成为美国之后的世界第二经济大国，普遍认为中国目前仍然是世界上发展速度最快的经济体。虽然我国人均国民生产总值仍位于世界中等水平（第 89 位），并逐渐受到资源限制和贫富差距加大的制约，但总体来讲经济发展水平高于缅甸。根据我国社会主义现代化建设的现实情况，党中央、国务院在总结历史经验的基础上制定科技教育兴国战略。由于经济及政策上的支持，中国教育加大投入力度，提高了教育质量。缅甸教育投入要远落后于中国。

据《缅甸时报》报道，在 2012 至 2013 财年，缅甸用于教育的支出为 6170 亿缅币（约合人民币 46 亿元），占国家全部预算的比重为 4.91%，比上一年度增长了 0.78%。虽然数据略有提高，但缅甸的教育投入和教育水平仍十分薄弱。而在中国教育事业进入快速发展时期，义务、高等、职业等教育方式都得到迅速发展。2008 年，高等教育毛入学率达到 23.3%；高中阶段毛入学率为 74%；初中阶段毛入学率为 98.5%；全国小学净入学率达到 99.5%；文盲率降至 6.67%。2012 年国家财政性教育经费支出五年累计 7.79 万亿元，年均增长 21.58%，占国内生产总值比例达到 4%。如今，中国已全面实现城乡九年免费义务教育，惠及 1.6 亿学生；

中等职业教育免学费政策范围扩大到所有农村学生；国家助学体系不断完善，建立了家庭经济困难学生资助体系。从中缅两国教育支出的数据对比可以看出，教育投入和教育水平存在的差距，导致中缅边境以教育为目的的跨界人口流动。在对边境地区的调查中我们发现这样的现象，即跨境民族的子女犹如候鸟一样，哪个国家的教育政策对其有好处，他们就把子女送到哪边。在 20 世纪 90 年代后期，中缅边境线云南段的边境地区出现了跨界民族学生外流到境外读书的现象，因此云南省民委向云南省政府提出了“边境沿线乡、村学校学生实行免费教育”的建议，2000 年，云南省民委、省教育厅、省财政厅联合制定了《云南省边境沿线行政村以下小学学生免费教育试行办法》，对边境沿线村委会以下小学学生实施了免除课本费、杂费和文具费的“三免费”教育。2005 年云南省将“三免费”与“两免一补”（免除课本费、杂费、补助寄宿学生生活费）相衔接。这样的教育优惠政策不仅针对具有我国国籍的跨界民族学生，对境外边境线上的民族学生也同样适用。除了中国教育投入增大及教育政策变化等因素外，边境管理体制的改善、缅甸边境战乱、两国经济交流的增强等都是促进跨界教育流动的重要因素。

首先，边境管理体制的改善为缅籍学生流向中国越界读书提供便利。20 世纪 70 年代，在冷战的格局下，边民或跨界民族的流动受到严格控制，跨境民族的子女不能越界读书；20 世纪 80 年代期间，云南三段边境除中越段因战事实行军事封锁外，其余逐步实行开放，这一时期云南边境地区跨界民族能自由往来，但云南中小学不接收外籍学生；20 世纪 90 年代后期，中国户籍制度改革推动了边境口岸管理的人性化，边民只要持有“边民证”即可随时出入边境口岸，这一政策为边界外籍学生到中国受教育打开了第一道关卡。如今在中缅边境口岸，每天都有不少学生往来于两国之间。这些学生是从缅甸到中国瑞丽、片马等地区上学的，他们只需要出示“边民证”即可顺利通关。

其次，缅甸国内的战争是促使缅籍学生来中国读书的一个环境因素。由于缅政府军和克钦邦地方武装之间连续的战争，克钦邦地方武装所占领的缅北地区即与云南省边界接壤的地区的基础教育更是处于停滞甚至退后状态。在调查中，缅籍学生告诉我们：“本来我们每个村都有一个小学，学校里有一个老师教我们。但是后来我们老师跑了，大家也都不去上学。因为没有学校所以我爸爸把我送到了中国读书。”“我们村的学校被炮弹炸坏了，我们就在那个破的房子里上学。我爸爸以前是中国这边的，就把我送过来读书了。”可见不稳定的社会局势导致缅甸基础教育发展停滞甚至后退是缅籍学生到中国上学的社会因素。

最后，两国经济交流的现状为缅籍学生来华读书提供了动力。在中缅各种各样的经济交流中，汉语变得越来越重要。在云南瑞丽的调查中，我们通过对缅籍务工人员毛某的采访中得知，缅甸来中国打工的人很多，其中会说汉语的工资要比不会说的高。从 20 世纪 80 年代开始，中缅经济交往频繁，与中国商人频繁的商业活动使得汉语成为重要的商业用语。因此，要学习“汉语”这种“有用赚钱”的语言，就必须要到中国上学。在云南省片马地区对当地人的访谈中我们得知，来中国上学的缅籍学生的家长很多都是做生意的，他们与中国人交往必须要会汉语，他们认为原先的“老缅语”已经不能适应时代的发展，孩子不会汉语是没有出路的，因此把他们的孩子送过来读书。这也算是为孩子的将来谋划。以上各因素直接或间接地促进了中缅边境的跨界教育流动。

（二）中缅边境跨界流动的现状——以云南省片马国门学校为例

在中缅段边境线最长的云南省边境地区跨界教育流动人数是最多的，以教育为目的的跨界流动在这里显得非常普遍。在中缅边境线两边的人民以国门为界，互通商市，因此在中国边境线上的学校大都称为国门学校，这些国门学校中有一部分已经接收缅甸籍的学生就读，如云南省怒江州的片马国门小学，接收了28个学前班至六年级的缅籍学生，占全校学生总人数的8%。除了国门学校，中缅边境县市的学校也招收一定数量的缅籍学生，如在临沧沧源佤族自治县，当地的老师介绍：小学和初中，甚至高中，都有一部分缅籍学生就读，比例并不是很大，一个30—40人的班级，也就两三个缅甸学生。为了更直观地了解中缅边境跨界教育流动情况，我们重点对中缅边境典型的国门学校即云南省怒江州片马国门学校的跨界教育流动做了比较客观而全面的调研。

19世纪末20世纪初，英国殖民主义势力侵入片马地区后这里才划定了中缅两国的国界，所以国界两边居住的少数民族在语言风俗方面非常相近。片马国界两边的人民以国门为界，互通商市。片马小学离国门只有1.5公里，所以自然而然地就发生了跨界教育流动。到2013年年底，片马国门小学共招收28位缅籍小学生。具体情况见表4.3：①

表4.3　片马国门小学缅籍学生基本情况

		人数	百分比（%）
性别	男	15	54
	女	13	46
年龄	8岁以下	3	11
	8—10岁	7	25
	10—12岁	9	32
	12—14岁	4	14
	14—16岁	3	11
	16岁及以上	2	7

① 数据来源：云南省怒江州泸水县教育局。

续表

		人数	百分比（%）
性别	男	15	54
	女	13	46
民族	傈僳族	24	86
	景颇族	3	11
	怒族	1	3
年级	学前班	3	11
	一年级	10	36
	二年级	6	21
	三年级	4	14
	四年级	1	4
	五年级	2	7
	六年级	2	7

由以上表中数据可知，从缅籍学生的人数规模来看，总人数 28 个，男性占 54%，女性占 46%，占全校学生总人数的 8%。从缅籍学生的民族成分来看，主要有傈僳族、景颇族和怒族，其中傈僳族有 24 名学生，占 86%，景颇族有 3 人，占 11%，怒族最少仅 1 人占 3%，这与傈僳族和茶山是片马地区的主体跨界民族有一定的关联。从年级分布来看，学生人数从学前班至六年级各不等，人数最多的是一年级共有 10 人，6 个男生 4 个女生，人数最少的是四年级现仅有 1 男生，由此能发现缅籍学生逐年增多的趋势。从年龄分布来看，缅甸籍学生的年龄比中国籍同一年级的小学生年龄稍微偏大。表格中数据显示，年龄最小的有 7 岁，年龄最大的有 16 岁，其中，学前班的学生年龄在 8 岁左右，比国内学生大 3 到 4 岁；0—12 岁的学生主要集中在一年级。

据调查得知，目前缅籍义务教育阶段的学生和中国的学生一样享受着“两免一补”政策。根据国家对所有中国籍和缅甸籍住校学生实行“两免一补”政策，在基础教育中国家给每个学生 177 元的食宿补贴，补助金来源于中央财政拨款的 100 元，地方财政补贴的 17 元，学校自己补贴的 60 元（每月按 20 天算，学校每天补助每个学生 3 元）。学校唯一收费项目是每个月缴纳 15 元的柴火费。除此以外，学校对待缅籍学生与国内学生一样不收取住宿费。像片马这样地处偏远的边境地区，是不少慈善组织资助的对象之一，国家扶贫项目“奔跑的快乐”以及民政部门每年都会给学生们发放被子等必需品，学校在这些资源的发放上对缅籍学生也是一视同仁的。正是国门学校这样一视同仁的态度吸引着越来越多的缅籍学生。片马国门小学的麻校长告诉我们："现在我们国家基础教育的政策越来越好了，许多缅甸的家长都要求送他们的孩子来我们学校念书，从去年开始我每年都会收到大概近百名的缅甸请求来我们学校念书的学生，但是我们学校的实际情况不允许我这么做呀。我们只能拒绝一些年纪太大或太小的学生，无法拒绝的只能接收，学校硬扛着！"通过调查我们得知，每年有八九十名缅籍学生申请到片马国门小学来上学，但由于教育资源匮乏，片马小学每年只接收很少一部分孩子，以去年为例，大概接收到片马小学的缅籍学生只占申请学生的1/9，缅籍学生的跨界教育流动也间接带动了其他缅籍家庭成员的跨界流动，因为缅籍学生除了在学校住校的一部分外，还有极少数学生在校外和缅甸那边的父母亲戚租房子住的：片马 28 个缅籍学生中有 5 个是走读生，从调查中看，走读生一般分为三种情况：第一种情况是经济条件比较好的家庭，他们一般是在校外租房子，由父母或亲戚来照料；第二种情况是年龄比较小的学前班学生，片马地区没有幼儿园，为了满足需求片马国门小学开办了学前班，学前班的缅籍学生由于年龄太小，学校无法承担管理责任，因此学前班的缅籍学生都是由爷爷奶奶在片马照顾。第三种情况是离家比较近的缅籍学生，缅甸大田坝距片马较近，家住在大田坝的缅籍学生可以持证明实现"早出晚归"的学习生活。

案例　口述笔录　云南片马　子××　五年级　缅甸傈僳族

我在缅甸上学时学习成绩不好，缅甸学校的学习条件太差了，学校都是茅草房，我们还得自己解决住宿和吃饭问题，学校不会供应的。学校教学方法也不好，老师不管你学习成绩好不好，只会打人，同学也是只会打架，我没有心思读书，后来父亲把我送到这边读书。爸妈在片马镇给我租了间房子，租金是 1200 元/年，他们觉得在外面住的话，我可以自己分配时间，因为我学习成绩还可以，平常也听话，我的姐姐在驼峰宾馆上班，所以也方便照顾我，爸妈也很放心。我住的地方距离学校也就十多分钟的路程。

缅籍流动学生带动其他缅籍家庭成员流动的情形还发生在每学期一次的家长会期间，按学校的要求，缅籍的学生家长和中国学生的家长一样都要到校参加家长会，调查发现片马学校的缅籍家长到会的比例很低，只有片马国界旁边村子的家长和个别的家长会到会。

国门学校在接收缅籍学生以后还能顺利开展教学活动得益于中缅边境民族同根同源带来的语言相通的便利。在片马国门小学没有开办"双语教学班"，但是由于老师多为本地的傈僳族、景颇族和怒族等，他们本身在与学生交流的时候就能实现"双语交流"，缅籍学生在学校里跟老师同学交流都不会产生障碍。调查显示，80%的缅籍学生能够交到很多中国好朋友。年龄小的缅籍学生们需要一个适应阶段，一般三年级至六年级的缅籍学生（年龄在 13 岁至 16 岁之间）能够适应学校生活，学习成绩较好，与老师、同学相处得很好。

调查发现，跨界流动到中国接受教育的学生，其家庭情况大致分为三类：一是父母常年在中国做生意并在中国买房或者租了房子的，这些家庭大多经济条件较好，父母希望孩子学好汉语，以后有较大的发展。二是父母曾经接受过一定教育，思想比较现代化，认为中国的教育优于本村学校的教育，想让孩子接受更好的教育。在对片马国门小学缅籍学生关于自己是否愿意到中国上学的调查中，25 位学生中有 22 位表示很愿意来中国上学，究其原因，无疑都是父母对他们的影响和教导。三是家里已经有孩子在边界这边的中国上过学的，如今能到中国上学对于缅籍的孩子是一件很光荣的事情，家庭中的榜样作用也是缅籍学生到中国就学的另一因素。

案例　口述笔录　云南片马　王××　缅甸傈僳族

我叫王××，家住在大田坝，就是国门边上的那个村子。我家一共 8 口人，爸爸是我们村的干部，妈妈在家务农。我有个姐姐现在泸水县一中上高三。我的姐姐是我们这第一个读书读到高中的缅甸人。在家里我爸爸总是跟我说要好好读书，将来也把我送到泸水读高中，将来才能有出息。我现在是我们班的班长，我努力地读书因为我很羡慕我的姐姐，我想要像她一样到泸水读书。不过我还有一个愿望，将来考大学考到上海去，我想看看上海的繁华。还有，将来我想成为一个记者。

绝大部分跨界流动的缅籍学生在中国接受完小学教育就回到缅甸的学校学习缅语，毕竟作为缅甸人学会自己国家的官方语言文化是必需的。有一小部分家庭情况好的，就到边境的县市继续升初中、高中，甚至还有到昆明读大学的案例。还有一小部分年龄较大的毕业后就选择留在中国打工、做生意。在片马学校有 3—4 个缅籍学生说如果有机会他们想拥有中国的国籍，毕竟中国这边的生活比缅甸要好过得多，而且父辈也曾告诉他们，他们很早以前是从中国搬过去的。

（三）中缅跨界流动学生在中国就学的困境

1. 缅籍学生跨界接受教育的合法性存在问题

首先是缅甸境内的局势不稳定，在长达 2000 余公里的中缅边界缅方一侧，由于历史与现实的种种复杂因素，缅甸中央政府直接管辖的仅限于德宏州和临沧市境外数百公里的部分地段，其余广大地区均为大大小小的地方民族武装控制区，使得中缅边境沿线地区成为我国陆地边界中最为复杂的地段。生活在与中国接壤的由各地方民族武装控制的区域里的缅甸家长都是自发把自己的孩子送到中国读书，因而这个地区的跨界民族教育具有特殊性，其把子女跨界送到中国境内就读行为的合法性难以确定。其次是对于中国境内的国门学校及其他学校，至今没有相关政策规范缅甸学生跨境到中国就学的情况，因此这一行为本身是否符合中国的相关法律也是未知的。

2. 跨界流动的缅籍学生挤占了中国边境地区孩子的教育资源

缅籍学生的到来，在一定程度上挤占了边境地区学生应享受的教育资源，以片马国门学校为例。从学校资金配置来看：缅籍学生就学后，与国内学生享受同等的待遇，首先，住宿和饮食方面都是免费的，同时在校缅籍学生还享受“两免一补”政策优惠，上级政府部门也没有出台相关的政策给予学校专项资金支持，学校需要自行承担每个月每生 60 元的生活补助，加重了边境学校的财政负担。从基础设施的配备来看：片马国门小学具备了一般小学所需的基础设施：教学楼、体育设施、宿舍楼、办公楼等，如果单纯就满足片马镇适龄儿童就学需求而言，这些设施是可以满足需求的。但是接收缅籍学生到片马国门小学上学，学校就会需要更多的资源。首先需要可以安置缅籍学生的班级。按照国家规定，小学每个班不能超过 30 人，片马国门小学现如今共有 28 名缅籍学生，这样则需要比原来多一个教室来安排其上学。其次是宿舍的问题。片马国门小学是片马镇唯一的小学，接收片马地区所有的适龄儿童上小学，由于路途遥远，许多学生必须住校。由于宿舍少人多，片马小学的每间宿舍有高低床三到四张，下铺住两个学生、上铺住两个，这样每间宿舍平均住 10 到 12 人。学校一共 18 间宿舍，按照每间住 12 个人计算的话，学校宿舍一共最多能住 216 人。但是片马国门小学共有非缅籍住宿生 232 名，加上 28 名缅籍学生共 260 名学生，也就是说一共有 260 名学生需要学校解决住宿问题。现有宿舍无法满足 260 名住宿生的现实需求。现在边境学校需要扩建学生活动场地，才能满足 300 多名学生同时在校体育活动需求。学校总共就一个篮球场，满足不了这么多学生体育课及课余活动需要。教室容量有限（目前教室容量是 200 多个，但学生有 300 多人）。由于缅甸学生挤占了本国学生的教育资源，加重了老师的负担，可能会引起师生的不满，不利于边疆团结。

3. 缅籍跨界学生接收问题的政策空白带来的问题

据了解，中国边境的国门学校是否接收跨界流动的缅籍学生问题全由学校自己决定，政府、教育相关部门对此也没有出台相关的政策具体指示是否接收缅籍学生。从 20 世纪 90 年代后期到 2005 年，云南省民委和财政厅在边境跨境民族教育地区实施的“两免一补”优惠政策惠及云南边境的各个地州。然而这一政策并未提及是否将到中国上学的外籍学生纳入此补贴范围。因此如果国门学校及其他边境学校接收缅籍学生，学校就要自己承担很大一部分资金支出，如在片马国门学校，学校自己给每个学生每月补贴 60 元生活费，28 个缅籍学生一年要多支出 24960 元，对于边境地区的学校来说这也是一笔不小的支出。很多国门学校及边境地区的学校接收缅籍学生一方面是出于国门安定团结的需要，另一方面也是最重要的原因即出于同根同源的民族情感。在调查中片马小学的麻校长对于这个问题说的一番话让我们有很深的感触：“我们都是一族，在没划分国界之前，我们都是住在一个寨子的，说实话如果不接收这些所谓的‘缅籍学生’的话，在我的心理上过不去。这些跨境流动学生在他们自己的国家得不到好的教育，对于他们而言能来到同族生活的异国上学是来之不易的，在中国接受这边的教育意味着他们未来的发展机会会比无法来中国求学的缅甸孩子多一些；从感情上来说作为同根同源的民族兄弟互相照顾，共同发展是理所应当的。社会的稳定，往往依赖于各种差异之间的和谐、融合和流动，我想边境的长期稳定和谐，就是在这种同族之间互相照料的情谊下维系的，他们宁愿自己的孩子在学校住得挤一点、吃得省一些也愿意接受这些同民族的缅籍学生。”

在被边境地区的跨界教育中这种单纯而善良的同族情谊感动的同时，我们也在为这些国门边境的学校即将面临更大的难题而忧心。据了解，2013 年以前，教育行政部门要求小学上报学校在校学生人数，并根据学校的学生人数下发补贴。然而，2013 年教育系统办公网络化后，教育行政部门要求学校利用教育系统网络上报学生人数，上报学生人数的同时还必须提供学生的学籍。由于缅籍学生不具备我国国籍，因此他们也就没有学籍，学校在接收他们时只是将其名单单独列出而已。因为以前教育管理部门没有具体的关于学校是否能接收缅籍学生的相关文件，因此上报学生人数时是将缅籍学生计算在内的，这样他们也能享受到国家的补贴政策。但是现在没有中国学籍意味着缅籍学生不能再享受补贴，如果再接收缅籍学生，这一部分缅籍学生的补贴就得由学校出。如片马国门学校将每月在每名缅籍学生身上多投资 100 元，对于边境地区的国门学校来说，这已经超出了其财务能力，这使边境地区的学校陷入两难的境地，接收与不接收缅籍学生都是困难。“对于我们学校缅籍学生的问题，我已经多次向县教育局提出，希望他们能给我们一个确定的文件指示，或者禁止我校接收缅籍学生，或者允许学校对缅籍学生收费，又或者将缅籍学生纳入补贴范围内。说实话，我们真的很需要这样一个具有明确指向的文件帮助我们开展工作。”片马国门小学麻校长如是说。教育补贴是否惠及缅籍跨界学生直接关系到未来中缅之间以教育为目的的跨界流动是否能够继续存在的问题。中缅边境上居住的各民族不能单纯地以国别来区分，中国接收缅籍学生来中国读书，在情感上符合民族感情的维系和体现中国对各民族的关怀。因此适当地采取措施使缅籍学生得以继续跨界接受教育是必要的。

（四）跨界流动中教育流动的特征及存在的问题

1. 跨界教育流动呈现的特征

在中缅的跨界教育流动中，从两国之间的流向特征来看：目前是缅籍学生从缅甸流动到中国来念书。从流动规模数量来看：在各种类型的跨界流动中以教育为目的的流动人数规模占的比例是偏低的。在云南沧源县问卷统计结果显示：共 50 名被调查对象中，探亲占 26.67%，23.33% 为务工，16.67% 为结婚，13.33% 为经商，6.67% 为医疗和教育。跨界教育因碍于中方学校的教育政策以及教育补贴等有限，无法接收所有申请到中国念书的缅籍学生，跨界到中国念书只是极少的一部分人。从跨界教育流动的稳定性来看：跨界流动到中国接受教育的学生中长期内是比较稳定的，大多数缅籍孩子一般都是从小学一年级读到六年级再返回缅甸，有极小一部分读到初中甚至高中。无法排除缅籍学生突然停止在中国接受教育的情况发生，不过这样的情况是极少数的。也有一部分毕业后选择留在中国打工和做生意的。从跨界教育流动的目的来看：缅籍学生来中国接受教育短期目标是学习好汉语、拥有一个质量较好的教育环境。长远目标是将来留在中国打工、做生意，也有立志以后用知识建设自己的祖国的，甚至有学生表示自己来中国读书是为了以后加入中国国籍。从教育流动频率来看：在集中办学后，为了便于管理及照顾家庭住址离学校较远的学生，学校一般实行住宿制，跨界而来的缅籍学生也和中国学生一样，家远的都住校，这部分学生只有学校放假的时候才会回到缅甸，因此过边界的流动频率是比较低的，还有一部分缅籍学生住在边界附近的村落或县市，要每天持边民证往返于国界来读书。这部分学生的流动频率较高。从对跨界教育流动学生的出入境登记管理情况来看：缅籍学生的登记管理相较于其他跨界流动的人群要更全面、更便利，因为他们是双重登记和双重管理，不仅要在边防管理站登记，学校也会对他们进行完善的信息统计。

2. 跨界教育流动存在的问题

缅籍流动学生带来了两方面的安全隐患：第一，缅甸跨界流动学生的交通安全问题。据调查，有缅籍学生的边境学校在放假和假期间的交通安全问题让学校的管理人员头疼不已，很多缅籍学生家离边境学校有很远的距离，且缅甸那边交通路况不是很好，缅甸那边的家长用来接送孩子的交通工具绝大部分是摩托车，因此过国界线以后的学生的交通安全是很大的问题。第二，边境线上流动的人员背景各异而复杂，缅籍流动学生中年龄小的只有五六岁，辨别是非能力弱，加上学校统一为跨界流动学生办理了出入境证件，他们能自由出入国境，且长期往返于边境线上，这些因素使得这些跨境流动学生很容易成为犯罪分子利用的对象。缅甸国内的战争环境使得各地民族武装势力为保证财政收入和军费来源，不约而同地在各自的控制区内，以庇护、纵容乃至直接参与或幕后操纵等不同手段介入毒品的生产和销售，致使这一地区成为臭名昭著的毒品原产地“金三角”的北缘地带与重要组成部分，由此对我方一侧造成巨大的压力与冲击，使得中缅边境沿线地区的情况更加复杂。通过过境的孩子夹带毒品入境，这样的情况在别的边境地区时有发生，边境学校目前也没有人力、没有办法对孩子们实行全方位的监控。这些因素都给边境学校带来了安全隐患。这些安全隐患的存在也加大了学校的安全压力。

（五）跨界教育流动管理及缅籍学生教育管理的建议

1. 加强边防检查机构与学校的合作

在国境上边民的流动是一件平常不过的事情，但是对于边境国门学校来说这样的流动可能存在很多的隐患，关乎学校各方面的安全问题。学校方面应该设立一个登记制度，让缅籍学生把在国界上往返的详细情况及时报告给学校，并完善缅籍学生的家庭信息，保证能与缅籍学生的家长及时联系。目前学校和边防派出机构只是在学校统一办理跨境就读的缅籍学生边民证时才有合作，只有学校和边防派出机构深入合作共同管理，才能让学校的安全更有保障。边防管理站是第一道国门检查，让学校成为第二道国门检查，消除安全隐患。此外对缅籍学生和境内学生加强安全方面的教育，定期且经常性的教授边境安全的相关知识，如拒绝毒品、有关艾滋病防范等，增强边境学生的安全意识。

2. 对于跨界学生的信息管理也有待进一步深入

通过实地调查我们了解到的缅籍学生的资料都是一些基本信息，对于学生的家长我们只能通过访谈从学生的只言片语中有一些了解。由于缅甸那边的情况和中国不一样，很多现代化的设施如电脑是普通家庭所不具备的，而且家长平时都忙于为生活奔波，学校无法获知缅籍学生家长的信息，更无法随时与家长保持联系。学校与学生家长接触的机会只有在学生报名时，学生放假时，还有每个学期一次的家长会，据了解只有极少一部分缅籍学生的家长会参加家长会，来的家长多是住在国界附近的。缅甸学生的家长信息不全面既会影响流动学生的管理，又增加了学校不安全的因素，也不利于流动人口的管理。由于边境地区的复杂性，边民的流动性，如果对长期居住在国境内的外籍流动人口没有知根知底的了解，会增加很多边境不安定的隐患。无法与缅籍家长取得及时的联系也会增加学校管理的难度。缅籍学生放假回到缅甸后，由于没有相应的追踪机制，加上无法及时联系家长，学校的行政人员和老师无法获知缅籍学生在缅的情况，老师去缅甸做家访也是不现实的，这样的结果使我们只能在境内管理好缅籍学生，对于缅籍学生在缅甸的生活、学习以及其他的细节完全无从了解。信息的不全面和单方面管理对国境内外的学生安全和边境安全都会产生不利的影响。

案例　口述笔录　云南　片马曹××

我叫曹××，今年是我到中国来念书的第5年，我家离片马骑摩托车需要三四个小时，平时我不怎么回家，爸爸妈妈经常要上山拉木料没有时间。学校里开家长会爸爸妈妈从来没有来过，因为他们都太忙了，山上也没有手机信号，无法联系到家长，老师也知道我家的这个情况，所以也就没有强制要求我的爸爸妈妈来开家长会。

3. 培养缅甸学生和国内各民族学生“求同存异”的文化观

在边境跨境民族的教育研究中，研究者都强调边境跨界民族教育中国门教育的重要性，增强跨界民族学生的国家认同，维护国家的边境安全。在片马小学我们也看到一系列的国门教育，比如每周一次的升旗仪式、学校里爱国教育宣传栏等。但近年来也有学者提出如果过于强调国家观和主流文化认同教育可能导致边疆不稳定。如果每个国家都过于强调国家观和主流文化认同教育，国家统一这一目标能得到强化。但是，从跨界民族发展趋势看，也可能产生第二种结果，即原来的跨界民族因为所属国家的文化差异，形成两个不同文化背景的群体，文化差异扩大，因文化差异引起冲突的可能性增强，从而危及边疆稳定。

很多境内跨界民族的文化在市场经济的潮流中正在慢慢被吞噬，主流文化强力侵入少数民族的群体中，这是我们国家目前不得不面对的现实，而周边国家的边境地区尤其是缅甸由于常年的战乱以及政府的无效管理，使得市场经济无法触及这些边境地区，这些地区越来越贫困封闭，人民还保留着传统的文化价值观。国境两边跨界民族的文化观呈现出偏离趋势，这样其实是不利于边境安定的。塞缪尔·亨廷顿说过，“在这个新的世界里，最普遍的、重要的和危险的冲突不是社会阶级之间、富人和穷人之间，或其他以经济来划分的集团之间的冲突，而是属于不同文化实体的人民之间的冲突”，“最危险的文化冲突是沿着文明的断层线发生的那些冲突”。我们不得不提高警惕防止边境跨界民族的文化冲突成为边境地区不稳定因素。同时这也给国门学校一个启示，国门学校不仅要担负起对境内学生进行国门教育的重担，同时它也要担负起传承各民族文化、培养民族成员求同存异文化观的职责。具体的做法有，第一，通过文艺活动的形式给境内学生和缅籍学生展示民族才艺的舞台，在这个过程中完成相互学习与交流。第二，学校方面应积极开发适合本校实际的、具有学校自身特点的课程，充分发挥边境跨界民族特色，设计有利于传承保护民族文化的校本课程，通过地方课程和校本课程，促进跨界民族养成尊重和包容异文化的态度。在校本课程的开发方面应积极向上级部门反映当地情况，争取相应的设备和资金支持。只有妥善处理国家认同与民族认同之间的关系，使二者之间达到平衡，跨界民族既承认自己的国家，又认同自己的民族，形成“求同存异”的文化观，才能达到国家统一与边疆稳定的最佳状态。

4. 加大对边境跨境民族基础教育的投入力度

中央通过设立老少边穷地区义务教育补助专款、民族教育补助专款等，帮助老少边穷地区解决教育的特殊困难，充分体现了党和国家对边境地区和民族地区的特殊关怀。但由于这些专项补助规模比较小，因此其作用也比较有限。随着我国公共教育资源总量的增长，国家财政性教育经费投入占国内生产总值的比例不断上升，在边境地区经济社会发展十分落后的情况下，中央政府和省级政府今后应从国家安全战略的高度，分别设立边境地区教育补助专项经费，每年相对集中地重点安排补助项目，以解决边境地区教育发展的突出问题和特殊问题，像片马国门小学的缅籍学生就是边境教育的特殊之处。有了这样一批专项经费，即使实行网络的实名学籍认证，缅籍学生也不会因为没有补助而被迫离开片马小学。边境教育是否能够享受教育专项补贴，要靠政府的责任和教育投入机制，归根到底明确各级政府提供公共服务的职责是最迫切的任务。

二、中缅跨界人文宗教的流动

居住在中缅绵延2186公里的边境线两侧的各民族大多数都是跨界民族，中国民族学领域对于跨界民族概念的界定，仍处在争论之中。但是对于跨界民族定义除了地域相邻，即属世居或规模迁徙形成在边界线两侧或附近地区，被现有政治地理（领土）边界线所分割，分属于不同国家政治实体的同一民族或族群的特征外，在族源语言、文化特征以及宗教信仰等方面相同或相近也是跨界民族最重要的标志。作为一个特殊的社会群体，跨境民族有着共同的血缘文化关系，具有共同的民族情感和民族认同。因此，宗教和文化对维系民族的存在，民族的经济生活、思想文化、风俗习惯都有着重要的影响。共同的信仰使他们在文化上无差异，灵魂上得到共鸣，为他们的相处增添了润滑剂。中缅两国通过政治、经济、文化、宗教的交流和相互影响，建立了亲密的友谊。如今人文宗教流动已经成了促进两国边境人口流动的重要因素，主要的流动形式是跨境民族共度民族文化节日、因宗教文化活动促成的人口流动。人文宗教的交流本身直接促成的人口跨境流动是定期而且短期的，但是这种文化交流所促进的经济和社会生活上的频繁来往造成的人口跨境流动，却又是深远的。

目前中缅边境地区人文宗教的流动具体体现在两个方面，一方面是中缅边境各民族欢度他们共同的节日，基于共同的文化，跨界民族和边境两侧的其他少数民族拥有共同的节日，边境上的两国人民由于地理上相邻，往往会选择共同欢度属于他们自己的节日。另一方面体现在宗教的交流中，同一民族即使被国界线分隔，但他们的宗教信仰并没有因此而存在差异，相反由于边境这一地理位置的优势，边界两旁的同一民族在宗教信仰上的互相影响和交流是可持续的，因此形成了宗教的跨界流动。

（一）中缅两国以节日为主的跨界文化流动

同一民族拥有共同文化，这种文化通过节日可以很好地体现。如在云南临沧沧源县，佤族是跨越中缅两国的跨境民族，中缅两方的佤族时常举行一些文化交流的活动，如每年五一定期举办的佤族“摸尼黑”狂欢节，在节日里中方和缅方的佤族穿过边境线聚在一起欢度佳节，这就形成了典型的跨界文化流动。每年公历4月中旬的桑衎节是中缅边境地区布朗族的新年，是布朗族一年中最隆重的传统节日，为庆祝布朗族的民族节日，弘扬民族文化，由勐海县政府主办，打洛、布朗山、西定等乡镇轮流承办的首届“布朗弹唱”邀请赛于2006年4月桑衎节期间在打洛镇举办，到2013年4月共举办了五届。在每届“布朗弹唱”邀请赛时，当地政府和村寨都会邀请缅甸景康县的布朗族参加比赛，欢度佳节，缅甸景康县的布朗族也经常邀请中国的布朗族到境外去参加节庆活动，双方的联系十分密切。[①] 在中缅边境云南独龙江乡，我们遇到国界两边的独龙族人民在边境线的马库村一起欢度他们共同的“卡雀哇”节的场景，近百缅甸独龙族穿过边境便道，穿着鲜艳的民族服装来到中国边境的马库村，和中国的独龙族一起载歌载舞，举行传统“剽牛祭天”活动，共同祈福，活动持续到半夜，人们才依依不舍地相互道别。

而中缅之间这样的文化交流中最经典的一幕发生在20世纪50年代，当时的中国总理周恩来与缅甸总理吴巴瑞在中缅边境的云南省德宏傣族景颇族自治州亲手缔结下了中缅“胞波”友谊，两国人民的友谊从此更加深厚。当时的陈毅副总理兼外长在一次访缅活动时，由衷地写下了流传至今的诗句：“我住江之头，君住江之尾，彼此情无限，共饮一江水……”那悠扬的旋律至今回荡在中缅两国人民的心中。“胞波”是缅语，意思是“有着相同的血统、语言和风俗”的兄弟关系，用它来表达中缅两国友谊，使人感到格外亲切。从20世纪50年代开始，周恩来出访缅甸9次，两国边民的胞波情谊一直在延续、加深。在中缅边境的德宏瑞丽市即当年周恩来总理亲手缔结中缅友谊的地方有着170公里的中缅国境线，沿线有“一井两国”、“一寨两国”、“一院两国”的奇特景观。多年以来，两国边民通婚互市，走亲串友，亲密无间。为增进中缅友谊，展示两国绚丽多彩的民族民间艺术，经中缅两国协商，决定从2001年起，每年举办一届“中缅胞波狂欢节”活动。活动的主题是“和平、发展、吉祥、共欢”，节日地点就定在两国边民赖以生存的母亲河——瑞丽江的一个文化广场上。从当地民宗局资料中我们了解到当地政府推动的以文化交流为目的的胞波狂欢节的概况：民宗局等相关部门在节日举办前一个月就要相互配合筹划中缅胞波狂欢节这一活动，该活动一般持续四天，去年数据显示，活动每天有2000人左右参加，其中10%为中国游客，40%为缅甸过来参加活动的民众，其余则为当地居民。作为活动的举办者，瑞丽相关官员会参加，缅甸一些政府官员也会受邀参加，活动场面很热烈。活动日国门会开辟一个特殊通道，方便缅甸民众来参加这个对中缅意义不凡的节日。据了解，这一活动已成为中国昆明国际旅游节的重要内容之一，通过举办中缅胞波狂欢节，进一步增进中缅两国人民的友谊，扩大中缅胞波的交流与合作，加快中缅边境四城一区旅游等相关产业的发展，进一步推动中国、缅甸地区的旅游、边贸、文化及社会繁荣与进步。同时，通过举办中缅胞波狂欢节，搭建起文化与经济融合的平台，使企业通过各种方式参与民族节日文化活动项目的开发利用，使企业走近文化，让文化与市场相融合，真正做到社会投入、社会承办，从而进一步推进企业与文化的大发展。除了胞波狂欢节外，还有德宏州举办“2010中国—德宏（国际）目缩纵歌节”活动，州外办积极协助组委会做好中国驻缅曼德勒总统馆及对缅的邀请工作，同时参与接待了缅克钦邦密支那、八莫、拉咱及掸邦景颇学会300余人的代表团。在两国关系愈加密切、交流合作愈加

① 黄彩文、黄昕莹．中缅边境地区布朗族的宗教文化交流与国家安全．大理学院学报，2014（7）．

频繁的大环境下，中缅两国人民以文化交流为目的的跨界流动也越来越司空见惯。

（二）中缅边境以宗教为目的的跨界流动

缅甸是一个著名的佛教（小乘教）国家，全国有80%以上的人是佛教徒，约有8%的人信奉伊斯兰教。1852年至1885年之间，英国发动三次侵缅战争，缅甸沦为英国殖民地。英国遂通过缅甸此跳板染指中国西南边疆，直到1948年缅甸脱离英国独立，长达近一个世纪的殖民统治以及英国在其殖民地的频繁的宗教活动使得缅甸的很多少数民族信仰基督教，尤其是边境的很多民族都信仰基督，如景颇族、傈僳日旺（缅独龙族）等。这些西方的传教士并不满足于在殖民地传教，他们还越过边境，到中国西南的边境地区向中国边境的各民族传教，以致很多边境民族地区的人民信仰天主教、基督教等西方的宗教。而缅甸的主体民族缅族依旧以小乘佛教信仰为主，因此缅甸也是一个多宗教的国家。同根同源的边境各民族在文化上一脉相承，而宗教是人类社会发展到一定历史阶段出现的一种文化现象，属于社会意识形态。意识形态对人类的影响也是最深的，是从本质上的一种认同。共同的信仰使中缅两国人民在文化上无差异，灵魂上得到共鸣，为他们的相处增添了润滑剂。也因此两国都非常重视宗教界的交流，中缅之间以宗教交流为目的的跨界流动非常频繁。

中缅两国宗教交流活动的典型案例是两国官方促成的佛教活动，即中国国宝级文物佛牙舍利曾于1955年、1994年和1996年三次应邀来缅巡礼，受到缅政府和社会各界的热烈欢迎。2011年缅甸总统吴登盛访华时提出再次迎请佛牙舍利来缅供奉的请求，2011年11月6日至12月24日中国佛牙舍利第四次巡礼，赴缅甸内比都、仰光、曼德勒等地接受贡奉。除了官方促成的宗教活动外，宗教的跨境流动更多的是发生在中缅边境线上，其中包括官方组织的也包括民间自发组织的以宗教交流为目的的跨界流动。2013年6月8日中缅边境瑞丽举办了一次佛教活动，中国将佛舍利复制品送给缅甸。此次活动由瑞丽市民宗局等相关部门联合缅甸共同举办，并邀请了部分缅甸政府官员，民众自愿参加。参加人数有500—600人，其中缅甸人占30%—40%。可以看出在中缅边境瑞丽信奉佛教的居民与缅甸边境居民相处得十分融洽和谐。官方之所以在瑞丽市举办佛教活动是因为在瑞丽与缅甸边界居住的边民大都是傣族同胞，傣族同胞全族信仰小乘佛教。官方数据显示，瑞丽市依法正式登记的宗教活动场所有141所，教职人员58名，其中：佛教39人、基督教12人、天主教6人、伊斯兰教6人。有信教公民61573人，占全市常住人口的34%。从数据可以看出佛教教职人员占所有教职人员的67.2%，由此可见在有宗教信仰的居民中，大部分信仰小乘佛教。与此同时，瑞丽市是典型的中缅边境上多民族多宗教的边境县城，2012年年末常住人口184288人，少数民族总人口78108人，占总人口的42.4%，其中傣族5611人，景颇族13664人，德昂族1800人，傈僳族858人，阿昌族482人，其他少数民族5194人。全市有佛教协会、基督教“三自”爱国运动会、基督教协会、天主教爱国会、天主教教务委员会 5 个宗教团体。这多宗教都聚集在这样一个边境县城，会不会造成冲突？带着这个问题与担忧，我们分别对缅甸跨界而来的各民族进行了调查，同时对瑞丽的各阶层人士也进行了采访。此份问卷共发放 50 份，回收有效问卷 50 份，50 个人中，4 个缅甸人，46 个缅甸华人，华人中大多数是汉族，50 人全部信仰佛教。在问及他们对当地人的宗教信仰持什么态度时，46 个华人中，56.5% 表示能够包容不同宗教，43.5% 无所谓；4 个缅甸人则 100% 能包容。总之不会因为宗教信仰而和当地人发生冲突。通过调查我们发现，在瑞丽采访的各层人士均表示尊重各个民族、各个国家不同的信仰。一位在中国从事会计行业的缅甸老人这样说道，"一个人没有信仰是十分可怕的，但是每个人都有自己的信仰自由"。不同宗教之间、宗教与世俗社会之间应当相互宽容、相互容忍，相互承认、相互尊重，相互对话、相互理解，以切实实现和保障宗教信仰及宗教活动自由。

中缅边境上除了官方组织的宗教活动外，民间自发的宗教活动也是引发跨界宗教流动的主要诱因。以中缅边境独龙江乡为例，中缅国境线两边的独龙族都信仰基督教。缅甸长期被西方殖民者侵略，受到西方影响很大，缅甸的独龙族几乎是全民信仰基督教的。基督教在独龙江地区传播的最早时间，不同的研究者和调查对象的说法不尽相同。据独龙江最早的信徒约翰回忆：1945 年，在今天巴坡村的麻必地电站后面的山坡上建立了独龙江地区的第一个教堂。据有关资料记载：到 1955 年 5 月，独龙江地区的信徒发展到 602 人，占当时全区总人口的 26%。贡山解放以后，原来在巴坡、马库一带传教的外国传教士纷纷向缅甸方向转移。从 20 世纪 50 年代末期一直到 20 世纪 80 年代初期，由于中国国内的政治因素，独龙江巴坡村、马库村一带的基督教活动几乎处于完全停滞状态。一直到 1984 年，马库村的教堂才开始正常的礼拜活动，基督教在独龙江地区得以恢复。目前独龙江乡的教徒已经发展到 800 多人。宗教在少数民族的生活中占有很重要的地位，宗教生活几乎伴随着每个民族的历史发展并融入少数民族的日常生活。随着基督教在独龙江乡的发展和壮大，国境两边的宗教方面的交流活动越来越多。目前独龙江每年都有 1—2 次较大型的宗教交流活动举行，引发了跨界人口的流动。中缅两国独龙族的宗教交流采取这样的形式：即如果这次是缅甸的独龙族到中国这边参加活动，那么下次就轮到中国这边的教徒到中缅国界旁的缅甸"第一村"木可干村去参加宗教活动，因此宗教流动是双向的。到哪个国界进行这样的交流活动，哪边的基督教堂就要负责生活起居的安排和所有活动的组织。交流活动的内容包括共同学习圣经、教授独龙文以及一起编排宗教方面的舞蹈和歌曲等。2013 年 8 月缅籍教会有十余人来到中国独龙江乡参加宗教交流，中国这边参加这次活动的包括教会和非教会的，人数达到 200 多人，这个活动一般都是一周左右，活动场所就在教堂，缅籍宗教人士的食宿都由教会安排。这部分流动人口是短期流动，因为涉及边境和宗教因素，边防派出所会特意留意这部分跨界流动人员。在其他的中缅边境民族地区，同一民族的中缅两国人民不仅在宗教问题上相互交流，作为一个宗教团体，他们之间还有互助功能，具体体现在如修缮教堂、新建佛寺等这些有关宗教事宜。这一切以宗教为目的的活动自然而然地就产生了宗教的跨界流动。

（三）跨界人文宗教流动的特征及存在的问题

跨界的人文宗教流动有一部分是由官方推动的，另一部分是民间自发的。如中缅“胞波”狂欢节及佛教舍利到缅巡礼等宗教活动，都是在两国政府部门的推动下发生的；中缅两国独龙族的基督教交流活动则完全是民间宗教教会之间自发组织起来的。大型的文化宗教交流活动中一次性流动人员规模是最大的，少则100—200人，多则上千人，且流动时间很集中。人文宗教流动在时间上具有规律性，每年以跨界民族节日为主的跨界流动流动的时间都是固定的。以宗教交流为主的流动时间虽然有出入，由于边境地区宗教流动呈现一次性流动人员数量较多的特点，其活动的年次数比较固定，即1—2次/年。因宗教流动在边境地区具有敏感性，因此会受到边防管理部门的特别注意。从跨界流动的流向来看：由于中国这边的经济实力、社会环境相对于缅方要好一些，因此大部分活动都是在中国举行，偶尔小型的活动也会在缅甸举行，流动具有双向性。

人文宗教关系到一个民族的文化认同进而影响到对国家的认同，因此相较于其他类型的跨界流动，人文宗教流动是敏感的，边防管理部门在管理中对大规模的人文宗教流动都会进行特别的备案登记，但目前中缅边境的边防管理部门机构单一，工作人员较少，如在很多边境口岸只有边防检查站或边防派出所对跨界人员进行登记，边境地区除了设立国门过界通道外，还有许多小便道可以从缅甸通向中国，因此在登记跨界人员中是有很多遗漏的。对于宗教跨界流动人员的管理如果有所疏忽，就会造成边防安全的隐患。境外敌对势力极易利用中缅边境地区信教群众人员多、宗教文化交流互动频繁、边民过境容易等实际对我国边境进行宗教渗透和分裂活动。在中缅边境这些信教群众中通过经济上或物质上的帮助、赠送宗教用品、邀请宗教人员出境观光考察或参加宗教庆典等方式对我国边民进行文化渗透的现象屡见不鲜，极大地威胁到了国防安全。

任何一个多民族国家都希望自己的社会成员既能认同地方和本民族文化，又能认同主流文化和国家。如果不同民族之间缺乏认同、包容的心态，往往会导致民族冲突、文化适应障碍等诸多问题。民族地区的发展是个综合性很强的问题，涉及民族地区政治、经济、文化、生态、社会生活的方方面面，边境民族地区尤其如此。无论是在瑞丽、沧源县还是在临沧贡山等中缅边境，我们都能感受到中缅边界的和谐，也了解到在文化上两国的统一和包容。但居安思危，政府应时刻关注中缅边民的思想动态，要依法加强对边境地区宗教事务的管理。首先，要全面贯彻党的宗教信仰自由政策，鼓励和支持正常的宗教文化交流，切实维护信教群众的合法权益；其次，通过对信教群众、宗教界人士和教职人员的教育培训，提高教职人员对中华民族文化的认同感，增强他们抵御境外宗教渗透和非法宗教活动的自觉性，防止西方敌对势力各种形式的宗教渗透；最后，实现多部门合作规范宗教活动，如建立严格的审批程序以及规范宗教界人士的宗教往来等。通过这些措施让两国间的宗教交流更加有序健康地开展。

第五章　中越跨界民族跨境流动

中国与越南相毗邻，两国边境线全长 2449 公里，其中广西段 1050 公里，云南段 1399 公里。在这段漫长的边境线上，中越自古以来在长期的生产劳作、生活互动中，基于地缘、血缘、族源等方面的相似性，形成了一种你中有我、我中有你的共生共荣的生存关系。随着中越交流不断深化，大量跨界流动人口在边境地区从事劳务、经商等经济活动，在中越边境地区形成了一个特殊的群体。

第一节　商贸及劳务流动

一、边境贸易类跨国人口流动

这里的商贸跨国人口流动是指因长期或短期从事边境贸易等经济活动而跨越国界流动的人口流动。因从事边境贸易等经济活动而跨越国界流动即出入边界，是中越边界沿线地区跨国人口流动的主导形式之一。①

中国的东兴市与越南芒街市隔河相望、一桥相连。得天独厚的区位优势，造就了这座中国西南边陲城市异常繁荣的边境贸易。东兴市边境贸易主要有边民互市贸易和边境小额贸易两种形式，其中边民互市贸易比重占主导地位。至 2010 年年底，全市从事边境贸易的企业达 116 家，直接从事边民贸易达 2 万多人，边境贸易繁荣兴旺，带动和促进边境房地产酒店餐饮、旅游、物流、交通运输等相关产业的发展，这些产业的发展，使得边境贸易交流日益频繁，边境从事商贸类跨国人口流动的速度和强度加大。边境小额贸易主要是指我国沿海陆地边境线经国家批准对外开放的边境县（旗）、边境城市辖区的边境小额贸易企业，通过国家指定的陆地口岸，与毗邻国家边境地区的企业或者其他贸易机构之间进行的贸易活动。至 2010 年年底，有小额贸易经营权的企业 200 多家，在东兴城区注册的商户约 8000 多户。②

---

① 东兴地方志编纂委员会．东兴年鉴 2009—2010［Z］．广西人民出版社，2011.

② 东兴地方志编纂委员会．东兴年鉴 2009—2010［Z］．广西人民出版社，2011.

在从事边境贸易的人群中，大部分属于“跨境上班族”，这里的“跨境上班族”主要是指摆摊做生意的商人，他们大多散布在东兴口岸附近租店或者北仑河沿线摆摊做生意，所经营商品主要是红木家具、服装、工艺品、饰品、食品等。跨境上班族最明显的特征是每天早上9点多的时候从东兴口岸入境，下午5点多的时候出境回到芒街。在实地调研的当天笔者发现，在中国北仑河沿线摆摊的一共有157个摊点，其中有129个摊点的摊主属于“跨境的上班族”的越南人，所占比例为83.77%。129个“跨境上班族”摊点的人员年龄结构，大多都是30—45岁的中年妇女，所经营的商品主要是越南工艺品、越南香烟、越南化妆品、越南药品等。

据东兴口岸边检工作人员介绍说，近年来，每年都有三百多万人次从东兴口岸出入境，其中每天从北仑河大桥上来往、从事边贸生意的“跨境上班族”就有三千多人。究其原因，除了边界优越的地理位置之外，还借助于2001年中国—东盟自由贸易区正式建立这一发展契机，利用这一契机，中越两国正在积极推进中国东兴—越南芒街跨境经济合作区，使得越南在中国东兴开店的人数日益增加，像此类跨境上班族中“开摊守店”搞经营的越南商人越来越多。

案例1　口述笔录　东兴北仑河沿岸　阮氏　女　42岁　摆摊摊主

我每天早上八点的时候都会从越南芒街坐班车到达东兴口岸，然后进入中国境内，在这里摆摊做生意一做就是五年多了。当时也不会说中国的普通话，刚开始是和朋友一起，大家彼此照顾，然后慢慢地学说普通话，甚至是白话。现在比以前好多了，和中国人沟通起来没有什么障碍。

现在的生意总体没有以前那么好做了，因为像我这样摆摊卖东西的人越来越多，竞争比较大，加上中国管得越来越严，生意越来越不好做，赚的钱也不是很多，每天的平均收入也就相当于你们中国的六七十块钱吧，如果遇到下雨天气的话，就不会过来了，当天也就没有什么收入，家里比较穷，只能靠这个能挣一点就一点了。我们村也有很多人到中国来的，他们有的是过来做生意的，有的是嫁到中国来的。中国政府对这里摆卖东西的睁一只眼闭一只眼，只要不干什么违法的事情，他们一般不会找我们什么麻烦的。

案例2　东兴口岸　李某　男　43岁　壮族　跨境人员（中国人，从中国跨到越南）

我的跨境生活已经有好几年了，现在在越南主要从事一些边境的贸易生意。2005年的时候是偷渡过去的，那时候我舅舅在越南，所以也想把我带过去。刚过去的时候我不会讲越南话，也不适应那里的生活，但是因为我会说壮话，所以越南话学起来也不难，现在我已经能很流利地使用越南话了。我总觉得越南比我们中国穷多了，他们学校也不怎么样，比不上我们中国，他们小孩的受教育水平比我们中国要低很多；社会治安什么的也比不上我们中国，总的来讲，中国还是比越南要好很多。

我的父母、爱人以及小孩都在南宁，我每年回国两次，分别是中国的清明节和春节。像前一段时间，从越南回国过年的中国人是非常多的。我看到的大部分都是经商或者务工的人，也有少部分的学生或者旅游团，当然也有一部分是边民，他们都是过来卖东西的，他们持边民证就可以过来了，不像我们那样，办理相关的护照等手续相当麻烦。

二、劳务类跨国人口流动

随着我国与越南睦邻友好的关系不断加强，劳务的输入与输出也日益活跃起来，成为中越边境跨国人口流动的主要形式之一。中越边境的劳务类跨国流动，既有中方的人员出境，也有越方境外人员入境，呈现双向交叉的格局。在这里主要是探讨境外人员进入我方的劳务人员。

这类入境务工流动人员中一类是季节性劳工，主要是从事种砍甘蔗、挖木薯、种收稻谷等工作，有以下几个特点：一是大多是越方的边民；二是以年轻劳动力为主；三是大多数都是成群结队出入中国国境。另一类是非季节性的务工，主要从事割收松脂、建筑装修、边贸搬运以及在中国的小餐馆、宾馆里从事洗碗、打扫卫生等服务性劳动，也有一部分的人员经由广西的各个口岸，流入珠三角沿海地区的工厂从事低端的制造工作，此类人员流动没有规律性。

在调查地东兴，季节性的跨境劳工主要表现在，在每年种收稻谷的季节进入东兴边境的村屯，帮助当地的农民种收稻谷。很多边境村屯的年轻劳动力外出打工，留守家中的大多都是老人和孩子，一旦到了农忙时节，劳动力供不应求，因此季节性的跨境劳工也就应运而生。与东兴相比，广西崇左作为中越边境城市之一，这类季节性的跨境人口流动表现得也很明显，每年 11 月到次年 4 月有大量的越南劳工跨越国境到达崇左市周边的乡镇收砍甘蔗。崇左市人力资源和社会劳动保障局副局长莫绍仁说："榨季到了，崇左的汽车站就会有大量越南人，等待雇主上来雇佣。越南劳工吃苦耐劳，工资待遇只需要中国工人的一半左右，越南劳工在中国一些地方颇受欢迎。"根据崇左市劳动部门的调查，崇左市日常农村劳力缺口在 3 万人左右，到每年甘蔗榨季，缺口达到 5 万人，这些缺口大多被闻讯而来的越南劳工填补。

针对日益增多的越南人跨境谋求更多就业机会的情况，东兴市出台了《越南籍自然人在东兴市就业管理暂行办法》，规定：在东兴市就业的越南人应持合法证件入境，方可在东兴市境内就业；就业证由东兴市人社局经办，在东兴市范围内有效；私营企业与被聘用的越南人应依法签订劳动合同，劳动合同的期限最长不得超过 1 年，劳动合同期限届满即行终止，经办理相关手续后可续订；雇用越南人与本地劳动者同工同酬，享有休息、休假、劳动安全卫生和社会保险等权利。同时《办法》还规定，对私营企业与被聘用的越南人发生劳动争议的，按照中国《劳动法》和《企业劳动争议处理条例》进行处理，并对越南人违犯本《办法》的情形做出了处罚规定。《办法》的实施，对跨国劳务性人口流动的管理发挥了积极的作用。

案例 3　金滩　黄某　男　35 岁　京族　东兴人　公交司机

说到越南人，对从小生活在这座边境城市的我来说一点都不陌生，可能，在你们外地人看来，区别越南人和中国人最好的方式就是他们会戴着尖尖的帽子，有的还会把脸蒙起来。但是，我觉得，越南人跟中国人没什么区别。可能是因为我在这里生活已经习惯了，每天接触的越南人也不计其数。听以前的老人说，以前由于战乱等各方面的原因，有一部分的京族人的祖先还是越南人，那都是历史的原因，偶尔有老人跟我们说起这些。

开车那么多年了，看到越南人偷渡到我们这边来，我也不觉得奇怪。因为很多的越南人都不办签证，他们从那边过来有一部分的越南人就直接前往广东地区，从事各种各样的工作，广东那边就业机会多嘛，很多工厂都会要越南人的。这一部分人大多都是“年轻仔”（年龄在 18—25 岁之间）。还有，比较明显的就是，每年到了水稻收割季节，就会有一批批的越南人过来干苦力，帮我们这边的农民收割稻谷，农忙季节一结束，他们又会回到他们自己的国家，反正，从越南到中国来也就隔着一条河，过来过去都很方便。我们当地人有时候不愿意干这些很累的农活，或者说有的家里缺年轻力壮的劳动力，他们会雇用越南人过来帮忙。在工钱方面，自然会比雇用本地人便宜，大家都知道，越南人都比较肯吃苦。

第二节　通婚流动

一、通婚流动的状况

广西边境地区的大新、龙州、凭祥、宁明、东兴、那坡、靖西等七县市均位于桂西南，与越南毗邻，有着较长的陆地边境线和海岸线。这几个边境县市大多是少数民族聚居的地方，有 16 个少数民族之多。其中 13 个少数民族为跨国民族，居住在中越边境地区。由于语言相通、习俗相同，居住毗邻，经济文化交流频繁，通婚流动的内驱力非常强烈，其中最主要的就是广西边境的壮族与越南的岱族和侬族之间的国际通婚。

自从中国和越南先后实行“改革开放”政策和“革新开放”政策以来，尤其是1991年中越关系正常化以来，中越边境贸易迅速发展，广西边境因跨国通婚而引起的人口流动越来越突出。目前越南妇女与中国居民结婚有两种情况：一是合法婚姻，正式办理了涉外婚姻登记手续；二是事实婚姻，未办理婚姻登记手续，但事实上同居并居住在一起。在逐年上升的通婚数量中，后者数量不断增加。

据2005年统计资料数据显示，广西的大新、龙州、凭祥、宁明、东兴这五县市共有5018对跨国婚姻①，这还没包括那些非法婚姻（即没有到婚姻登记所办理婚育手续）。根据广西硕龙镇边防派出所2006年8月的统计，该镇从越南跨境进入中国，并定居下来的越南人总计有75人，其中在中国结婚的越南妇女72人，也就是说该镇共有72对跨国婚姻。其中在隘江村，从1989年至2005年，在这17年间，组合成跨国婚姻的家庭户数为28户，占该村227户家庭的12.3%。在这28户跨国婚姻家庭里，有1户没有婚生子女，有1户没有子女，有3户刚结婚还没有生育子女。在23户有婚生子女的跨国婚姻家庭当中，共有37名子女，除了以上婚生子女外，有些越南妇女在嫁入中国的时候还带有和越南前夫所生的小孩。根据2006年10月3日在《国际先驱导报》一篇题为《中越边境“黑婚”调查摆顿酒席就是夫妻》的报道中提到，凭祥市边民与毗邻的越南边民存在不办理结婚登记就以夫妻名义共同生活（非法跨国婚姻）的共有1434对，共生育子女2190人；自1980年至2006年6月底，与越南山水相连、边界线长达184公里的龙州县，非法入境通婚的越南妇女人数达1154人，在中国成婚以后，生育子女共1441人②。

通过以上数据，可以看出，中越边境非法跨国类婚姻的人口流动日益频繁，由此带来的问题日益突出。为了加强对边境跨国婚姻人口流动的管理，我国政府允许这些边民通婚家庭的越南妇女按照法定程序进行婚姻以及国籍户籍的登记，但由于跨国婚姻办理的手续烦琐，跨国非法婚姻数目依然屡增不减，中越边境非法通婚流动所带来的问题依然存在。

二、通婚流动的特征

（一）以女性为主，文化程度低

一方面，中越边境的跨国婚姻是越南妇女迁移到中国广西边境通婚，极少中国边境妇女嫁给越南男方的，形成“越南媳妇中国郎”的景观。以东兴市马路镇七仙洞村为例，③ 当地居民共452人，合法的跨国婚姻一共有11对，11对的跨国婚姻全

---

① 罗文青．和平与交往：广西边境地区跨国婚姻问题初探［J］．广西师范大学学报，2006（1）．

② 李雪岩，龙耀．中越边境跨国婚姻问题研究（妇女篇）——以广西大新县德天村为例．世界民族，2008（4）．

③ 数据来源：东兴市马路镇七仙洞村村委提供。

部都是越南妇女迁移到中国广西边境通婚，整个村子到目前为止还未出现中国妇女嫁给越南男方的例子。与东兴市同为边境城市的广西崇左市，在跨国婚姻方面，2011 年至 2012 年在崇左市民政局登记结婚的一共有 100 对，其中中国男方娶越方妇女的一共有 95 对，而剩下的 5 对是属于越方男子迁移到中国通婚的行为，因此与东兴市相比，崇左市“越南媳妇中国郎”所占比例也高达 95%。[①] 另一方面，男女双方的文化程度普遍较低，主要以中小学文化程度为主。东兴市马路镇七仙洞村的这 11 位“越南新娘”中，有 4 位是小学（包括小学）文化水平，5 位为初中文化水平，仅有 2 位为高中文化水平，以上数据显示，中小学文化水平所占的比例高达 81.82%。

（二）男女双方年龄差距大

男方当事人年龄普遍比“跨国新娘”大，多数的男方介于 25—40 岁之间，“跨国新娘”则大多为 25 岁以下。东兴市马路镇七仙洞村的 11 对跨国婚姻中，有 7 位“越南新娘”是 25 岁以下，总体上男方一般比女方大 7—12 岁，年龄差距最大的一对是超过 22 岁。

（三）分布地域多为广西与越南接壤的村屯

男方当事人的户籍主要集中在边境的村屯，女方“跨国新娘”则大多数来自越南经济落后、贫困的越南农村地区。东兴市下辖东兴镇、江平镇、马路镇，这三个镇管辖的村屯多为边境村，“跨国新娘”在这些村屯中屡见不鲜。稳定性较弱，离婚、逃婚现象日益增多。“逃婚”的数据很难进行统计，相关部门也表示这一部分的数据缺失，根据当地的村民反映，“部分婚嫁过来的‘跨国新娘’对男方家庭条件和经济条件不满意，有的过来一起生活几年后，小孩子才两三岁，女方就逃走了，从此便没有音讯。”除了由于经济原因导致跨国婚姻的稳定性很弱之外，也有部分原因是社会、文化差异所导致，如语言交流不畅、生活习惯不适、缺乏感情基础等原因，多起逃婚现象显示，有的返回越南久去不回，有的婚后到珠三角工厂打工后便杳无音讯，有的因护照被丈夫“保管”无法离境，转而到派出所谎称被拐骗，要求公安机关将其遣送回国。同时，由于花费了高额的婚姻费用，多数中方男子拒绝办理离婚手续，这也致使很多“跨国新娘”逃婚。与东兴同为边境城市的崇左市，2011—2012 年在崇左市民政局登记结婚的一共有 100 对，而登记离婚的仅有 3 对，[②] 当地的工作人员透露：“这类跨国婚姻办理离婚登记之所以那么少，并不是因为跨国离婚的真的就那么少，很多人离婚都不来办理手续。”这也使这类流动人口的流动性增强，形成社会新的不安定的因素。

---

① 数据来源：崇左市民政局提供。

② 数据来源：崇左市民政局提供。

案例 4 口述笔录 东兴镇 黎某 越族 28 岁 “越南新娘”

我今年 28 岁，嫁到中国来的时候只有 24 岁，我的学历水平很低，只读过小学。我家（娘家）在越南那边还有 1 个妹妹和 1 个弟弟，我和我妹妹都已经不读书了，因为家里比较穷。我很小的时候就出来赚钱，18 岁的时候就到中国来打工，干过卖越南香烟、粉店服务员等之类的工作。之所以会嫁到中国来，是因为我觉得中国的环境比越南好，而且，我和我现在的老公是在中国认识的，他比我大 7 岁，我们是有感情基础才结婚的（通过自由恋爱）。我现在生活条件也挺好的，虽然现在我的生活看起来还是不怎么好，家里也是农民，种田种水稻，但是，我还是很知足的。

三、通婚流动的原因

（一）便利的地缘条件

中越两国边境地区紧密相连的特殊地理为中越边境的跨国婚姻提供了便利的条件。中越两国山水相连，边境线上没有天然屏障，部分地区仅一步之隔，甚至有些村屯就位于中越边境线上。即使在两国交界边境线上有河流，河道、水流也很狭窄或者干涸，起不到屏障的作用。例如位于广西东兴市仅 10 多米宽的中越国界河流——北仑河。在漫长的中越边境线上，除了中越两国设立的出入境口岸外，还有许多小径可以通往两国，两国边民之间通过大路小径进行接触、交往。漫长的边境线为中越两国边民的往来提供了便利。

（二）跨国民族之间同根民族认同与文化联系

中越两国民族划分的名称虽然不同，但实质上，中国的壮族与越南的岱族和侬族是同根的民族，他们本来就是一个大的民族群，彼此在语言、风俗和宗教信仰上基本相同。由于分属不同国家，使他们有着不同的国家认同，但不同的国家认同并不影响他们之间的民族文化认同，正是在这种共同的民族文化认同中，使两国的年轻人彼此沟通起来没有任何障碍，互相接近容易，并在交流中建立感情，最后实现联姻。

由于中越边境双方民族之间一直存在的历史文化联系与认同，使他们在彼此的交往中缺乏国家民族的区别意识，对他们来说，彼此之间本是同根同源的民族关系，也正是这样的认同使得中越壮族边民之间的婚姻联系更加频繁，持续不断。

（三）经济差异的相互吸引

越南妇女远嫁中国的一个重要的原因，就是当地百姓生活条件十分艰苦。越南战后经济恢复和经济建设缓慢，人民生活困难，生活还不及中国20世纪80年代的水平，而且妇女的地位低下，很多年贫穷状况难以改变。在中国改革开放政策的带动下，中越边境地区的中国居民生活水平普遍比邻近的越南居民生活水平有了更大的提高，许多越南女子渴望摆脱困境，想到中国谋生路，而通婚无疑是最佳的选择。因此，中越边境跨境婚姻的人口流动会越来越突出。

对于一些中国男性边民来说，他们由于家境贫寒在中国娶不起妻子或丧偶，只好娶越南女子，并且不需要花多少彩礼就能够娶到越南媳妇。例如在广西凭祥市上石镇娶“越南新娘”只需2000元人民币左右，而取中国女子则需7000到10000元，娶“越南新娘”既节省在国内传统娶妻的高额花费，又十分省事，尤其是那些较为贫穷的边民，大多采取跨境婚姻来结束自己的单身生活，这样既省钱又省事。近年来，越来越多在国内找不到配偶的男子把眼光投向越南、缅甸女子，一些条件并不差的中国男性边民也愿意娶越南女子。

（四）性别比例失调的互补

在越南，女人地位普遍不高，但是越南妇女在中国却有很大“市场”。由于中国素有重男轻女的思想，再加上已执行数十年的独生子女政策，中国目前已经处于男多女少的困境之中，并且有数千万到了适婚年龄却找不到老婆的单身汉，其中以农民居多。因此，身处边境贫困地区又找不到媳妇的单身汉就把眼光投向了邻国越南。据报道，2000年，中国的男女比例为117：100，而农村地区的男女比例高达132：100。[①] 并且，至2020年，中国内地达到婚育年龄的男性要比同龄女性多出4000万。为解决男子的婚配问题，外国新娘大潮涌入中国就显现出其可能性与互补性[②]。

（五）人口贩卖等婚姻买卖行为

在中越边境地区人口流动频繁，流动速度快，相关部门对这类跨国流动的人口管理较为薄弱，造成了“人贩子”活动猖獗。“人贩子”互相勾结，拐骗越南妇女非法进入中国，继而转卖他人为妻，牟取暴利，一部分非法的越南新娘、非法的跨国婚姻也由此滋生。根据相关报道，“人口贩卖”式的婚姻买卖行为采取跨国的“拐骗—接运—窝藏—贩卖”越南妇女的一条龙运作方式，建立了地下贩卖通道，使得相关部门的管理难度加大，进而间接导致了非法跨国婚姻在中越边境地区的泛滥，造成恶性循环。人口贩卖非法婚姻的买卖行为形成的人口流动具有特殊性和复杂性，相关部门对这部分数据的掌控还存在空白。

---

① 李雪岩、龙耀．中越边境跨国婚姻问题研究（妇女篇）［J］．世界民族，2008（4）．

② 温格·戴尔．中国需引进四千万外籍新娘［N］．参考消息，2007－1－15.

第三节　犯罪性流动

由于越南在地理上同中国毗连，优越的地理环境，便利的交通，这有利于中越两国的友好往来，但同时也为境外人员非法活动提供了便利。非法的跨界人口流动，给中国的社会治安和涉外管理带来了多重考验。

一、非法入境的人口流动

近年来，各种非法入境的人员被查获的情况已经屡见不鲜，并且人数惊人。来自中国新闻网一篇题为《广西边境非法入境者逐年增多以女性为主》的报道中，涉及非法入境的数据显示，2009 年广西警方查获非法入境人员数量为 1820 人；2010 年为 2055 人；2011 年为 2988 人，分别比上一年增长 12.9%、45.4%。仅 2012 年上半年广西警方就查获 2606 名非法入境人员，同比增加 32.6%。[①] 这些非法入境者大多都是进入中国内地务工的劳动者，非法劳工大量进入中国，涌入珠三角等发达地区的工厂，寻找“中国打工梦”，而地处中越边境的广西东兴、凭祥被视为越南非法劳工进入中国的主要通道。

广西东兴市与越南芒街市隔着的 20 多米宽的界河北仑河，河水较浅，人们很容易就越过界河。在北仑河面，许多越南籍小船在河面上穿梭，这些小船是为非法入境的人员提供的，非法入境的人员只要付给船主 3 元人民币便可顺利过境。据北仑河附近的居民介绍，在北仑河每天都会上演“偷渡”的场景，尤其在半夜，坐船偷渡的非法入境活动变得异常猖狂。一位当地的民警说：“这些偷渡人员几乎都是在半夜行动，不打手电，动静很小，轻轻地用小船划过来，几乎很难发现。”大部分的非法入境的人员表示，几百元的签证费太贵，迫于无奈，他们只能采取这样的方式。

事实上，非法入境的劳工进入中国已经有了不短的历史，随着时间的推移，他们不但活动在边境地区，甚至已经深入中国腹地，而且形成了规模性涌入。大量越南人非法进入中国务工，劳动部门无法对其进行有效监管。他们潜入中国后，有的分散到农户家中干活，有的直接买张车票就从高速公路、铁路经南宁去广东、福建等地打工。那些深入中国腹地的非法劳工以“蚂蚁搬家”的形式，先是偷渡过河，到达河对岸后乘坐摩托车迅速离开，或者通过一些小道，绕过检查站，化整为零进行偷运，在高速路上转运上客车，然后再到达中国腹地。在广西边境地区开往内地

---

① http://www.chinanews.com/sh/2013/02-19/4578151.shtml.

的一些客运车辆中，车主为了揽客，一般不会过问乘客的身份，甚至可以帮助越南乘客躲避国内二线边防检查。具体做法是：车到二线检查站前让越南人先下车，然后乘坐约定的摩托车走小路避开检查，等过了检查站再重新上车，这样非法劳工就可以被直接送到用工紧张的各个地方。一名家在越南芒街的越南妇女说："去广州的饭店洗碗，包吃住每月工资有一千多元，如果在越南做同样的工作，只有几百元，所以很多人愿意冒险到广州去。"

中国劳动力短缺现状也是吸引越南劳工非法入境的一大原因。例如，广西作为国内最大甘蔗种植区，每年12月到次年4月需要大量工人砍收甘蔗；近年来广东、福建、江苏等地区企业也频频出现"用工荒"。而越南劳工吃苦耐劳、低薪资的特点，正好填补了这些需求。中国内地企业雇用非法劳工是为了降低成本，但非法劳工的涌入也不可避免地带来了很多问题。

案例5　口述笔录　东兴北仑河沿岸　王某　瑶族　男　52岁　接客摩托车司机

在这里每天都有人偷渡，有越南人到中国来的，也有中国人到越南去的。有时候我们会在这里等待越南人偷渡，他们都是乘船过来的，一到岸边，就马上上摩托车，我们也知道他们的这种做法是违法的，但是我们也就只是接客，他们说到哪我们就把他们拉到哪里去，很多人一上车都会叫我们开快一些，因为他们也害怕被我们边防的人抓，一旦被抓他们就要被罚款。他们偷渡的人其实心里面是很害怕的，上了船之后警惕的心很高，看看有没有中国边防的人，有时候船就停在河中央迟迟不敢过来，或者船过来了一半，看到有边防的人在这边查岗的话，又马上退回去。甚至有一些人都不从这个渡口上来，北仑河沿岸都是围有一些栏杆，他们过来的时候，船主都会为他们准备一个梯子，到河岸之后，先把行李扔上来，然后再爬梯子越过栏杆，他们的速度必须要很快，一上岸就马上上车走人，不然一旦被发现就被抓。这些偷渡过来的越南人，他们在中国是有熟人的，不然他们也不敢那么大胆地过来了，这边的中国人会事先安排好车子在中国这边接应。

中国人偷渡到越南去的话，是必须要有越南人带过去的，花300块钱就可以安全地过去了，这个比签证要便宜，有越南人带过去就可以轻松地过越南人那边的边防，回来的时候也必须要有越南人带回来，不然就过不了那边的边防。很多在这里摆摊卖东西的越南人也干这种事，他们说这300块钱一部分交给那边的边防，一部分归自己，算是"保过"费。具体他们从中赚了多少钱，我们也不太清楚。

二、走私犯罪的人口流动

走私犯罪最明显的行为特征是其跨境性、跨国性。它是指不法分子故意违反海关法与其他有关法律、法规，逃避海关监管，非法携带、运输以及邮寄国家禁止的出入境物品，或者偷逃应缴关税，走私犯罪行为会对国家对外贸易管理制度和海关监管秩序产生破坏性。

中越边境走私现象在很早的时候已经存在，但在两国关系正常后变得更为严重，中越边境海上走私活动主要集中在广西北海—越南广宁、海防等地；陆路段则以广西东兴—越南芒街、广西凭祥—越南新清段为甚。在广西东兴，走私活动频繁的区域包括了历尾村和越南茶古坊，走私者使用快艇走私，只需20分钟便能从越南三屯茶古岛海面到达防城江山乡的石角村，然后直接上防东二级公路，绕过历尾设立的横江检查站。万尾附近海域的走私路线，主要是从香港运货到越南三屯茶古岛海面，在海上完成交易后即由走私快艇运到防城江山乡石角村，并通过防东二级公路进入内地。东兴年鉴的统计数据（2009—2010）显示，东兴市打击走私办公室在2010年共查办各类走私、违规案件191件，总案值约1573.32万元，抓获涉嫌走私人员152人，查扣涉嫌走私交通工具207辆（艘），查获涉嫌走私物品主要有汽车、橡胶、香烟、酒类等。近年来，中越边境走私活动已经发展成为有组织、有计划、活动频繁甚至由中越双方共同进行的违法活动。

三、被拐卖的妇女儿童形成的人口流动

出于暴利的驱使，边境地区拐卖妇女儿童的犯罪活动比较猖獗。近年来，中国广西警方破获的跨国拐卖妇女儿童案件不在少数，表明边境地区拐卖妇女儿童的团伙犯罪呈上升趋势。杭州网一篇名为《中越联手打击拐卖妇女儿童犯罪》的报道中提到，仅在2000年打击拐卖专项斗争中，广西全区就破获拐卖妇女儿童案件1039起，抓获拐卖、拐骗妇女儿童犯罪嫌疑人1800多名，解救被拐卖的妇女儿童4000多人，其中儿童600多人。这些团伙有的专门拐卖婴幼儿，有的专门拐卖妇女为人妻，有的专门拐卖逼迫妇女卖淫等，团伙成员分工明确，拐骗、收买、运送、中转、联系出卖环环相扣。在广西发生的跨国拐卖越南妇女案中，也经常是中越人贩子相勾结的团伙犯罪。由越南人贩子在越南拐骗，将越南妇女带到广西凭祥、东兴、宁明、龙州一带，再由在中国边境接应的人贩子带到内地或外省出卖，谋取暴利后分赃。在团伙犯罪中，以家族、亲属、同乡关系为纽带比较突出。[①] 中越边境的拐卖妇女儿童现象使得许多被拐卖的妇女和儿童遭受了巨大的精神、肉体摧残和

① http://www.hangzhou.com.cn/20040101/ca462827.htm.

折磨，产生了很多不良的社会影响，加大了相关部门对这一类人口流动打击的难度。

四、从事色情业的人口流动

从事色情业的跨境流动人口分为两种情况：一种是带有强迫性的。据了解，人口贩卖中有一部分妇女被卖掉从事色情工作。根据东兴统计年鉴的数据，2005 年 7 月至 8 月，广西公安机关与越南警方联合开展打击跨国拐卖妇女儿童犯罪专项行动。据统计，专项行动期间，全区公安机关破获跨国拐卖越南妇女儿童和强迫越南妇女卖淫案件共 27 起。从事人口拐卖的犯罪分子，他们往往到越南山区寻找目标，将 15—17 岁的越南女孩骗到中国，对其父母说是到中国来打工，一般一次性付清三年的“工资”，交完钱后，小女孩就被老板控制，到中国边境或内地从事色情工作。另一种是自愿性的。这部分的色情工作者则是自主流动到中国的，在一些隐蔽的场所（如发廊）自愿从事这种违法活动，从而谋取高额的报酬。色情服务业现在主要处于地下活动状况，比如在一些发廊打着剪发、按摩的旗号，但实际上，在这些发廊当中都有一些专门从事性工作的“发廊妹”和“按摩女”。浦寨的一名出租车司机说：“在中方的浦寨和对岸越方的新清都有一些专门从事性工作的‘发廊妹’和‘按摩女’，相关部门无法直接取得相关的证据，因此，对于这类色情业也很难监管。”跨国的色情业不单单在广西边境地区泛滥，在我国云南境内靠近缅甸边境的某些人口流动量较大的地区，色情业也是屡禁不止。卖淫嫖娼等涉黄违法活动，不仅是造成各种性病和艾滋病传播与蔓延的重要媒介之一，而且还严重地败坏了社会风气，污染社会环境，有损一个地区甚至一个国家的良好形象。

第四节　旅游等其他流动

中越跨界人口流动除了劳务及商贸流动、通婚流动、犯罪性流动之外，还有因跨境旅游、政府公务交往、民间文化交流而引起的跨界人口流动等。

在跨境旅游流动方面：根据中国口岸年鉴的统计数据显示（图 5.1），广西接待的入境旅游人数 2008 年为 2010225 人，2009 年为 2095516 人，2010 年为 2502363 人，分别占出入境总人数的 31.85%、38.22%、40.04%。[①] 虽然 2008—2010 年广西口岸出入境的总人数逐年小幅度降低，入境人数也有所降低，但是入境旅游人数是逐年增长的；同时，2008—2010 年入境的跨国类旅游人数分别占入境总人数的

① 叶剑．中国口岸协会主编．中国口岸年鉴［Z］．中国海关出版社，2010.

54.56%、64.53%、80.12%，由此可见从广西口岸入境的旅游类人数所占的比例很高，且增长的速度很快，跨国类流动人口的流动强度大。

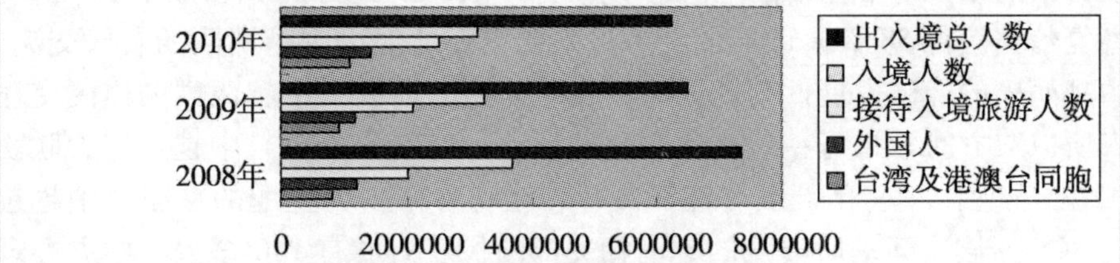

	2008年	2009年	2010年
■出入境总人数	7351905	6495561	6249772
□入境人数	3684359	3242069	3123146
□接待入境旅游人数	2010225	2098516	2502363
■外国人	1200138	1173816	1413870
■台湾及港澳台同胞	810087	924700	1088492

图5.1　广西接待入境人数情况（2008—2010）

在东兴市，旅游成为其发展经济的三大支柱之一，“旅游旺市”已成为东兴市发展经济的战略目标。东兴市主要利用边境旅游、边民互市等优惠政策，采取“走出去、请进来”等多种形式，逐步形成了独具特色、富有吸引力的跨国旅游。东兴口岸旅游类跨国人口流动具有以下特征：第一，每年春节、“五一”、“国庆节”旅游黄金周跨国旅游的人数较多，流动性比较大。每年春节、“五一”、国庆节“旅游黄金周”，从东兴口岸出境跨国游的旅客络绎不绝，整个口岸热闹非凡，如根据人民网一篇题为《广西东兴：303个旅游团队2万多名旅客跨国过春节》的报道中提到，2012年春节，东兴口岸共验放出入境旅客22356人次，303个旅游团队跨国过春节。① 许多有条件的中国旅客都愿意携全家出国迎新春，享受别样的春节气息；而部分外籍旅客则通过东兴口岸入境中国，体味中国特色的新年风味。第二，跨国旅游主要是以两种形式出现——旅游团和平时的散客。根据东兴市旅行社的工作人员李先生介绍，旅游团的人员构成以中老年为主，其职业大部分属于退休干部或者退休企业职工；而平时的散客则以边境自驾游为主，一般是携家带口。第三，跨国旅游停留时间很短，人员流速快。据旅行社的介绍，来中国旅游的越南游客中，东兴市边境一家旅行社的统计数据显示，有50%的人选择广西境内的桂林、北海、南宁等地，这一类的游客停留的时间一般是一周之内。另外还有相当部分团队线路延伸至广州、深圳、苏杭、珠海、上海、北京等地，对于这类游客而言，东兴口岸仅仅为其中转之地，在东兴的逗留时间一般也就是1—2天。

在政府公务往来流动方面：东兴统计年鉴的资料显示，2009—2010年，东兴市

① http://bf.people.com.cn/GB/16965810.html.

市外侨办办理因公出国（境）共 11 批次 48 人次，组团出访 22 批次 271 人次，接待涉外来访 33 批次 1696 人次，组织、配合进行对外正式或非正式会谈、会晤共 37 次；接待来访华人华侨、归侨侨眷 1390 多人次，出具办理归侨侨眷证明 546 份，处理答复信访信件 58 件。政府的公务往来能更好地促进中越两国的友好交流合作，推动中越两国的经济发展。与此同时，在中越边境地区，中越两国的边民交往早已有之，所以双方时常举行一些文化交流的活动，如京族哈节、中越友好大联欢对歌等。2009 年 6 月 5—8 日，以“睦邻友好、互利合作”为主题的首届“中越边民大联欢”举行，该次活动所涉及的越南相关部门代表人员有 140 多人，中方办理出入境人员 600 人次。至 2010 年，“中越青年大联欢”中越双方共 10000 名青年参加，其中包括越南 58 个省的3000 多名青年，中方的7000 多名青年。这种文化上的交流本身直接促成的人口跨境流动是定期而且短期的，但是这种文化交流所促进的经济和社会生活上的来往形成的人口跨界流动，却又是深远的，能更好地促进跨界民族的友好交往与联系。

第五节　越南难民跨界流动

越南难民是跨界人口流动中的一个特殊群体，长期以来，难民都存在身份不明、治安混乱、教育和经济落后等问题。近些年，由于部分越南难民在中国已经居住 30 多年，“二代难民”甚至“三代难民”已经逐渐成了难民主体，在历史问题未解决时，难民跨界流动所带来的就业、教育等新问题又在不断涌现，难民跨界流动问题与跨境民族等问题交织在一起，进一步增加了难民问题的复杂性。

越南难民跨界流动相比其他形式的人口流动，统计更为复杂，对越南难民跨界流动问题的研究很难从整个西南地区进行把握，因此，本章主要以云南省红河州河口县为研究对象，对河口县难民集中的地区进行实地调研，以期了解越南难民跨界流动的状况。

一、越南难民流动历史

根据相关的资料，越南难民流动的历史主要有以下三个阶段：第一个阶段是二次印度支那战争引发的印支难民潮，这些人大多逃往美、法、澳大利亚等国家，还有些则来到中国，这是最早一批来到中国的难民。第二阶段是越南政权对在越华裔商人的迫害所引发的难民潮。越南统一以后，1975 年至 1977 年期间，越南政府首先把解放时仍被华人大家族垄断的关键经济部门，尤其是大型工业部门收归国有，并限制每家的财产数量，努力地迫使华人同化。越南政府所采取的这一政策迫使很多越南华人逃离，部分逃往中国。第三个阶段是中越战争爆发及排华行动所引发的难民潮。也就是在1975年至1977年期间，柬埔寨问题、苏联在越南活动的增加导致中越关系逐渐恶化，越南当局开始有计划、有步骤、有组织地进行反华、排华运动。① 由于越南当局在1977年执行这种驱逐政策，导致大批华人开始成群结队地越过边境线。据统计，仅1978年的印支难民中，就有20多万是被驱赶入中国的华人华侨，而到了1980年，被越南当局驱逐出境的华人华侨已到100多万人。② 1979年2月17日，“边界自卫反击战”爆发，大量的难民涌入中国。与此同时，由于越南推行所谓“大印支联邦”计划，这消耗了其大量国力，其推行的经济政策也使得战后经济陷入困顿，广大居民尤其是农民的生活极为窘迫。生活的困苦使得众多华人逃离越南，很多人越境来到中国，沦为难民。据统计，在1978年至1988年的十年间，进入中国的印支难民有28.3万多人③。大量难民渡过红河进入河口县，根据当地民政局官员估计，当时进入河口的越南难民约有5万人，这些数据与河口县志中的记载相符。

难民涌入中国，中国政府当时采取了一定的措施对这部分流动的难民进行安置。“为每一个来到中国的越南难民提供永久性难民庇护”是中国政府当时做出的承诺，中央政府对难民的政策是：“一视同仁，不予歧视；根据特点，适当照顾。”④ 各级涉及安置难民的地方政府都严格执行中央的指示和要求，虽然各个地方具体的措施有所差别，但是政府在免费提供能维持他们生存的基本生活生产资料，比如住房、粮食、生产工具等方面却是一致的。

为了安置这些难民，中国政府专门设立了安置机构，云南省河口县就专门设有这样的难民办公室。在安置方式上，难民最集中的两个省份广西和云南分别采用了不同方式。广西安置的方式主要有三种：一是自治区直属华侨农林场和国营农林场。二是有条件建渔港的沿海建渔业队。三是在11个厂矿企业安置有一技之长的难侨。⑤ 在云南，难民的安置主要是两种：一种是集中安置，主要安置在农场和农村地区；另一种是分散安置，一般安置在企事业单位。安排在企事业单位的人数比较少，主要还是大规模安置于农场和农村。

二、河口县难民的基本现状

河口县位于云南省东南边陲，因地处红河与南溪河交汇口而得名，隶属于红河州。河口县面积1332平方公里，国境线全长193公里，与越南社会主义共和国老

---

① 向大有．关于印支华裔难民问题的再认识［J］．八桂侨刊，1988（1）．

② 杨立冰．印支难民出逃原因浅析［J］．八桂侨刊，1987（2）．

③ 丁补、梁嘉琳、徐臻．从难民到国民印支难民安置的北海样本［N］．南方周末，2009－10－14.

④ 滇人．越南难民在中国［J］．新西部，2007（6）．

⑤ 尹鸿伟．越南难民的中国命运［J］．南风窗，2007（6）．

街省山水相邻，县内居住着汉、瑶、苗、壮等24个民族的人口。河口县的难民大多为20世纪70年代末涌入中国内地的越南华裔，河口县见证了边界战争的争端和难民潮的到来。可见，和越南老街省仅一河之隔的河口县具有很好的代表性，是今天越南难民状况的一个良好典型。

根据河口县民政局提供的数据，截至2010年8月，河口难民共有2052户9223人，其中男4321人，女4902人。男比女少581人。如前所述，难民安置主要有两种方式，具体情况如下：一是农场安置，总共四个农场，分别是南溪农场、蚂蝗堡农场、坝洒农场、河口农场，总计1511户，人口6576人，其中男3125人、女3451人；二是县属安置点，总共五个，分别是岔河难管区、南屏十二队、老凹厂、桥头乡、南溪镇，总计541户，人口2647人，其中男1196人、女1451人。[①] 总体上来说，河口县的难民集中地区主要是河口县岔河、南屏十二队、坝洒农场、河口农场和桥头乡以及南溪镇。

三、河口县难民存在的问题

为了能深入了解河口难民的情况，我们采用了实地调研的方法，本次调研主要采用问卷和访谈的方法。有效问卷331份，32个访谈，主要调查了由于历史原因流动过来的难民当前存在的问题，主要包括身份确认、就业、教育、国家认同等方面。

（一）国家认同问题

在中国生活了30年的近30万难民，到底他们对中国的感情如何？这会对难民在面临和国家利益有关的选择时的行为产生重大影响。调查结果显示，难民对中国的国家认同感比较高（见表5.1），以“平时关心中国时事和新闻的程度”这一选项为例，“不太关心”、“漠不关心”的人只占16%，其他三个问题的调查中最后两项所占比例总和也分别只有28%、15%和3%，这些数据都充分表明难民有一定的中国国家认同感。但我们也发现，难民的国家认同感与本地市民相比还是较低，我们采用同样的四个问题来对当地市民进行了调研，并以之为参照数来测量难民的国家认同感高低，结果发现难民国家认同感的强度低于当地市民。难民有一定国家认同感但相对偏低这一事实，说明越南难民的国家认同感需要进一步培养，而且是有一定培养基础的。

---

① 数据来源：河口县民政局。

表 5.1　越南难民对中国的国家认同感

问题 1：平时关心中国时事和新闻的程度（%，百分比）					
	非常关心	比较关心	一般	不太关心	漠不关心
难民	15	30	39	12	4
本地人	38	27	30	3	2
问题 2：对上海举办世博会的感觉（%，百分比）					
	非常自豪	比较自豪	一般	没感觉	根本与我无关
难民	21	25	26	17	11
本地人	42	20	23	14	1
问题 3：看到升起五星红旗时的感觉（%，百分比）					
	非常激动	有点激动	一般	没感觉	不舒服
难民	30	26	29	15	o
本地人	51	30	16	3	0
问题 4：听到对中国的歪曲报道时的态度（%，百分比）					
	强烈的愤慨	有点气愤	无所谓	冷静的，一分为二地看待	表示高兴或赞同
难民	24	48	25	3	0
本地人	44	41	6	9	0

（二）身份认同问题

在面对跨界流动的越南难民问题时，我们必然会有这样两个问题：一是这些难民认为自己是哪个国家的人，这个问题可以帮助我们了解到难民的中国国家认同情况。二是本地人又认为他们是哪国人，这个问题的回答可以让我们进一步确定越南难民身份认同是否存在一种仅仅是自我认同的尴尬。

我们的问卷显示，难民对自己的身份认同几乎是“一边倒”地认为自己是中国人（见图 5.2）。这一结论和之前问卷中反映出的国家认同感偏低这一情况结合，可发现难民对中国的感情比较复杂。一方面他们觉得自己是中国人，这和难民中绝大多数祖上本是华人有关，长达 30 年的中国生活也让他们早已把自己当中国人了，在中国出生的难民更是先天地认为自己是中国人。另一方面，他们又觉得这个国家及其国民并不这么认为，难民觉得很多本地人看不起他们，不把他们当中国人，这一点在我们对本地市民的调查中也得到了证明。

我们通过问卷调查市民心中的难民身份归属，得到的结果却是有很大不同的，只有25%的本地市民认为难民是中国人（见图5.3），有47%的人认为越南难民的身份应由政府来决定，有21%的人认为他们还是越南人，不认为他们是自己的同胞。可见认为难民是越南人与认为他们是中国人的比例几乎是持平的。这显示，当地人对难民的接纳存在巨大的意识问题。

至此，我们可以得出结论，越南难民有着强烈的中国身份认同，但本土市民在身份认同上却相差很大，认为他们是中国人的比重相对较低。

难民对自己中国人身份有强烈认同，但却长期无法持有身份证和户口本，这在很大程度上刺激了他们的情绪，在经济规划、教育和就业等方面也未获得等同的国民待遇，同时也未获得当地绝大多数人心理上的国民身份认同，这在很大程度上也销弱了他们的国家认同感。

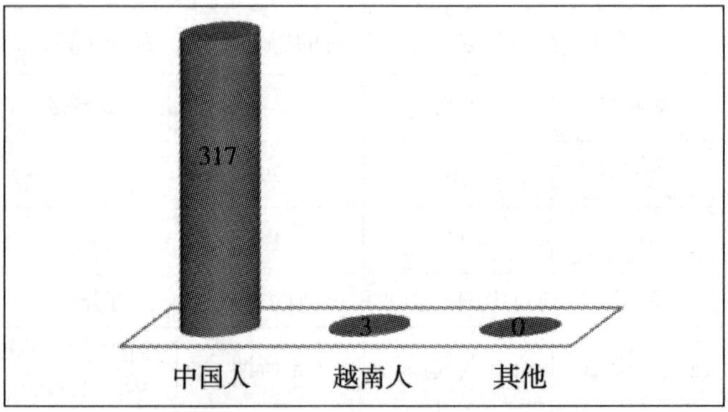

图5.2　越南难民对自己身份的认定

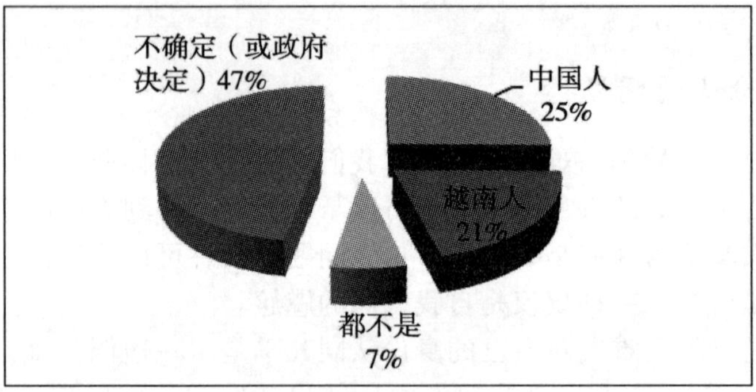

图5.3　当地市民对越南难民身份的判断

（三）交往问题

交往问题也就是指难民与当地居民的相互融入情况。就市民与难民交往来说，市民中与难民正常交往的只占到14%，频繁交往的为22%（十分频繁与一般频繁的总和），而不交往的占到42%，偶尔交往的占22%（见图5.4）。我们对难民调查他们与当地市民的交往情况是，选“不交往”的占到32%，偶尔交往的占20%。可见，无论是从当地市民还是难民角度来看，彼此都不是最重要的交往对象，而且不交往的在两个群体里都占了相当大的比重，这说明当代市民与难民的交往还是很有限的。

而交往程度较低有很多原因，其中一个可能的重要原因就是难民与市民之间彼此的交往意愿较低。我们的调查显示，难民内心更愿意和一起移居的人交往，比例为49%，而更愿意和中国本地人交往的占43%，更愿意和越南人交往的人占到4%。可见，本地中国人并不是难民心目中最愿意去交流的人群。我们访谈的结果也和这个数据基本吻合，访谈显示，在难民日常生活中遇到困难和麻烦的时候，他们更愿意寻求来自家人、家乡的亲戚朋友和同乡人的帮助，而对当地居民和政府的期望却很少。

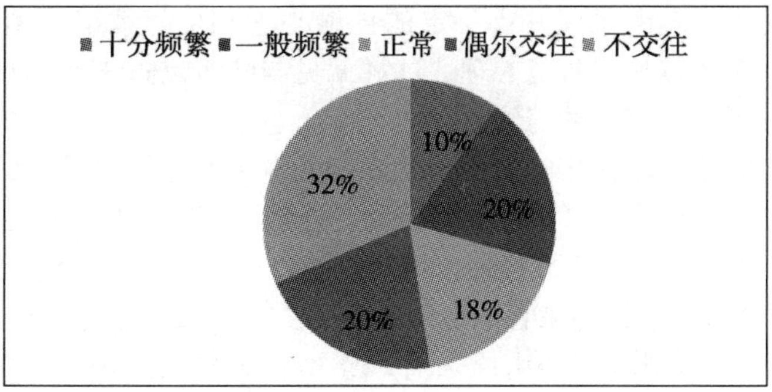

图5.4　难民认为与市民的交往程度

为了更准确地测量当地人与难民的交往意愿和态度，我们设计了另外一个命题来反映，即当地人与难民的通婚意愿。通婚意愿在很大程度上可以综合反映与对方的交往意愿、社会地位等的看法，这个问题测量的结果有强真实性，可更准确地得到当地人和难民的交往意愿以及对难民的整体态度。我们的问题具体设计为“是否愿意自己或自己的亲人朋友与难民通婚”，结果显示，明确说愿意的只有7%（图5.5），而明确说不愿意的占到55%，这样一组数据充分说明，当地市民和难民的交往意愿同样不高，而且还可能带有一定的歧视和偏见（这在后面的测量中得到了证明），当地人觉得难民的综合社会地位不高。而这个数据在表明市民与难民交往意愿不高的同时，也隐含着一个重要的趋势，难民和本地市民之间的交往沟壑在下一代中还有极大可能继续存在。

可见，无论从难民角度还是从市民角度，彼此的交往意愿都不算高。

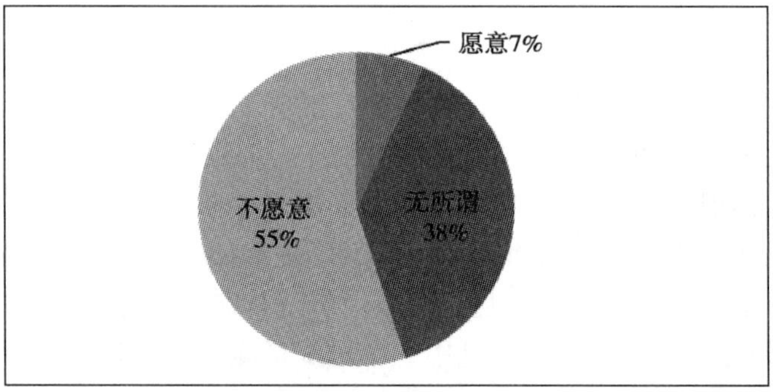

图 5.5　当地人与难民通婚意愿调查

交往程度与交往意愿的不高有距离、心理等多种因素。从距离上来说，难民同胞居住地大南溪和坝洒农场离河口县城相对都比较远，距离导致了人们之间交往的缺乏。但是，这里更重要的原因是心理上的，当地很多人始终认为他们是属于外来人口，不是中国人，而且难民的到来在一定程度上还占据了本应属于自己的资源，这让一部分当地人对越南难民怀有一定的抵触心理和反感情绪（图 5.6），很多市民对难民存有一定的偏见和防范心理，这种偏见与防范反过来也让难民产生了抵触情绪，进而产生了不愿交往的情绪。

下面，我们呈现调查中当地居民对难民态度的具体情况（图 5.6）。调查结果显示，对难民有“歧视偏见”、“防范敌视”和“怜悯同情”等非正常心理的占到 37%，其中选择前两项的占 25%，可见当地市民对难民的态度是存在很多问题的。不过可喜的是，我们的调查显示，总体来看，当地居民现在对难民的看法与过去相比已经有了一些改观，正常对待的比例已经由原来的 56% 增长为现在的 63%，但这一变化的幅度也还是有限，尤其是“歧视”和“敌视”两类的比重没有太大变化。

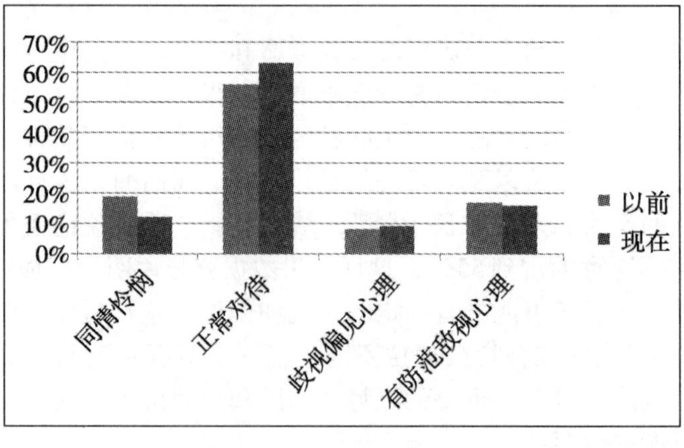

图 5.6　当地居民对越南难民的态度

我们的调查也显示，本地市民对难民的信任感较低，在我们设置的“认为难民的诚信度如何”的四个选项中，选择较高的只有7%，选择一般的为49%，选择较低和低的则分别为30%和14%，后两者的和为44%（见图5.7），显示市民心目中难民诚信度较低，对难民没有高信任感。

造成当地市民对难民的偏见和不信任的原因是多方面的，从我们访谈的情况来看，其中一个重要原因在于难民文化素质不高、就业程度低，很大一部分人只上到初中就不再继续上学，就业又比较难，农忙季节也帮家里干农活，闲时就到附近的村庄和县城到处闲逛，其中一些养成了好吃、享受、懒惰的性格，而且还有很多的不良习惯，尤以青年人吸毒最为严重，同时还伴随着偷窃、欺诈等行为的出现，影响和威胁着当地人的人身和财产安全，使得难民在当地人心目中的形象受损。

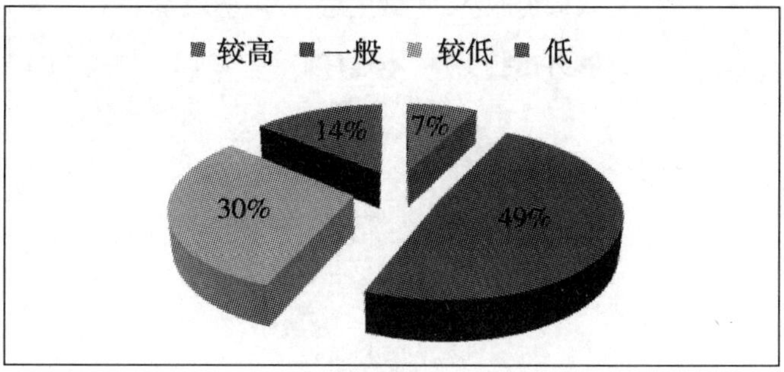

图5.7　市民心中的难民诚信度

以上数据表明，难民和本地市民在交往意愿和交往程度上都还相对较低，如果不采取措施，这样的隔膜很可能会传递下去。

（四）生活质量问题

通过问卷调查发现，绝大多数难民家庭的收入只有5000元人民币左右，人均收入1250元左右，而红河州2009年的农村人均收入已达3446元（中国统计年鉴），我们的问卷也显示，难民中高收入家庭的比重非常低，难民家庭总收入3万元以上只有3%，1万元以上的也只占17%。同时，难民的生活满意度较低（见图5.8），对生活“非常满意”和“满意”的只占18%，而与之对应的“非常不满意”和“不满意”的比例总和为50%。实地调研也发现，当地难民生活并不富裕，在“南屏十二队”的老村，难民们的居住环境和居住条件都比较艰苦，大多数人家住的都是自己用木材搭建的简易木瓦房，还有一些人家住的还是国家一开始安置他们时的石头仓库房子，面积狭小，大多数家庭摆设也很简单，只有一些家庭日用品。在其他几个难民村，新农村建设工程给建起了房子，但也可以看出绝大部分家庭家具陈设比较简单。

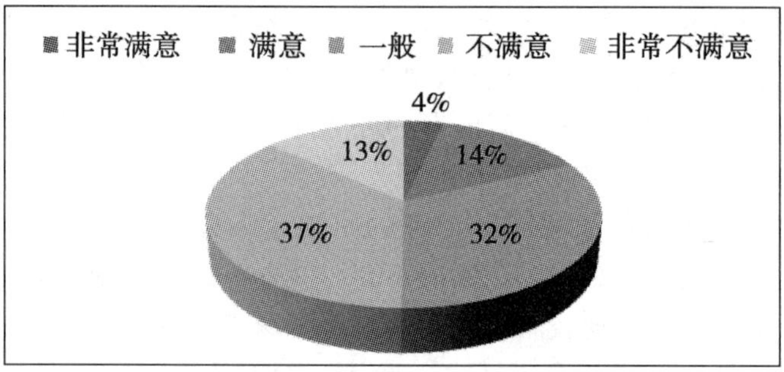

图 5.8　难民目前对自身生活的满意度

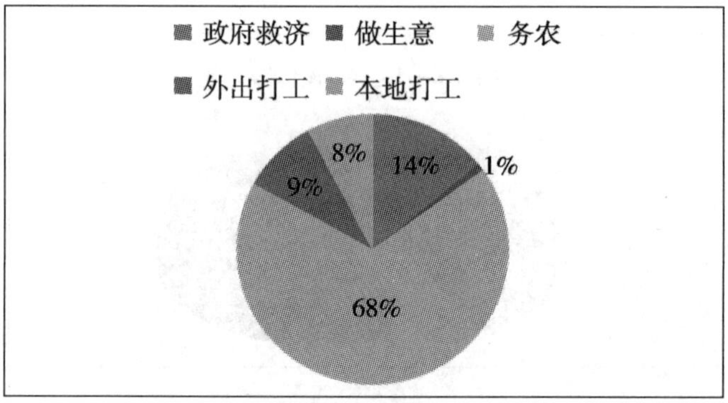

图 5.9　越南难民家庭主要收入来源

难民生活满意度低很大程度上是源于生活质量低，生活质量低的原因在于收入低，河口难民收入低的一个重要原因是难民收入来源主要是务农和政府救济。我们的调查显示，农业收入和政府救济占了整个家庭收入的 82%（图 5.9），其他收入来源较少，尤其外出务工人员比例较低（9%）。

（五）就业问题

对跨界流动的难民而言，就业问题一直是个大问题，从图 5.9 可以看出，家庭收入来源中打工和做生意所占比重一共只有 18%，这充分说明了，难民的就业问题严重。我们在具体调研中也发现，难民村中很多青年在家无所事事，在我们的受访者中就有很多是无业在家的青壮年。

针对难民的就业难问题，我们也进一步调查了这一问题的原因，结果发现，难民就业的最大困难在于学历过低，为 49%（见图 5.10），其次是户口问题（28%），可见，教育落后是就业难的一个重要因素。在年轻一代中，普遍低学历给他们的就业带来了很大障碍。而户口问题作为一个就业的重要障碍正在得到解决。

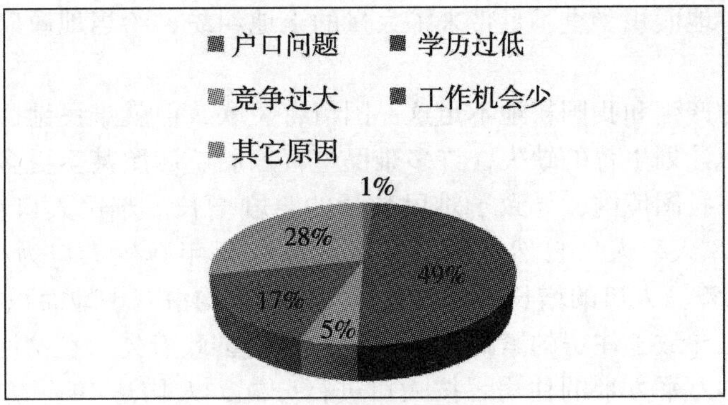

图 5.10　难民就业过程中面临的问题

低就业在影响难民家庭收入的同时，也严重影响到了当地的治安，据当地一政府部门官员估计，约1/3的河口治安事件与难民有关，难民村中吸毒现象也比较严重，我们所去的调研点之一的南屏十二队吸毒问题尤为严重。就当地治安问题，我们也对河口当地市民进行了问卷调查，结果显示，认为难民对自己生活存在威胁的市民占到26%（见图5.11），在这些治安问题中，比重最高的是吸毒贩毒，占到37%，其次是偷窃（30%）、人身安全（13%）、欺诈（12%）。可以说，治安问题是难民给当地带来的一个主要问题。

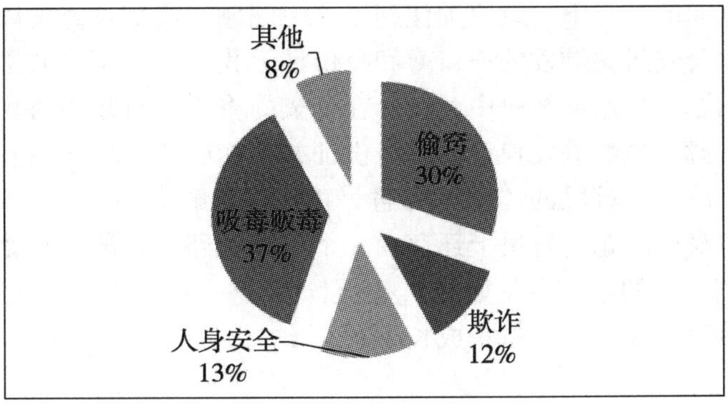

图 5.11　难民对当地人造成的威胁因素

（六）土地和住房问题

河口难民村人均耕地严重不足，据2006年的统计资料，集中安置在岔河难民管理区的难民人均耕地面积已经不足0.5亩，分散安置地区的人均耕地面积也仅有0.9亩。① 而河口县农村人均耕地为1.48亩，是集中安置地区难民人均耕地面积的

① 吴喜、梁晋云．难民问题是影响中国边境地区社会稳定的诱因［J］．云南警官学院学报，2010（1）．

近3倍。人均耕地面积严重不足带来了大量的土地纠纷，给当地政府的管理带来了很大问题

土地问题的产生和我国耕地不足这一国情有关联，但就难民地区而言，更主要的原因还是在于计划生育的缺失，许多难民生育三胎、四胎甚至更多，这些孩子长大后大都居住在我国境内，导致了难民数量的急剧增长。难民人口在不到30年的时间里达到5828人，人口自然增长率高达95%。每年新生人口为在230人左右，年平均增长达4%。人口的增长带来的直接问题是人均占有土地面积的下降。

人多地少也导致了住房的紧缺。1984年，河口县政府先后在岔河等难民聚居区修建了面积约4万平方米的住房，按人口进行分配，人均达14平方米，但现在人均住房面积不到7平方米。① 我们实地调查也发现，这些家庭存在一家人挤在一个小屋的情况，很多家庭甚至三世同室。

（七）身份问题

难民身份问题曾经一直是困扰难民发展的头等问题，也是近年来难民、媒体和学术界都比较关心的一个问题。长期以来，因为难民没有国籍，故而不能获得我国的户口和身份证，这就意味着不能享受相应的一系列的待遇，包括不能出远门、不能外出打工、不能办理各种有效证件、不能参加高考、不能存款和贷款等，这些因素影响到了难民的生活改善和发展。长期的身份缺失成了难民发展最大的障碍。可喜的是，在多方面的呼吁下，政府关注到了这一问题。我们调查的时候，部分难民已经拥有由当地公安机关颁发的户口簿和身份证，我们向国家民政部了解到，越南难民的身份证问题正在逐渐解决中，预计在不久的将来所有越南难民都能拥有中国的身份证和户口簿。虽然颁发户口簿和身份证并不能解决难民的所有困难，但难民却看到了希望。总之，难民的“国民待遇”正在得到解决。

现在难民对身份问题的解决上还存在一个不满，即户口簿上在籍贯一栏填写的是越南难民（刚出生的小孩也是如此），他们觉得这一栏的填写方法带有歧视性质，而且认为这样填写可能对孩子将来成长不利。

（八）管理问题

对很多难民而言，虽然身份问题正在得到逐渐解决，但对其的相关管理并未跟上，可谓“拥有了国民待遇，缺乏国民管理”，对难民的社会和经济管理存在严重缺失。从行政管理的角度来说，调查组调研发现，我们党组织并未在难民中建立起来，难民中有党员，但没有党组织，这让党的领导在这样一群人中出现了真空，在相当大程度上让难民的思想政治工作落后。从经济发展的角度来说，我们访谈发现，难民发展并未纳入地方政府的经济规划之中，在很大程度上影响了难民村的基

① 吴喜、梁晋云．难民问题是影响中国边境地区社会稳定的诱因［J］．云南警官学院学报，2010（1）．

础设施建设、劳务输出和经济发展。可以说，对跨境流动的难民的管理存在社会管理和经济管理基层组织建设不足等问题，缺乏“国民管理”，发展规划缺失。

通过以上的数据分析，不难发现流动的难民主要存在身份认同、与当地人的融入问题、生活质量低等几个方面问题。在身份认同方面，难民对自己中国人身份有强烈认同，但却长期无法持有身份证和户口本，这在很大程度上刺激了他们的情绪，在经济规划、教育和就业等方面也未获得等同的国民待遇，同时也未获得当地绝大多数人心理上的国民身份认同，这在很大程度上也减弱了他们的国家认同感。在与当地人的融入方面，难民和本地市民的融入情况并不十分乐观，主要体现在本地市民对难民在交往意愿和交往程度上都还相对较低，对其存在偏见，究其主要原因，当地很多人始终认为他们是属于外来人口，不是中国人，而且难民的到来在一定程度上还占据了本应属于自己的资源，这让一部分当地人对越南难民怀有一定的抵触心理和反感情绪，很多市民对难民存有一定的偏见和防范心理，这种偏见与防范反过来也让难民产生了抵触情绪，进而产生了不交往的情绪。在生活质量上，难民的生活环境较为艰苦，由于低学历造成在工作上没有太大的竞争力，他们的工作收入相对于其他人来说较低，生活水平、生活质量并不高。

第六章　中国西南边境跨界人口流动综合分析

地处祖国西南的云南、广西、西藏3省区，与缅甸、老挝、越南、印度、尼泊尔等国山水相连。在西南3省区及相邻境外的地区，居住着20余个跨界民族，这些亲缘民族中，影响最大、人数最多的是属于汉藏语系壮侗语族的傣族、壮族和泰族、掸族、佬族、岱族等，汉族在西南国境线内外也有相当数量的分布。其中云南省是西南跨界民族最多的一个省份，居住在云南省与邻国的跨界少数民族共有16个，越南的岱依族和侬族与广西的壮族有着密切的亲缘关系，主要居住在与中国广西云南交界的越南边境地区。本章节主要以云南省和广西壮族自治区的人口流动特征为代表来对中国西南边境跨界人口流动特征进行综合分析。

第一节　西南跨界人口流动的特征

一、流动规模特征

西南跨界流动人口出入境流量规模大，出入境流量基本持平。以中国西南广西壮族自治区和云南省的边境跨界人口流动为例，据统计，2010—2012年西南边境以广西和云南边境为主的通过口岸出入境人数分别为2530.11万、2928.65万、3206.08万人次，从每年上千万人次的人口流动数据来看，西南边境的人口流动率很高。中国口岸年鉴的统计数据显示，2008—2012年广西口岸出境、入境人数分别是368.43万、366.75万人次；324.21万、325.34万人次；312.31万、312.66万人次；321.67万、321.11万人次；363.08万、363.3万人次（见图6.1）。从这些数据可以看出，出境和入境的人数基本上持平。2012年云南省出入境人员达到2479.7万人次，其中出境人员1227.3万人次，入境人员1252.4万人次，出入境人数也基本持平。

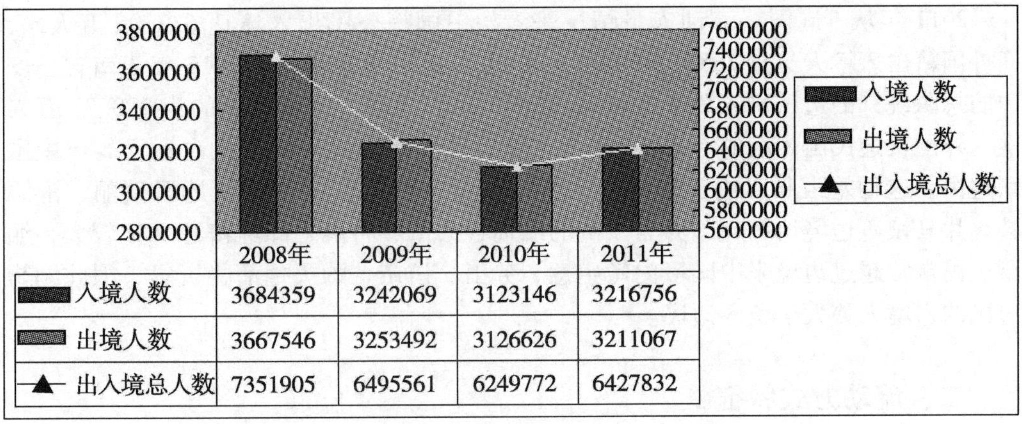

图 6.1　2008—2011 年广西口岸出入境人数①

西南边境出入境人口基本持平的特征不仅体现在总体的人数流动上，也体现在具体的各口岸出入境人员流动中。据中国口岸年鉴 2012 年的统计资料，2012 年西南中缅边境的出入境人员占云南省口岸的 74.3%，共计 1842.3 万人次，同比增长 15.3%，其中出境 908.2 万人次，同比增长 14.4%；入境 934.1 万人次，同比增长 16.2%。② 在总数上跨界人口数是基本持平的，各港口流出和流入的情况也是如此（见表 6.1）。

表 6.1　2012 年云南省中缅口岸流量统计表③

口岸类型	口岸名称	人员（万人次）		
		出境	入境	合计
陆运口岸	瑞丽	619.55	630.7	1250.25
	畹町	31.84	33.25	65.08
	孟定清水河	17.61	17.87	35.48
	腾冲猴桥	9.83	9.65	19.47
	打洛	22.36	22.29	44.65
	片马	11.31	11.26	22.56
	盈江	53.95	53.94	107.89
	章凤	41.33	51.77	93.1
	南伞	50.86	52.42	103.28
	孟连	31.72	32.1	63.82
	沧源	17.9	18.9	36.8
合计		908.26	934.15	1842.38

① 数据来源：2009、2010、2011.2012 年中国口岸年鉴。
② 数据来源：2013 年中国口岸年鉴。
③ 数据来源：2013 年中国口岸年鉴。

2011年从不同国籍流动人员情况来看，中国籍公民出入境达632.06万人次，而外国籍出入境人员是1653.7万人次，两者数据相差悬殊。从2012年云南省公安边防总队统计的边民出入境人数来看，2012年中国籍边民出入境的为290.72万人次，外国籍边民出入境的有1796.4万人次，外国籍边民出入境人次远远高于中国籍边民。这种差距和我们实地调查时的情况是一致的。实地调研地区瑞丽、沧源县、片马镇等边境地区与国界另一侧的缅甸各县市、村落之间经济悬殊比较大，缅籍边民常常越过边境来中国境内做生意、务工、访亲、购买生活物资等，因此缅籍边民的入境人数大于境内边民。

二、流动方式特征

从陆港通道出入境流量最大，流动率最高。西南边境对外开放口岸的增加促进了我国和缅甸、越南、老挝等国家的经济来往，进而促进了西南边境人口的流动。仅2012年云南省口岸进出口贸易额就达69.6亿元，占全省进出口贸易额的33.1%，这个数字还不包括边民互市、上百条边境便道形成的贸易额。

云南省有8个各边境州（市）25个边境县（市）与缅甸、老挝、越南3个国家的9个省（邦）32个县（市）接壤，云南的国境线长4060公里，中缅边境线全长2186公里，其中云南段占了整个中缅边界线全长的91.4%，有1997公里。云南省目前共有17个陆运口岸，两个河港口岸。广西有8个边境县市与越南的广宁、谅山、高平3个边境省接壤，与越南接壤国境线全长800多公里，双边沿陆地边境有5个国家一类口岸，它们是东兴、凭祥（火车站）、友谊关、水口、龙邦。此外，还有7个国家二类口岸和25对边民贸易互市点，沿海有4个边贸码头。

由于西南边境大部分地区处在内陆，因此从口岸数量来看，陆地口岸类型在整

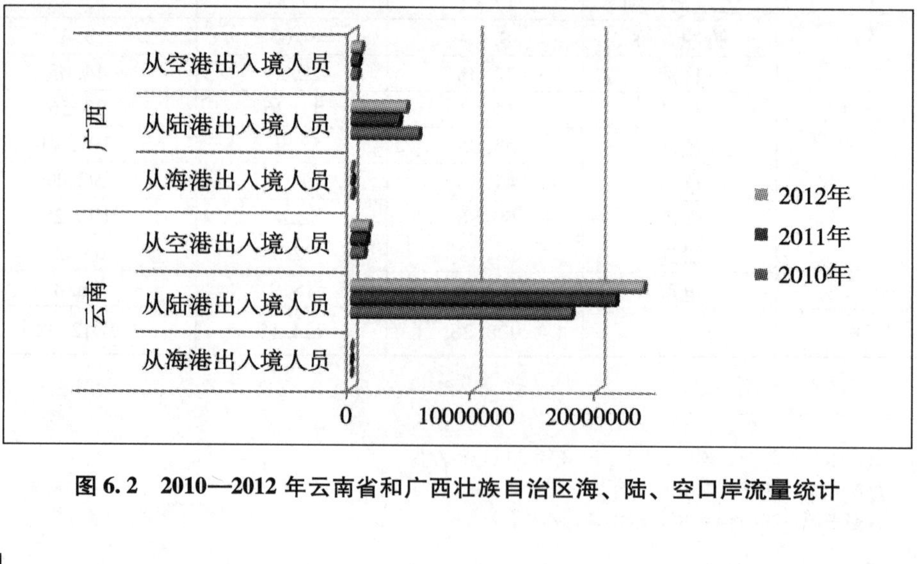

图6.2　2010—2012年云南省和广西壮族自治区海、陆、空口岸流量统计

个口岸类型中占得最多，云南省23个国家级和省级边境口岸中，18个是陆地口岸。广西西南与越南相连的国境线上有9个陆地口岸。从2010年到2012年连续3年云南和广西的海（河）陆空类型口岸的出入境人数对比来看，陆地口岸出入境人员要远远超过海（河）口岸及航空口岸（见图6.2）。

从不同年份不同口岸类型的统计数据来看，2012年云南省从陆地口岸出入境人数达到2375.33万人次，占整个口岸出入境流量的93.78%；河港出入境人员有4.85万人次，占0.91%；航空口岸出入境人员152.75万人次，占6.03%。同年从广西壮族自治区的情况来看，陆地口岸出入境流量达454.89万人次，占整个广西口岸出入境流量的82.35%；海港出入境流量为10.54万人次，占1.91%；航空口岸出入境流量为86.89万人次，占15.73%，我们从统计数据可知，陆地口岸的流动率是最高的。加上西南边境两国国土相连的边境线上有许多边民贸易互市点以及上百条非口岸的边民便道，从陆地出入境是边民及山水相连的国家民众最常见的流动渠道。

三、人员结构特征

人员结构总特征由边民及非边民，以中青年的外国籍人员流动为主，职业呈现多样化。具体如下：

（一）西南边境跨界流动人口来源：边民和非边民

云南边境线上跨界流动人口主要是国境线两侧的边民，随着中方边境“桥头堡”战略实施、“兴边富民”政策的吸引以及云南、广西等省区跨国旅游业的发展带动，中方一侧的非边民也成为西南边境跨界流动的一部分。2012年云南省出入境边防检查统计数据显示，非边民出入境人数达445.76万人次，只占当年出入境总数的17.60%。这部分由边防检查统计的非边民出入境主要是来自内地的木材、玉石商人，这些以做生意为目的的非边民近的有来自云南玉溪、曲靖的，远的有来自四川、湖南、湖北、浙江等地的，据统计涉及20多个省区市；而当年的云南边民出入境达到了2532.73万人次，占总数的82.40%，边民流动在云南跨界流动中占据绝对的主体地位。

非边民的跨界流动还有很大一部分是以跨界旅游为目的的非边民流动，这部分非边民的流动主要由各边境口岸统计。据调查，云南的跨界旅游以中缅边境沿线各大口岸为热点，比较著名的旅游胜地有西双版纳、德宏州的瑞丽和畹町。相关资料显示，从西双版纳勐海县打洛口岸出境前往缅甸小勐拉游览观光的，每年都高达近百万人次，加上一定数量的缅甸入境游客，合计可达100万人次左右。云南省口岸出入境主要数据显示，2010年、2011年出入境旅客分别达1636.73万人次、1969.82万人次，各占当年出入境总数的85.91%、86.17%。广西2011年出入境旅客人数达到312.57万人次，占总出入境人数的48.6%。从各口岸的统计数据来看，非边民以旅游为目的的流动人数占整个边境流动的一半以上。造成边民和非边民流动数据有一定出入的原因在于数据来源不一致，一个是中国海关即各口岸的统计数据，另一个是各省区公安边防提供的数据，但从西南跨界流动人口来源来看主体就是边民和非边民。

从我国的边境流动人员来源构成来看，流动的主体是内地居民，港澳居民和台湾同胞只占了相当少的一部分，来自非相邻国家的外籍人员几乎可以忽略不计。以2012年广西壮族自治区对中国公民出入境情况统计为例，当年共有393.29万人次中国公民出入境，其中内地居民为355.90万人次，占90.49%；港澳居民有9.53万人次，占2.42%；台湾同胞27.85万人次，占7.08%（见图6.3）。

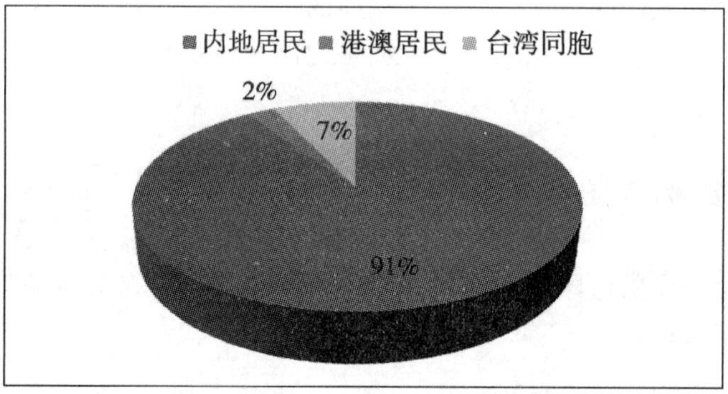

图6.3 2012年西南边境的中国不同地区公民出入境人员对比

（二）外籍入境流动人员的年龄、职业结构特征：以中青年人为主，职业多样化

西南跨界流动中大多数流动是以经济为目的的，因此从缅甸入境的人员大多数是中青年人。在云南瑞丽、沧源县等地调查中，来中国经商、务工的大部分流动人员都是中青年，也有十五六岁的青少年在工地务工的；访亲、人文宗教流动中有中青年也有老年人，但主体依旧是青年人；嫁到中国的缅甸籍、越南籍女子则大都是20岁出头的青年，甚至有未满20岁的少女，也因此造成了嫁到中国后由于年龄未达到中国的法定结婚年龄而无法领取结婚证的。

除了旅游及经贸形成的跨界流动外，西南边境的大部分跨境流动人员都是国境两侧的边民，以外籍边民为主的流动人员入境后主要从事的职业分为：一是个体工商户，有规范的如在中国边境租住铺面贩卖玉石、装饰品、工艺品、木材家具等的外籍个体商户，也有不规范的如在街边做小本生意的小吃店，在边民互市赶集日售卖农产品和家畜的农民等。二是体力劳动者，外籍务工人员大多选择在建筑工地干体力活，相比于同样在建筑工地上的中国农民工，他们大部分不能做类似于粉刷、装修等有一定技术含量的劳动。还有以女性为主的外籍流动人员大多从事保姆、宾馆饭店服务员等职业，由于支付给外国籍保姆、服务员工资成本较本地人低，因此很多家庭都更倾向于雇佣外籍保姆及服务员。还有一些是季节性劳工，主要是从事种砍甘蔗、挖木薯、种收稻谷等工作，如在广西的崇左市，据当地劳动部门的调查，崇左市日常农村劳力缺口在 3 万人左右，到每年甘蔗榨季，缺口达到 5 万人，这些缺口大多被闻讯而来的越南劳工填补；在云南沧源县的农村，留守的一般都是妇女和儿童，许多家庭农忙时节没有劳动力，就只好雇用缅甸人，边境的缅甸人流入这些县城周边的村落，帮当地村民收割和耕种，这些缅甸籍劳动力一天劳动的工钱在 30 元左右，远低于中国劳工的收入。三是企业职工，近年来西南边境贸易繁荣兴旺，带动和促进边境旅游、酒店餐饮、房地产、物流、交通运输等相关产业的发展，这些产业的发展，加大了边境从事商贸类跨国人口流动的速度和强度。2010 年底，仅广西的东兴城区就有小额贸易经营权企业 200 多家，在东兴城区注册的商户约 8000 多户。[①] 边境贸易催生了许多“跨境上班族”，跨境上班族每天从各口岸或边民通道入境，下班时出境回到自己的国家。这些出入境的企业员工在云南已有 200 多万人，广西也有 20 多万人，见图 6.4。

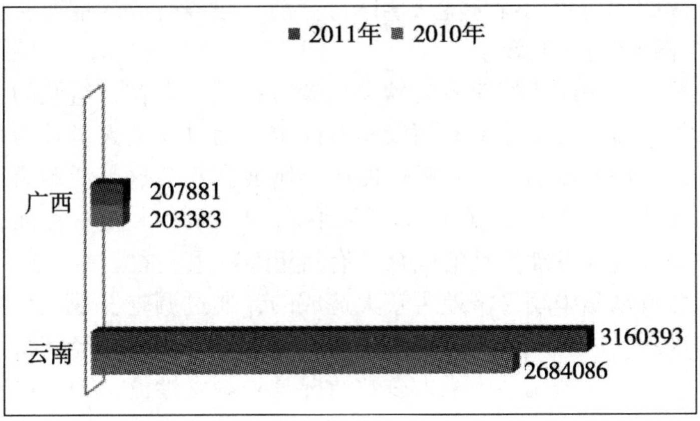

图 6.4　2010—2011 年云南、广西两省区出入境员工数量

四、流动目的特征

西南跨界人口流动除了流动规模大、流动频率高外，人口流动的目的也呈现多样性。西南各相邻国家之间由于历史文化上同宗同源的关系，形成了边民以访亲、宗教文化交流等为目的的流动；由于西南邻国间政治、经济等领域的紧密合作关

① 东兴地方志编纂委员会．东兴年鉴 2009—2010 ［Z］．广西人民出版社，2011.

系，促进了以商贸、公务交往等为目的的流动；中国和西南边境相邻国家之间经济发展及社会各方面发展的差距，直接或间接促成了缅籍人员以通婚、劳务、教育等为目的的流动；西南内陆地区各国之间开放程度的加深、西南各跨界少数民族五彩缤纷的民族文化、西南边境特有的自然奇观吸引了众多以旅游为目的的跨界流动者，在现实生活中这些原因又相互交织，共同促进各种目的西南边境跨界流动。

从调查中发现，西南边境的跨界流动绝大多数都是以经济为目的的流动，因此以商贸和劳务为目的的流动最为普遍，商贸类的流动小到边民互市大到中缅两国之间的大项目经贸来往，以云南瑞丽市为例，2010 年瑞丽市完成口岸对外贸易进出口总额 88.45 亿元，比上年增长 47%，其中进口总额 21.21 亿元，比上年增长 37.8%，出口总额 67.24 亿元，增长 50%；2011 年，瑞丽姐告边境贸易区企业完成进出口贸易额 4.09 亿元，其中出口 403 亿元，进口 55913 万元；且经姐告边境贸易区出入境人员有 879 万人次，比上年增长 20%；出入境的车辆和人员分别居全国陆路口岸的第一位和第三位。商贸的交往既有大型企业之间的跨境贸易，也包括边民互市形成的商贸来往，其带来的人员流动规模是很大的且呈现流动频率高的特点。经济的密切交往直接带来了劳务类的流动，有民众自发的个体跨界劳务的，如越南籍、缅甸籍的体力劳动者跨境从事体力劳动、服务行业的情况；也有跟着项目的有组织的集体跨界务工现象。

人文宗教流动是中缅边境跨界流动中比较常见的，有官方组织的也有民间自发的，人文宗教类的流动每年流动时间段相对固定，而且流动人员较为集中，流动人数规模较大，以云南省瑞丽市每年举行的中缅胞波狂欢节这一活动为例，该活动持续四天，当地民政部门统计数据显示，活动每天有 2000 人左右参加，10% 为中国游客，40% 为缅甸过来参加活动的民众，有将近 500 人左右。

通婚和教育流动是中缅经济差距较大造成的，通过调查发现，很多越南和缅甸新娘嫁到中国来就是因为家境贫穷，希望通过婚嫁得到丈夫的经济帮助，并摆脱以前困苦的生活状况。通婚流动中绝大多数情况是外籍女性流动到中国，由于政策滞后，跨界通婚遇到很多合法性问题，因此目前这部分官方统计数据还有待完善。跨界通婚流动人数相对于经贸劳务流动人数，所占比例还很小。西南跨界教育流动目前绝大多数是从缅甸流入中国，由于中国边境学校没有制定相应的接收缅籍流动学生政策，加上边境学校教育资源有限，因此跨界流动到中国的缅籍学生比例在中缅跨界流动中是较少的，但由于教育的特殊性，这种类型的流动是不可忽视的。还有以访亲、旅游为目的的自由流动，且跨境旅游目的越来越成了吸引跨界流动的不可忽视的因素，以 2010 年广西东兴口岸流动人口出入境目的所占的比例来看，旅游人数仅次于以经商为目的的流动人数，见图 6.5。

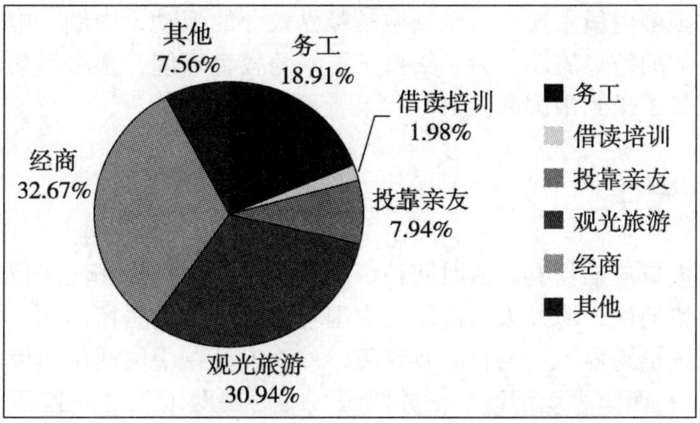

图 6.5 2010 年东兴口岸流动人口出入境目的所占的比例

还有以公务交流为目的的流动，2011 年、2012 年云南对外交往的公务联系记录分别是 242 次、344 次。广西壮族自治区统计的 2010—2012 年因公出入境的中国公民分别为 143919 人次、137303 人次、119325 人次，从这些数据来看，国家之间公务交流在西南边境是比较多的。

五、流向特征

西南跨界人口流动的流向整体上呈现双向交叉对流，局部是外国籍边民流向中国现象突出。从广西和云南的口岸出入境统计数据分析中我们可以看出，出入境人员数量呈现基本持平的状况即出境人数等于入境人数，因此从流向来说是呈现双向交叉对流的特征。西南边境跨界流动中双向交叉对流特征主要体现在相邻国家之间的经贸流动、旅游流动、劳务流动这些大规模的人员跨境流动中，如果单从边民的跨界流动来看，明显地可以看到流向特征是从境外到境内。我们从以下几个方面来探讨边民的从境外流向中国境内的情况：一是个体工商户的流动，无论是在云南的边境还是在广西的边境，小额贸易的个体工商户更多的是从境外流向中国境内，有租店做生意的，也有早出晚归在街边摆摊的外籍老板。二是入境从事体力劳动的外籍人员，包括季节性流动的外籍农民，由于中国边境地区经济发展普遍好于缅甸、老挝、越南等国家，工作机会相对多，这些国家的边民又吃苦耐劳，因此这些体力劳动者基本都是从境外流向中国境内。三是人文宗教、探亲流动中，从云南边境的宗教以及文化交流活动来看，由于中国这边的经济实力、社会环境相对于缅方要好一些，因此大部分在边境地区举行的较大型的活动都是在中国举行，这部分人员的流向也呈现从境外向境内的特征。四是跨界通婚流动，越来越多的缅甸籍、越南籍女性嫁到中国，通婚流向呈现以女性为主的单向流动特征，即使在极个别的中国籍女性嫁给缅籍男性的案例中，其流向特征亦是从境外流动到中国境内。五是从境外单向流动到中国境内最主要的一个领域是跨界教育的流动，中缅、中越边境都出现了以教育为目的的跨界流动，为了给孩子更好的教育环境，很多缅甸、越南的家长都想尽办法把孩子送到中国来读书。

六、居留特征

西南跨界人口流动具有居留时间长短不一、合法居留与非法居留现象并存的特点。在西南边境地区，境外人员流动到中国境内必然涉及居留问题，居留时间的长短取决于流动人员跨界流动的目的及意愿，外籍人员在中国西南边境的居留时间短则1—2小时，在西南边境沿线“一井两国”、“一寨两国”、“一院两国”的奇特景观，使得边民可能迈开步子就是跨界，如出国门买柴米油盐往返可能只需要几分钟的时间；长则可能是一辈子都居留在中国境内，如投靠亲戚、嫁到中国后滞留等情况。从2001年开始，云南部分边境地市县取消涉外定点住宿限制，即除涉及国家安全、军事保密地区外，境外人员只要依法办理住宿登记，原则上可以随意住宿。该做法使得跨境流动人口有了宽松选择居住方式地点的权利，进而促进了跨境人口流动的频率，例如使得更多的境外人员来华旅游观光、投资经商、访问交流学习，这将会促进社会经济的发展。在西南边境地区外国籍边民入境后选择住旅店是比较普遍的，这部分境外流动人员的登记主要依靠旅店店主的入住登记管理来监控，由边防派出机构负责管理。境外人员在境内过夜，短期居留的情况主要还发生在访亲类的人员流动中，主要形式是外籍人员住在境内的亲属家里，对这部分境外流动人口的居留情况的登记目前是空白的。人文宗教类的跨界流动人员有官方和民间的区别，其居留管理也有区别，如官方组织的活动在边防管理部门都会有明确备案，而民间自发的宗教人文跨界流动则由各组织负责，并需要向边防管理部门申请备案，居留时间由活动时间长短决定，人文宗教活动产生的跨界流动居留时间是较短的，一般不会超过一周，目前西南边境对人文宗教交流活动的管控比较严格，还未出现非法现象。以跨国旅游为目的的境外流动人员在中国居留时间一般较短。据旅行社的介绍，来中国旅游的越南游客中，东兴市边境一家旅行社的统计数据显示，境外游客在东兴的逗留时间一般也就是1—2天，有50%的人选择广西境内的桂林、北海、南宁等地，这一类的游客停留的时间一般是一周之内。另外还有相当部分团队线路延伸至广州、深圳、苏杭、珠海、上海、北京等地。

务工类境外流动人员居留时间一般较长，一般少则几个月多则1—2年，对这部分居留的境外流动人员管理以广西的东兴市流动人口管理暂行办法为例，该办法规定：年满16岁，拟暂住一个月以上一年以下的流动人口，到达暂住地三日内，持本人身份证或其他合法有效证件或其他合法证明到流动人口服务办公室申领暂住证；在宾馆、饭店、招待所经营场所住宿的流动人口，按旅馆业治安管理规定办理住宿登记，若在上述场所包租房间从事经营活动，其中住宿一个月以上的，由留宿单位申领暂住证。调查发现，这部分跨界流动人口的居留主要存在以下特征：很多境外的流动人口甚至干脆就不办暂住证或者到期暂住证换证不及时，如很多跨界的季节性劳工，临时搭建工棚，即使在工作地居留几个月也不办暂住证。很多外籍务工人员都表示，暂住证办理起来比较麻烦，而且，在工作地停留的时间也不长，办不办理居住证也没多大关系。由于境外流动的务工人员不及时办理暂住证而形成了非法务工边境问题中“三非”之一。

教育类的跨界流动境外人员的居留时间是较为稳定的，以学期为单位，教育跨界流动形成的人员居留时间跨度为 1 学期半年到 5—7 年不等，这部分跨界流动人员的登记是规范的，学校和边防部门都会有备案。与教育跨界流动居留程序合法管理严格的特征相反，跨界通婚流动是目前形成西南边境“三非”人员的主要因素之一，嫁到中国的缅甸、越南女性中有很大一部分由于跨国婚姻手续的烦琐在没有办理结婚证的情况下和中国的“丈夫”一起生活，有非法居留时间长达数十年的，这样的案例在西南边境数不胜数。仅以广西龙州县为例，自 1980 年至 2006 年 6 月底，在龙州县非法入境通婚的越南妇女人数达 1154 人，在中国成婚以后，生育子女共 1441 人。照此情形来看，由于非法跨国类婚姻的数据很难统计，跨国通婚形成的非法滞留人员规模应该是相当大的。由于西南边境多无天然屏障，共有 20 余个民族跨境而居，双方边民往来十分密切，历史上就形成了自由出入境、季节性迁居的习惯，非法入境现象也十分普遍，由此带来了一系列非法商贸和非法居留的边境问题。

第二节　西南跨界人口流动存在的问题

随着边境地区对外和对内交流的日益频繁，边境地区的人员往来越来越频繁，使得跨界人口流动的范围更大，流动性更为多变，相比其他形式的人口流动，更具特殊性。然而，不可否认的是，在当今全球化时代下，跨界人口流动也会存在各种各样的问题，这些问题主要包括：跨境劳动力问题、“三非人员”问题、社会治安问题、跨国婚姻问题、跨国教育问题等。

一、跨境劳动力问题

由于经济差异引起境外人口大量流入中国，一部分劳动力进入中国边境的农村地区，另一部分流向中国沿海等省份打工，但目前对这部分跨境的劳动力的管理是缺失的，跨境劳务市场的管理存在以下问题。

（一）依赖跨境劳动力，冲击边境地区的农业经济

西南很多边境村屯的年轻劳动力外出打工，留守家中的大多都是老人和孩子，一旦到了农忙时节，劳动力供不应求，因此季节性的跨境劳工也就应运而生。每到农忙时节，季节性的劳务人员的流动相当频繁。这就形成了一个梯级互补机制，外籍劳工向中国农村地区的流入填补了当地劳动力不足的问题，但是由此也引发了一些问题。在西南边境的农村地区，留守的一般都是妇女和儿童，许多家庭农忙时节没有劳动力，只好雇用外籍人员，所以有些边境线上的农业生产，特别是在劳动力上，严重依赖于外籍人口的流入，这对于当地农业生产的独立性和持续发展是不利的。特别是当双边关系发生变化时，农业生产所需的劳动力完全取决于形势的发展，因此农业生产受制于政治局势。大量外籍的季节性劳工流入西南边境的农村地区，使其过分地依赖跨境劳动力，对边境地区的农业经济产生很大的冲击。

（二）阻滞经济转型和产业升级

一方面，中国沿边不少国家的经济发展水平不如中国，如同改革开放初期内地民工涌入广东一样，一些沿边国家的劳动力亦想尽办法到中国“淘金”。另一方面，中国沿海发达地区在经过相当一段时期的发展后，包括劳动力资源在内的各种要素资源的成本在增加，国家相关法律进一步完善，如何降低生产成本成为企业当务之急，雇用周边国家的廉价劳动力便成为一些劳动密集型企业的选择。因此，“洋工潮”成为西南边境跨界人口流动的原因之一。不少企业认为，以更廉价的外籍劳动力替代成本日渐升高的中国本土劳动力，是破解“民工荒”、帮助中小企业缓解成本压力的一剂良方。但实际上很多企业并不缺低端劳力，而是缺少熟练技工，这部分企业却通过雇用大量的廉价、低端的外籍劳动力，使大量在危机冲击后不得不进行升级转型的劳动密集型企业继续依靠廉价劳动力而苟延残喘。这带来的影响将是阻滞中国的经济转型和产业升级。无论在哪个国家，外籍高端劳动力都是更受欢迎的人群。即使中国部分地区开放劳动力市场，需要引进的对象也应该是对转变经济发展方式和产业升级有帮助的外来高端劳动力，而不是制约这一进程的简单劳动力。

二、“三非”人员问题

“三非人员”是指“非法入境、非法居留、非法就业”的外国人。“非法入境”是指外国人未持有中国主管机关签发的有效入境签证或合法有效的入境证件或未从我国对外开放指定的口岸入境或未经边防检查站查验而进入我国国境的违法行为。“非法居留”是指在中国居（停）留的外国人，未在签证或居留许可规定的有效停留期内办理签证或居留许可证件的违法行为。“非法就业”是指未取得在华合法就

业身份，私自从事社会劳动并获取劳动报酬的行为。近年来，西南边境地区“三非人员”的跨界人口流动问题较为突出，“三非”跨界人口流动破坏边境管理秩序，加大了跨境人口流动管理的难度。

（一）“非法入境”和“非法居留”的问题

长期以来，我国西南边境各地的相关部门对“三非”人员加强管理，并为此投入了大量的精力和经费，但“三非”问题仍然屡禁不止。“三非”人员未持任何有效证件，非法从相邻的便道偷越入境后，相关部门不能及时发现和处理，不仅扰乱了边境地区出入境管理秩序，影响当地社会治安秩序，并由此带来计划生育、土地资源分配等一系列社会问题，而且侵犯了我国的国家主权，损害我国的法律尊严。例如，位于云南省西部的德宏傣族景颇族自治州，与缅甸联邦接壤，边界线全长503.8公里，其中，境外缅政府军实际控制边界232.3公里，实行双边管理；缅克钦独立军控制271.5公里，由我方实行单边管理。中缅边境德宏段有国家级口岸两个、省级口岸两个、双边协议通道1条、非双边协议通道18条。[①] 尽管有如此多的口岸、通道，仍然有大量双方边民没有从口岸通道通行，而为了方便省事，选择从小道、便道进出，甚至有的边民直接翻越边界拦阻设施进出边境。这种行为不仅使代表国门的口岸通道形同虚设，而且严重违反了中国的法律法规，破坏了正常的边境管理秩序。

（二）“非法就业”的问题

事实上，非法入境的劳工进入中国在很久之前就已经存在，随着时间的推移，这类非法跨境行为更加频繁和猖獗，他们不只是在边境地区活动，现在已经深入中国腹地，而且形成了规模性涌入。大量外籍人员非法进入中国务工，劳动部门无法对其进行有效监管，外籍人员的非法就业问题日益凸显。

中国劳动力短缺现状也是吸引外籍劳工非法入境的一大原因。他们潜入中国后，有的分散到农户家中干活，有的直接买张车票就从高速公路、铁路经南宁去广东、福建等地打工。那些深入中国腹地的非法劳工以“蚂蚁搬家”的形式，先是偷渡过河，到达河对岸后乘坐摩托车迅速离开，或者通过一些小道，绕过检查站，化整为零进行偷运，在高速路上转运上客车，然后再到达中国腹地。在广西边境地区开往内地的一些客运车辆中，车主为了揽客，一般不会过问乘客的身份，甚至可以帮助越南乘客躲避国内二线边防检查。具体做法是：车到二线检查站前让越南人先下车，然后乘坐约定的摩托车走小路避开检查，等过了检查站再重新上车，这样非法劳工就可以直接被送到用工紧张的各个地方。一名家在越南芒街的越南妇女说：“去广州的饭店洗碗，包吃住每月工资有一千多元，如果在越南做同样的工作，只

① 李玉洁．德宏边境地区“三非”外国人现状的思考与对策［J］．云南警官学院学报，2012（5）．

有几百元，所以很多人愿意冒险到广州去。”

非法劳工的涌入不可避免地带来了很多问题。其利益不受法律保障，雇主不会为他们购买社保、工伤和养老保险，只支付给他们极低的工资且可以随意解聘，这个群体很可能会由于在政治和经济上处于社会最底层而对主流社会的不满与日俱增，进而引发的治安、刑事案件数量增加。

例如，在广西边境的一些村屯中，很多年轻的劳动力外出打工，只有老人和小孩留守家中，每逢农忙季便会出现“劳工荒”，此时，便有大量的越南边民流动到中国境内，这一特殊时期就导致了中越双方跨境人口呈季节性增长的态势。越南居民以其沉着肯干的劳动精神而得到众多雇主的认可，在广西颇受好评。一般以每天200—320元的薪资雇用越南劳工，一个月下来劳工的收入也相当可观。在这种短期的季节性劳务雇用关系中，雇用双方不一定有正式的协议，在调查过程中也有许多是通过口头应答的方式存续劳工关系，这就致使一部分的跨界流动人口存在非法就业的问题，他们的权益也就无法保障。

总之，“三非人口”流动人数逐年升高，且呈复杂化的特征，对因非法入境而引起的人口流动要引起重视，对这一类人口流动的管理有待加强。

三、社会治安问题

跨境流动人口中的一部分人利用人熟地熟的有利条件，在边境一线进行盗窃、走私、拐卖妇女乃至杀人等违法犯罪活动，边境地区突出治安问题也越来越多，这些问题主要包括：

（一）走私犯罪

走私犯罪，是指不法分子故意违反海关法与其他有关法律、法规，逃避海关监管，非法运输、携带、邮寄国家禁止进境或者出境的物品，国家限制进出口的货物、物品进出境，或者偷逃应缴关税，破坏国家对外贸易管理制度和海关监管秩序的行为。走私犯罪最明显的行为特征是其跨国性、跨境性。

目前，边境地区走私活动仍然十分猖獗，走私分子利用不同国家和地区之间商品的差价，非法倒卖私货，牟取暴利。例如中越边境地区的走私犯罪现象由来已久，但在两国关系正常化之后变得更为严重。此类走私犯罪活动往往采取“蚂蚁搬家”式。中越走私活动桂越边境段陆地边境以在广西凭祥—越南新清段、广西东兴—越南芒街较为严重。走私的手段主要是把走私货物和商品通过专门以搬运走私品过境为职业的搬运工搬运过境，他们多在夜间活动，通常走一些可以过境的隐蔽小路、便道，到达交货点后，再转用摩托车、汽车等交通工具运往目的地。其特征为有组织、有计划，活动频繁，规模较大。[①]

（二）毒品犯罪

我国西南边境地区与当今世界毒品生产地——“金三角”相毗邻。西南边境地区与这一毒源地接壤的边境线长，山水相连、村寨相望，口岸通道众多，这些有利的地理条件为跨境贩毒者提供了便利。由于与“金三角”相邻，受国际贩毒的影响，边境地区特别是西南边境已成为毒品犯罪重要的过境区，境内外毒贩相互勾结，形成了“种”、“制”、“运”、“销”等诸环节“一条龙”式的毒品交易。国际国内的贩毒路线纵横交错，四通八达，错综复杂，已构成了一张巨大的“毒网”。[②]例如，在广西东兴市，某些以毒品走私为目的的非法组织提供非法“一条龙”服务，帮助越来越多的非法越南民众偷渡进东兴，并且以女性为主。偷渡人群有隐蔽性强、伪装度高等特点，在密集人口流动中很难辨认，加上其跨境路线的辗转使得办案民警查证困难加大，从而导致无法抓捕。同时，由于偷渡毒品入境可能带来的巨大经济利益，许多毒贩不惜以身试法，并采取多种多样的偷运方式而躲过海关、刑警的耳目。

（三）偷渡犯罪

偷越国（边）境，又称偷渡国（边）境（简称偷渡），这属于违法行为，对边境的管理秩序造成影响。偷渡犯罪指违反边境管理法规，不经批准，不持合法证件，不经指定的对外开放口岸、地点非法出入国（边）境的行为。偷渡是一个社会性问题，虽然相关部门对偷渡行为加强管理，对其的打击力度不断加大，但还是不能够有效地制止和防范偷渡的发生，在西南边境地区，偷渡违法行为仍有发生。例如，广西东兴市与越南芒街市仅隔着一条20多米宽的界河——北仑河，河水较浅，人们很容易就越过界河。在北仑河面，许多越南籍小船在河面上穿梭，这些小船是为非法入境的人员提供的，非法入境的人员只要付给船主3元人民币便可顺利过境。据北仑河附近的居民介绍，在北仑河上每天都会上演“偷渡”的场景，尤其在半夜，坐船偷渡的非法入境活动变得异常猖狂。一位当地的民警说：“这些偷渡人员几乎都是在半夜行动，不打手电，动静很小，轻轻地用小船划过来，几乎很难发现。”大部分非法入境人员表示，几百元的签证费太贵，迫于无奈，他们只能采取这样的方式。偷渡犯罪行为损害了国家之间的关系，扰乱了边境地区的社会秩序，造成了极坏的影响。

---

① 范红贵、刘志强．中越边境贸易研究［M］．民族出版社，2006.

② 高志雄、向群．云南省边境地区跨国经济犯罪现状及对策［J］．云南警官学院学报，2006.

（四）拐卖妇女儿童

受暴利的驱使，边境地区拐卖妇女儿童的犯罪活动比较猖獗。近年来，中国广西警方破获的跨国拐卖妇女儿童案件不断增加，这就意味着边境地区拐卖妇女儿童的团伙犯罪呈上升趋势。据统计，仅 2004 年，我国公安机关共破获拐卖儿童案 1975 起，解救被拐卖儿童 3488 人，破获拐卖妇女案件 2474 起，解救被拐卖妇女 5461 人。① 由于地区经济发展不平衡，人口性别比例失衡，加上人们法律意识淡薄，近十年来，西南边境地区的跨国拐卖妇女儿童的犯罪活动发展迅速。2005 年 7 月至 8 月，广西公安机关与越南警方联合开展打击跨国拐卖妇女儿童犯罪专项行动。据统计，在此专项行动期间，两个月的时间全区公安机关破获跨国拐卖越南妇女儿童和强迫越南妇女卖淫案件共 27 起，抓获犯罪嫌疑人 37 名（其中 17 名为越南籍犯罪嫌疑人），解救被拐越南妇女 105 人。② 相比之下，中方被拐出境外的妇女的命运则更为凄惨，除少数被卖为人妻外，大部分都被卖进缅甸、泰国的妓院，从此坠入万劫不复的人间地狱。通过以上数据可以看出，西南边境的跨界拐卖妇女儿童活动还是较为猖獗的。

（五）色情业的泛滥

从事色情业的跨境流动人口分为两种情况：一种是带有强迫性的，另一种是带有某种利益下的自愿性。据了解，人口贩卖中有一部分妇女被卖掉从事色情工作，这属于强迫性。东兴统计年鉴的数据显示，在 2005 年 7 月至 8 月，广西公安机关与越南警方联合开展打击跨国拐卖妇女儿童犯罪专项行动期间，全区公安机关破获跨国拐卖越南妇女儿童和强迫越南妇女卖淫案件共 27 起。从事人口拐卖的犯罪分子，他们往往到越南山区寻找目标，将 15—17 岁的越南女孩骗到中国，对其父母说是到中国来打工，一般一次性付清三年的“工资”，交完钱后，女孩就被老板控制，到中国边境或内地从事色情工作。另一种是自愿性的。这部分的色情工作者是自主流动到中国的，在一些隐蔽的场所（如发廊）自愿从事这种违法活动，从而谋取高额的报酬。色情服务业现在主要处于地下活动状况，比如一些发廊打着剪发、按摩的旗号，但实际上，在这些发廊中都有一些专门从事性工作的“发廊妹”和“按摩女”。浦寨的一名出租车司机说：“在中方的浦寨和对岸越方的新清都有一些专门从事性工作的‘发廊妹’和‘按摩女’，相关部门无法直接取得相关的证据，因此，对于这类色情业也很难监管。”

---

① 张周来．异国噩梦：中越联手打击跨国拐卖妇女儿童犯罪活动纪实．新华网广西频道，http：//news. xinhuanet. com/focus/2004 - 07/01/content_ 1552167. htm.

② 2005 年广西公安十大新闻．http：//www. gazx. gov. cn/text_ view. asp？ newsID = 11080.

四、跨国婚姻问题

随着时代和社会的发展，跨国婚姻已经屡见不鲜。在西南边境地区，少数民族之间的跨境婚姻已是习以为常的事情，跨国婚姻已经常态化。很多缅甸、越南、老挝的年轻女子，心怀美好的愿望，试图嫁到中国改变自己的生存处境，但因她们在中国无合法身份，加之中国政府对“外国非法新娘”不断采取遣返行动，在这些跨国婚姻中存在许多问题。

（一）事实婚姻非法同居的普遍问题

1. “三非”人群——红盖头下暗藏的非法身份

西南边境的边民，特别是边境线上村屯边民依法登记结婚的意识淡薄，他们认为两个人结婚就是摆摆酒席、请亲朋好友吃一餐就是夫妻了，不需要再办理结婚登记手续。这种民间形式的通婚，已经在中越边境持续了20多年，很少有办理结婚登记的夫妻。

虽然这些远嫁中国的跨境新娘不少已经习惯了中国的生活，也早已把自己当作一名普通的中国农村妇女，但由于她们至今没有依照相关的法律规定到相关部门办理入境手续、合法的涉外婚姻手续，所以从法律上来说，她们是非法入境、非法居留、非法结婚者，不仅不能在中国落户，而且还触犯了我国相关法律。漂亮的盖头下却暗藏非法，她们长居中国却难以取得中国国籍，也不能享受中国的合法权利，而且随时面临被遣返的境遇。

2. 妇女儿童权益得不到保障

按照当地的传统方式结婚，只要摆几桌酒席，就开始夫妻生活，实际上却得不到中国法律的承认，没有中国国籍和户籍，也不能享受中国公民的基本权益。由于这些跨国婚姻属于非法涉外婚姻，她们不仅没有中国国籍和户籍，甚至连当初的国籍、户口都被吊销，成为备受歧视的“无国籍”的人，她们的生产生活权益无法保障——没有机会分得田地，没有机会享有医疗保险、人身安全等保障。

由于没有办理结婚证，跨国新娘与中国丈夫所生的小孩就不能办理出生证，都是“黑头户”。这也使得他们不能享受与中国公民同等的医疗和教育优惠，成年以后也不能办理身份证件，成为游离于公民群体之外的非法人员。尽管近年来户籍制度改革，子女可以自由选择跟随父亲或是母亲的户籍，使得一部分跨国婚姻中生育的子女可以解决户口问题，但是原政策给早期跨国通婚的家庭带来的影响是无法弥补的。随着这些家庭子女的成年，他们已经成为没有国籍也没有户籍的非法人员。

3. “黑婚”与贫穷的恶性循环

经济问题是西南边境跨国婚姻绵延盛行的关键因素。只采用传统的婚姻方式，而非依照法律程序形成婚姻关系，大部分也是缘于经济上的贫困。非法婚姻下的外籍妇女，在中国生活却没有获得中国国籍身份，长期离开原来的国家使得她们原来的户口也被注销，成了名副其实的“黑婚户”。

妇女没有工作，传统的延续香火的意识也在作祟，拼命地生孩子，孩子却没有户口无法上学，妇女孩子的权益都得不到保障，也就加重了中国经济的负担。这些中国边远山区家庭依靠种地也只能勉强维持生活，生活得不到保障。另外，由于部分“嫁”过来的外籍妇女综合素质比较低，而且她们的丈夫大多家庭很贫困，因此，这些涉外婚姻的子女根本无法得到很好的教育。

（二）社会文化适应冲突

1. 国家身份认同的缺失

跨国新娘想要在本地获得合法身份，就必须办理结婚证。事实上，很多跨国新娘仍未获得国家公民身份的认同，她们长期定居在中国，也渴望成为中国公民，甚至可以说她们是“事实上的中国公民”。政策的限制制约了跨国新娘与本地社会的融合，也制约了跨国新娘及其后代合法身份和地位的获得，使得她们感到孤立无援，成为当地村落社会中国家身份认同缺失的一个特殊群体。

2. 社会身份认同的中断

跨国新娘一旦远嫁他国，独立的家庭生活使得其逐渐疏远了与娘家亲戚之间的联系。一方面是因为自家与娘家都有繁忙的事务，无法经常往来；另一方面，我国一直实行严格的边境管理制度，给双方的往来带来了一定的限制。这些限制制约了跨国新娘与亲属间关系的维持。事实上，跨国新娘与家乡娘家人之间的往来也仅限于仪式性的层面，当跨国新娘在生活中真正需要帮助时往往得不到娘家人的支持。

同时，由于在本地没有亲戚关系，跨国新娘日常的社会交往群体较为单一，仅限于本村，甚至是本村几个跨国新娘的范围之内。至于村落内一些公共事务，因其身份特殊，也很难参与其中。可以说，当她们刚刚嫁到这个地方的时候，在本地的社会关系网络是中断的，社会身份的认同是缺失的。

3. 自我身份认同的矛盾

跨国新娘在异国生活的社会现实，使她们在情感上和心理上缺乏国家、群体的归属感和认同感，陷于自我身份归属的矛盾之中：一方面，她们表现出对自我身份的期待，迫切希望获得中国国籍，与中国公民享受同样的待遇；另一方面，她们无法摆脱在自我身份认定时的“自卑感”。在个体的层面，跨国新娘在与周边人群进行互动的过程中，深深感受到了自己“后家”不在身边的难处，“遇事没有可以靠望的人”；在社会的层面，在社区或者村落的日常互动中，跨国新娘感受到了作为“黑头户”而无法享受到当地关于土地、医疗、低保等方面政策的苦闷；在国家层面，由于中越两国政策的限制，跨国新娘越发感受到被视为“进口的媳妇”的无奈，随时面临被驱逐出境的风险。

五、跨国教育问题

教育因素是引起西南跨界人口流动的原因之一，跨国教育中的跨境流动学生的流入也存在以下问题，这些问题主要包括外籍学生的安全问题，也包括境内学校资源配置等问题。

（一）学生的安全问题

在国界上边民的流动是一件平常不过的事情，但是对于西南边境线上的学校来说这样的流动可能存在很多的隐患，关乎学校各方面的安全问题。边境线上的学生都要跨过国界回家，这个环节涉及两个安全问题：第一，学生的交通安全。如在片马国民小学，很多缅籍学生家离边境学校有很远的距离，很多家长用来接送孩子的交通工具都是摩托车，因此交通安全是很大的问题。第二，学生在出入境时很容易被不法分子利用。边境流动人口成分复杂多元，一般来说，跨境流动学生都持有学校统一办理的出入境证件，但由于学生年龄小，辨别是非能力弱，这些因素使得这些跨境流动学生很容易成为犯罪分子利用的对象，学校目前没有人力也没有办法对孩子们实行全方位的监控，这些因素都给边境学校带来了安全隐患。

（二）学校资源配置问题

对于一些教学资源匮乏的边境地区来说，目前学校资源处在我国教育资源分配链条的最末端，流动学生的流入不仅加重了边境学校负担，加大了学校的管理压力，同时，在一定程度上还造成教育资源分配不公平的问题。例如，在片马国民小学，外籍学生就学后，与国内学生享受同等的待遇，首先，住宿和饮食方面都是免费的，同时在校缅籍学生还享受“两免一补”政策优惠，上级政府部门也没有出台相关的政策给予学校专项资金支持，学校需要承担很大一部分的资金支出。其次，学校的教学设施及教师资源原本就很缺乏，教室容量小，仅能够容纳200多人的教室现有300多学生上课。学生宿舍也很紧张，缅籍学生流入后由于宿舍没有空床位，只能让两个学生挤一张床。最后，外地老师都不愿到片马教书，片马地处边境地区，生活环境艰苦，所以到片马教书的老师基本上都是当地人，教师资源很紧缺。片马每年都会有缅籍学生要求入学就读，而且近几年来呈现日益增多的趋势。跨境流动学生让教育资源本来就紧缺的国门学校资源更显紧张。境内外学生生活学习上的一切费用都由学校承担，且境内外学生享受的教育资源都是一样的，这让本来就处在不公平地位的境内边境学生的资源进一步被稀释，与内地学生相比享受到的教育资源就更少，对国内的边境学生造成了更深层次的不公平。

第三节　西南跨界人口流动的管理建议

以上谈到跨界人口流动存在的问题，这些问题所带来的不利影响可能波及一个国家的方方面面。因此我们要重视跨界人口流动存在的问题，以期寻求适当的应对方法。

一、劳务市场方面

规范劳务市场，出台保护措施，保障合法外籍劳工在华权益，尤其是季节性的劳工。如通过村支部、大队、镇派出所、社区等多种保护，通过调查、登记流动人群去留等方法记录整个雇用过程，为公安机关调查取证提供有力证据，这样才可能为外籍劳工争取合法权益。同时应该加强中国与东盟国家的司法协助与多层次的合作、磋商机制，研究、探寻新的合作方式，为“洋工潮”提供便利条件。中国与东盟国家建立劳务合作是可行的，东盟国家劳工一定程度上能解决国内或区域性的短时用工缺口问题，关键在于外国劳工的合法进入、合法用工问题要解决，监管要到位。这就需要中国与东盟国家共同合作解决。

二、“三非”人员方面

（一）多方合作

跨界人口流动中的“三非人员”问题日趋严重，“三非”人员流动给边境的管理带来巨大挑战，这个问题的解决需要公安边防部门加强管理，但仅仅依靠公安边防部队自身的力量明显是不够的，因此需要整合资源，集结多方的力量，如积极探索建立军、警、民联防“三非”人员管控工作途径。在军警民联防工作机制方面，可以积极地组织召开联席会议，各部门掌握的“三非”人员情况要积极地汇报上报，以便能迅速、准确地掌握相关的数据资料，并对数据资料进行综合分析，得出规律、特点，共同研究出解决问题的措施。要充分发挥解放军部队负责边境线、边防部门负责通道口岸、公安及其他力量负责社会面的“点、线、面”工作模式特点，加强协作配合。对外籍“三非”人员集中的重点区域，特别是跨界的便道、小道边境线，各负责部门要组织力量，派出联合工作组适时进行集中整治，以强有力的工作措施，防止外籍“三非”人员的反弹和蔓延。

（二）做好防范工作

俗话说“防患于未然”，在应对跨界人口流动的管理上也是如此。相关力量要注意联合起来，并注意加强防范，如解放军边防部队和公安边防要加强和完善多警种巡逻和防范工作，认真履行所签订的边境防卫执勤、边境治安管理协同配合工作制度，组织边防检查站、边防派出所、工作站加强边境一线的巡逻力度和密度，最大限度地杜绝境外人员非法入境。公安边防部门要不断提高查验出入境证件的水平，做到“持证必须录入登记、登记必须查控追逃”，切实提高发现违法犯罪线索的能力，严防“三非”人员通过非法渠道入境。公安出入境管理部门要认真开展入户调查和人口登记等工作，加大对饭店、宾馆以及出租房，特别是要加大对边境一线种植基地、农场的检查力度，只有充分掌握这些流动人口的数据。才能有效地应对跨界人口流动变化的问题，才能及时处理新入境的“三非”人员，才能有效地配合相关部门组织开展遣返工作，更好地解决跨界人口流动的问题。

（三）依靠社会多方面的监督

跨界人口流动问题的解决，除了整合相关部门的力量之外，还要充分依靠村社等基层组织和广大人民群众的力量，不断地建立和完善“三非”人员的发现和举报机制。针对“三非”人员的发现，要做到“早发现、早报告、早遣返”，这样才能有效地降低工作难度，避免留下隐患。首先，加大宣传力度，让农村的广大人民群众自觉做到不容留、不资助“三非”人员，不给“三非”人员可乘之机。其次，要建立奖惩机制，能积极提供“三非”人员线索，能够协助公安机关做好清理遣返工作的群众要给予奖励，而对收容、资助“三非”人员的群众要给予惩罚。最后，相关部门要定期或不定期地派出民警深入各村、村民小组进行排查工作，及时了解掌握各村寨的外来人员变化动态，及时发现掌握“三非”人员。在有效掌握跨界人口流动的数据的基础上，要加强人口管理工作，例如在每年年终开展人口统计时，派出所要认真核对人口变动事项，严格统计要求，重点要审查各村社新增人员中是否含有“三非”境外人员，对于发现的问题，要严肃查处。要建立群众发现和报告“三非”人员的奖励机制，充分调动人民群众发现和举报的积极性。

三、社会治安方面

跨界流动人口在边境一线进行跨境走私、贩毒、抢劫、诈骗等犯罪活动，这些犯罪活动具有案件类型多元化、以牟取巨额财富为目的、犯罪手段现代化等特征给西南边境民族地区的稳定与安全造成了严重影响，严重冲击了我国边境管理秩序，甚至形成一种有边无防的混乱局面，给我国的边境管控制度带来巨大的挑战。

首先，要加大整治力度，积极开展社会治安综合治理活动。边境地区的相关部门要加强与毗邻国家合作配合，双方互通情报，共同打击跨国、跨境刑事犯罪活动并建立相应的防范工作机制。同时，相关部门机关要加强情报信息工作，严厉打击跨境犯罪活动，消除犯罪跨境流动人口而引起的一系列社会治安问题。

其次，开辟司法合作新途径。目前，跨境犯罪势力有境内外相结合的特点，抱有侥幸的心理，或者钻法律的空子，或者利用管理宽松与刑罚较轻的漏洞，在实施犯罪后迅速逃窜，靠同伙的掩护躲藏起来。部分跨境犯罪分子利用边境特殊的地理条件和丰富的人脉、财物资源发展，以便在司法机关追捕时能迅速隐遁消失而长期逍遥法外。针对这些情况必须采用超常规跨境司法协助手段，适时地调整控制方略，开辟新的合作途径，实施司法资源共享制度。

四、跨国婚姻方面

（一）边民通婚宜“疏”不宜“堵”

西南边境地区的“跨国新娘”没有合法婚姻的保障，对于这些边民婚姻的管理，单纯采取经济处罚和遣送回国等办法，收效甚微。

边民跨国婚姻中出现系列问题，一个主要原因是其法律意识淡薄，因此，制定和完善相关法律法规，并加强法制宣传，提高中越边民的法律意识和法律知识，加强他们的婚姻法律化意识，从思想上对他们进行疏通，是从根本上解决中越边境跨国婚姻所存在的问题。

西南边境地区的政府及其司法行政部门有必要开展专门的法制宣传活动，加强对跨国婚姻家庭的疏通指导，而不宜“堵”。单纯依靠对边民通婚的“堵”不仅不能够解决西南边境边民通婚中存在的问题，甚至有可能引发其他更为严重的问题。

（二）加强国际合作与沟通，共同解决跨国通婚问题

西南边境的中越、中缅等山水相连，边民通婚已经有很长时间的历史，跨国婚姻涉及双方国家人民利益的问题，西南边境跨国婚姻问题的解决，需要加强国际合作、沟通和协调，放宽通婚的条件限制，设立相关的管理机构，毗邻国家都要出台相应的社会政策，并严格落实执行。如边境政府及相关组织通过建立联席制度、合作机制，做好相关法律法规的宣传，增强边民的法制观念，使边民认识到通过合法程序办理婚姻登记的重要性；我国要加强我国边境地区的民政、公安、外事、妇联、共青团等部门与毗邻国家相关部门之间的协调和不定期会晤，就边民通婚的管理进行协商，放宽边民通婚的条件限制；共同解决边民通婚合法化、正常化问题，妇女儿童的国籍、户籍等身份归属问题；加强国际合作与沟通，不但能解决跨国婚姻中的问题，同时也是维护妇女儿童权益的重要保障。

（三）促进经济的发展是关键

经济的原因是边境跨国婚姻长期存在的重要原因，因此，解决边境农村经济贫困落后、帮助跨国婚姻家庭解决现实的经济问题，也是解决跨国婚姻问题的重要因素。在解决她们的户籍、国籍问题的前提下，如果能够通过社会扶助或慈善救助的方式，解决这些家庭的后顾之忧，使他们的家庭生活有所保障，社会才能和谐发展。

杜绝买卖婚姻，扼制婚姻诈骗，既是经济问题，又是社会问题，必须群防群治，标本兼治，最根本的办法在于消灭贫困。经济是社会发展的基础，是长时间对族群结构及族群关系起作用的因素，发展边境地区的经济是解决边民婚姻问题的根本。加大对这些经济贫穷地区和家庭的扶贫力度，加快兴边富民的进程，可以减少边境民族的非法通婚问题，同时也是遏制跨国婚姻众多问题存在的重要关键因素。

五、跨国教育方面

针对边境学校学生安全问题，首先要加强边防检查机构与学校的合作。边境学校应该设立一个登记制度，让跨境学生把在国界上往返的详细情况及时报告给学校，并完善跨境学生的家庭信息，保证能与学生的家长及时联系。目前有些边境学校和边防派出机构只是在学校统一办理跨境就读的外籍学生证件时才有合作，只有学校和边防派出机构深入合作共同管理，才能让学校的安全更有保障。边防管理站是第一道国门检查，应让学校成为第二道国门检查，以消除安全隐患。同时加强对学生的边防安全教育。长期往返于边境线上的跨境求学的学生，还没有辨识危险的能力，更没有能力保护自己的安全。边境线上流动的人员背景各异而复杂，有些犯罪分子利用这些年幼的能自由出入国境的孩子的身份，让孩子夹带毒品入境，这样的情况在别的边境地区时有发生，所以要对跨境学生和境内学生加强安全方面的教育，定期教授边境安全的相关知识，增强边境学生的安全意识。

针对学校资源配置问题，要加大对边境跨境民族基础教育的投入力度。自1980年以来，中央通过设立老少边穷地区义务教育补助专款、民族教育补助专款等，帮助老少边穷地区解决教育的特殊困难，充分体现了党和国家对边境地区和民族地区的特殊关怀。但由于这些专项补助规模比较小，因此其作用也比较有限。随着我国公共教育资源总量的增长，国家财政性教育经费投入占国内生产总值的比例不断上升，在边境地区经济社会发展十分落后的情况下，中央政府和省级政府今后应从国家安全战略的高度，分别设立边境地区教育补助专项经费，每年相对集中地重点安排补助项目，以解决边境地区教育发展的突出问题和特殊问题，像片马国门小学的缅籍学生的存在就是边境教育的特殊之处。有了这样一批专项经费，即使实行网络实名学籍认证，缅籍学生也不会因为没有补助而被迫离开片马小学。边境教育是否能够享受教育专项补贴，能否解决教育资源分配不公平问题，要靠政府的责任和教育投入机制，归根到底明确各级政府提供公共服务的职责是最迫切的任务。

参考文献

1. 邓钰靖．西南民族地区边境贸易发展的影响因素研究［D］．中南民族大学，2009.

2. 王晟，李霞．国家安全利益和地缘战略下西南边境城市发展策略［A］．中国城市规划学会．城市时代，协同规划——2013 中国城市规划年会论文集（10—区域规划与城市经济）［C］．中国城市规划学会，2013（11）．

3. 杨迎潮，张云莲．西南边境民族地区和谐社会建设与国家安全［J］．法制与社会，2010（17）．

4. 李孝川，王凌．云南边境沿线学校教育发展现实困境阐析［J］．学术探索，2014（1）．

5. 百度百科．http：//baike. baidu. com/view/246993. htm？fr = aladdin，2014 年 9 月 24 日．

6. 金春子，王建民．中国跨界民族［M］．民族出版社，1994.

7. 马启成．民族学与民族文化发展研究［M］．中国社会科学出版社，1995.

8. 葛公尚．当代国际政治与跨界民族问题研究［M］．民族出版社，2006.

9. 马曼丽，张树青．跨国民族理论问题综论［M］．民族出版社，2005.

10. 马曼丽．中亚研究［M］．民族出版社，1995.

11. 马曼丽．中国西北跨国民族文化变异研究［M］．民族出版社，2003.

12. 石茂明．跨国苗族研究［M］．民族出版社，2004.

13. 周建新．中越中老跨国民族及其族群关系研究［M］．民族出版社，2002.

14. 张兴堂．跨界民族与我国周边的外交［M］．民族出版社，2009.

15. 刘稚．中国西南与东南亚的跨境民族［M］．云南民族出版社，1988.

16. 刘稚．中国—东南亚跨界民族发展研究［M］．民族出版社，2007.

17. 曼纽尔·卡斯特．认同的力量［M］．社会科学文献出版社，2006.

18. 塞缪尔·亨廷顿．我们是谁［M］．新华出版社，2005.

19. 俞正裸．国际关系与全球政治［M］．复旦大学出版社，2007.

20. Samuel P. Hunfington. American Politics：The Promise ofDisharmony［M］. Harv ard University Press，1981.

21. 金炳镐．民族理论通论［M］．中央民族大学出版社，2007.

22. 金炳镐．民族理论与民族政策概论（修订本）［M］．中央民族大学出版社，2007.

23. 本尼迪克特·安德森．想象的共同体［M］．上海人民出版社，2003.

24. 陈枝烈．台湾原住民教育［M］．师大书院有限公司，1997.

25. 刘明新．民族研究文集［M］．中央民族大学出版社，2011.

26. 徐柏才．少数民族大学生的民族认同研究［M］．人民出版社，2012.

27. 费孝通．中华民族多元一体格局［M］．中央民族大学出版社，1999.

28. 费孝通．论人类学与文化自觉［M］．华夏出版社，2004.

29. 乔纳森·弗里德曼．文化认同与全球化过程．郭建如，译［M］．商务印书馆，2003.

30. 王剑峰．多维视野中的族群冲突［M］．民族出版社，2005.

31. 李友梅，肖瑛，黄晓春．社会认同：一种结构视野的分析——以美、德、日三国为例［M］．上海人民出版社，2007.

32. 郑航生．中国社会发展研究报告2009——走向更有共识的社会：社会认同的挑战及其应对［M］．中国人民大学出版社，2009.

33. 徐亚清．中亚五国转型研究［M］．民族出版社，2003.

34. 葛公尚．试析跨界民族的相关理论问题［J］．民族研究，1999（6）.

35. 刘稚．跨界民族的类型、属性及其发展趋势［J］．云南社会科学，2004（5）.

36. 曹兴．跨界民族问题及其对地缘政治的影响［J］．民族研究，1999（6）.

37. 曹兴．论跨界民族问题与跨境民族问题的区别［J］．中南民族大学学报（哲学社会科学版），2004（2）.

38. 严庆，周涵．浅谈跨界民族的认同构成及调控［J］．民族论坛，2012（6）.

39. 李学保．国内学术界关于跨界民族问题研究中的分歧和思考［J］．中南民族大学学报（人文社会科学版），2011（9）.

40. 李学保．跨界民族问题与中国国家安全：建国60年来的探索和实践［J］．中南民族大学学报（人文社会科学版），2010（1）.

41. 李学保．建国以来党和政府解决跨界民族问题的政策实践与经验启示［J］．社会主义研究，2011（2）.

42. 姜永兴．我国南方的跨境民族研究［J］．云南社会科学，1989（1）.

43. 王清华，彭朝荣．“跨国界民族”概念与内涵的界定［J］．云南社会科学，2008（4）.

44. 丁延松．“跨界民族”概念辨析［J］．西北第二民族学院学报，2005（4）.

45. 闫文虎．跨界民族与中国的和平环境［J］．现代国际关系，2005（5）.

46. 闫文虎．论跨界民族问题对我国安全的影响［J］．理论导刊，2001（11）．

47. 闫文虎．跨界民族问题对我国和平崛起的影响［J］．安徽师范大学学报，2005（4）．

48. 闫文虎．中国的跨界民族问题与和平崛起战略［J］．重庆邮电大学学报（社会科学版），2010（6）．

49. 朱伦．跨界民族辨析与“现代泛民族主义”问题［J］．世界民族，1999（1）．

50. 黄光成．略论中国西南地区跨界民族的民族类型及相关问题［J］．东南亚南亚研究，2011（1）．

51. 刘涛．跨界民族的学术史扫描：概念、分类和研究内容［J］．广东技术师范学院学报（社会科学），2012（5）．

52. 汪树民．论跨界民族及跨界民族问题［J］．西南科技大学学报（哲学社会科学版），2012（4）．

53. 孙志香．改革开放以来我国跨界民族问题研究综述［J］．内蒙古财经学院学报（综合版），2009（3）．

54. 孙志香．内蒙古的跨界民族问题与我国的地缘政治安全［D］．中央民族大学，2011.

55. 孙雪岩．发展延边旅游业的思考——以跨界民族为视角［J］．旅游学刊，2009（6）．

56. 胡起望．跨境民族探讨［J］．中南民族学院学报，1994（4）．

57. 张明．我国跨界民族的政治心理分析［J］．法制与社会，2009（6）．

58. 吴楚克．从地缘安全角度理解中国的民族与跨界民族［J］．广西民族研究，2009（3）．

59. 吴楚克，王倩．认同问题与跨界民族的认同［J］．云南师范大学学报（哲学社会科学版），2011（3）．

60. 傅景亮．边境市场跨界民族经济交往研究——基于云南地区边境市场的实证分析［J］．北京电子科技学院学报，2013（3）．

61. 雷勇．论跨界民族的历史记忆［J］．黑龙江民族丛刊（双月刊），2009（2）．

62. 雷勇．论跨界民族的不平衡发展［J］．贵州民族研究，2008（5）．

63. 雷勇．论跨界民族的多重认同［J］．内蒙古社会科学（汉文版），2008（9）．

64. 雷勇．论跨界民族的文化认同及其现代建构［J］．世界民族，2011（2）．

65. 雷勇．论跨界民族的社会认同［J］．青海民族研究，2009（1）．

66. 雷勇．跨界民族问题研究：理论与现实［J］．贵州民族研究，2005（5）．

67. 雷勇．跨界民族问题的发生学分析［J］．内蒙古社会科学（汉文版），2012（9）．

68. 雷勇．跨界民族问题研究：理论与现实［J］．贵州民族研究，2005（5）．

69. 安俭．论当代跨国民族问题的几个特征［J］．西北师大学报（社会科学版），2007（11）．

70. 安俭．跨国民族问题与边疆稳定战略研究［J］．广西民族学院学报，2004（1）．

71. 张向东．认同的概念辨析［J］．湖南社会科学，2006（3）．

72. 郑宇，曾静．跨国民族流动与国家认同构建——以云南省文山州马关县箐脚村苗族为例［J］．北方民族大学学报（哲学社会科学版），2010（4）．

73. 张江华．政治认同与党的长期执政［J］．江苏省社会主义学院学报，2006（2）．

74. 王建民．民族认同浅议［J］．中央民族大学学报，1991（2）．

75. 王希恩．民族认同与民族意识［J］．民族研究，1995（6）．

76. 陈丽华．台北市阿美族学童族群认同发展之研究［J］．国家科学委员会研究专刊（人文社会科学版），1999（3）．

77. 刘吉昌．民族认同与中华民族的发展［J］．贵州民族学院学报，2003（4）．

78. 王亚鹏，万明钢．民族认同研究及其对我国民族教育的启示［J］．比较教育研究，2004（8）．

79. 肖锐，胡琦．伊犁跨界民族的国家认同与民族认同调查研究［J］．黑龙江民族丛刊（双月刊），2011（1）．

80. 袁娥．民族认同与国家认同研究述评［J］．民族研究，2011（5）．

81. 阿达莱提·塔伊尔．中国柯尔克孜族的国家认同和民族认同调查研究[J]．新疆大学学报（哲学·人文社会科学版），2010（11）．

82. 高永久，朱军．论多民族国家中的民族认同与国家认同［J］．民族研究，2010（2）．

83. 阎嘉．文学研究中的文化身份与文化认同问题［J］．江西社会科学，2006（9）．

84. 邹威华．族裔散居语境中的“文化身份与文化认同”——以斯徒亚特·霍尔为研究对象［J］．南京社会科学，2007（2）．

85. 李劲松，朱虹，袁长林．我国跨界民族义务教育与文化认同研究综述[J]．当代教育与文化，2011（5）．

86. 陆学杰．文化认同与民族地区和谐社会的构建［J］．广西社会科学，2009（7）．

87. 闫顺利，敦鹏．中华民族文化认同与国家凝聚力——兼论新形势下的统一战线工作［J］．中共石家庄市委党校学报，2009（1）．

88. 许强．文化认同：民族凝聚力的不竭源泉［J］．湖北第二师范学院学报，2009（5）．

89. 牛力．传统复兴建筑与民族文化认同的建构［J］．建筑与文化，2009（5）．

90. 班班多杰．和而不同：青海多民族文化和睦相处经验考察［J］．中国社会科学，2007（6）．

91. 赵志裕等．社会认同的基本心理历程——香港回归中国的研究范例［J］．社会学研究，2005（1）．

92. 方文．群体符号边界如何形成？——以北京基督教新群体为例［J］．社会学研究，2005（1）．

93. 王春光．新生代农村流动人口的社会认同与城乡融合的关系［J］．社会学研究，2001（3）．

94. 于海涛．试论跨界民族国家认同的特点［J］．兵团教育学院学报，2012（4）．

95. 付春．民族权利与国家整合［J］．广西民族研究，2006（2）．

96. 朴婷姬．试论跨国民族的多重认同——以对中国朝鲜族认同研究为中心［J］．东疆学刊，2005（3）．

97. 王纪芒．中国朝鲜族的民族认同与国家认同——以中国某边疆地区的朝鲜族为例［J］．黑龙江民族丛刊，2008（4）．

98. 祁进玉．历史脉络中的国家观与国家认同意识变迁——以土族为个案的历史人类学考察［J］．黑龙江民族丛刊，2009（1）．

99. 何博．边疆少数民族“中国认同”意识缘起初探［J］．云南社会科学，2008（3）．

100. 周平．边疆治理视野中的认同问题［J］．云南师范大学学报，2009（1）．

101. 石培玲．民族意识与多民族国家的社会和谐［J］．贵州民族研究，2008（1）．

102. 任屹立，郭宁．中哈两国哈萨克族“和平跨居”模式探究［J］．黑龙江民族丛刊，2008（3）．

103. 戴生岐，董华．解决我国西部跨界民族问题的基本思路［J］．长安学刊，2012（12）．

104. 罗秉森，莫关耀等．云南跨境民族问题与国家安全研究［J］．云南公安高等专科学校学报，2002（4）．

105. 李国栋．论同源跨国民族问题中的文化因素［J］．兰州大学学报，2003（5）．

106. 周建新，罗柳宁．浅析世界民族问题中的跨国民族问题［J］．广西民族学院学报，2005（3）．

107. 刘亚琼．跨国民族问题对我国西部大开发的影响［J］．黑龙江民族丛刊，2007（4）．

108. 毛欣娟．跨界民族问题与新疆社会稳定［J］．中国人民公安大学学报，2006（2）．

109. 张兴堂．论跨界民族与我国国家安全［J］．黑龙江民族丛刊，2008（2）．

110. 何跃．非传统安全视角下的云南跨界民族问题［J］．云南民族大学学报，2006（9）．

111. 张宝增．南部非洲的跨界民族与移民问题［J］．西亚非洲（双月刊），1999（3）．

112. 刘伟才．“跨界民族—国际移民综合症”与非洲国家冲突——以科特迪瓦为中心［J］．世界民族，2012（6）．

113. 谭德峰．跨界民族问题冲击“民族国家”现有秩序［J］．中国民族报，2008（9）．

114. 郭梅花．中亚地缘政治及跨界民族问题对我国西部的影响［J］．青海民族学院学报（社会科学版），2006（7）．

115. 胡峪龙．浅析中亚与中国西北边疆的地缘政治、跨界民族关系［J］．廊坊师范学院学报（社会科学版），2012（8）．

116. 张金平．云南跨界民族的宗教安全问题探析［J］．云南民族大学学报（哲学社会科学版），2010（7）．

117. 邵建平，杨祥章．跨界民族视角下的泰南马来人问题［J］．东南亚之窗，2011（2）．

118. 吴金光．跨界民族问题成为引发重大国际冲突的根源——以阿富汗为例［J］．中国民族报，2010（2）．

119. 吴金光．跨界民族问题对地区关系的影响——以埃塞俄比亚与厄立特里亚争端为例［J］．中国民族报，2010（2）．

120. 吴金光．跨界民族问题对邻近国家外交关系的影响——以罗马尼亚与乌克兰为例［J］．中国民族报，2010（1）．

121. 蔡玮．社会安全视角下的跨界民族问题——以库尔德人为例［J］．世界民族，2009（4）．

122. 赵环宇．中国民族政策与国家认同建设［D］．中央民族大学，2010.

123. 王珊．试析内蒙古与蒙古国的跨界民族问题［J］．今日中国论坛，2013（7）．

124. 张良娟，郭晴．从国家认同看北京奥运会开幕式传播效果．http://

media. people. com. cn/GB/22114/44110/142321/10594520. html，2009 年 12 月 1 日 .

125. 高洪 . 当代中国人口流动问题——基于经济管理学的研究［M］. 上海人民出版社，2008.

126. 韩玉敏，郝秀芬，王军 . 新编社会学词典［M］. 中国物资出版社，1998.

127. 李敏 . 河北省人口流动状况及影响分析［D］. 河北大学，2009.

128. 钱水映 . 人口流动与社会经济发展研究［M］. 武汉大学出版社，1998.

129. 朱杰 . 人口迁移理论综述及研究进展［J］. 江苏省城市规划，2008（7）.

130. 丁金宏 . 人口的空间过程——胶东半岛的实证研究［M］. 华东师范大学出版社，1996.

131. 豆丁网 . 人口迁移理论 . http：//www. docin. com/p – 549339922. html，2014 年 5 月 15 日 .

132. 国家人口和计划生育委员会流动人口服务管理司 . 流动人口理论与政策综述报告［M］. 中国人口出版社，2010.

133. 李东 . 人口流动与重庆经济增长极的形成和发展研究西南财经大学［D］，2010.

134. 王克亚 . 河南省农村人口流动及其对流出地经济发展的影响研究［D］. 河南大学，2009.

135. 戴长征，乔旋 . 跨国人口流动的原因及其对国家安全的影响［J］. 教学与研究，2009（1）.

136. 张芸 . 改革开放后山区农村人口跨境迁移的地理学分析：基于福建省明溪县沙溪村的调查［D］. 福建师范大学，2012.

137. 靳美玲 . 吉林省边境地区人口跨境流出状况及其影响因素分析［D］. 吉林大学，2013.

138. 武洋 . 边境地区人口流出及其影响因素分析［D］. 吉林大学，2013.

139. 肖震宇 . 云南跨境民族地区防控人口非法流动的法律对策研究［J］. 云南大学学报（法学版），2010（2）.

140. 陈真波 . 西南边境地区跨国流动人口的现状与问题［J］. 贵阳学院学报（社会科学版），2010（1）.

141. 何跃 . 云南边境地区主要贸易口岸的境外流动人口与边疆安全［J］. 云南师范大学学报（哲学社会科学版），2008（2）.

142. 鲁刚 . 中缅边境沿线地区的跨国人口流动［J］. 云南民族大学学报（哲学社会科学版），2006（6）.

143. Stephen Castles and Mark J. Miller，The Age of Migration：International Population Movements in the Modern World，New York：The Guilford Press，A Division of

Guilford Publications Inc. , 1998.

144. 阮征宇. 论跨国人口迁移对当代国际安全的挑战［J］. 国际论坛，2003（4）.

145. 兰英. 警惕发展中国家的人才流失［J］. 北京观察，2003（1）.

146. 李建钟. 世界范围的人才流失现象及发展趋势［J］. 中国人力资源开发，2002（11）.

147. 李其荣. 国际移民对输出国与输入国的双重影响［J］. 社会科学，2007（9）.

148. 李荣，唐志超. 困扰中东地区的库尔德问题［J］. 国际信息资料，2003（4）.

149. 盛睿. 透析库尔德人问题［J］. 国际政治，2008（7）.

150. 杨兴礼. 简论中东库尔德民族问题［J］. 世界民族，1997（2）.

151. 李艳枝. 土耳其库尔德问题的历史变迁［J］. 国际信息资料，2008（1）.

152. 林颂业，王铁铮. 库尔德问题与中东政治探析［J］. 西北大学学报（社会科学版），1996（4）.

153. 李荣，唐志超. 困扰中东地区的库尔德问题［J］. 国际信息资料，2003（4）.

154. 张齐政. 海湾战争前伊拉克的库尔德人问题［J］. 衡阳师范学院学报，1991（5）.

155. 张学琼. 欧洲库尔德移民与国际关系［J］. 云南行政学院学报，2009（1）.

156. 李荣，唐志超. 困扰中东地区的库尔德问题［J］. 国际信息资料，2003（4）.

157. 李虹. 民族主义与族际关系——科索沃问题对新疆社会稳定的启示［J］. 青海民族大学学报，2011（4）.

158. 蔡玮. 社会安全理论视角下的跨界民族问题——以库尔德人为例［J］. 世界民族，2009（4）.

159. 粟献忠. 跨境民族问题与边疆安全刍议［J］. 学术论坛，2009（3）.

160. 刘艺. 跨境民族问题与国际关系——以斯里兰卡泰米尔跨境民族问题与印斯关系为例［M］. 湖南人民出版社，2006.

161. 张位均. 斯里兰卡民族问题的特点［J］. 南亚研究，1990（2）.

162. 肖雯. 近代斯里兰卡北方泰米尔人的经济状况［J］. 南亚研究，1990（1）.

163. 云文. 斯里兰卡最大的少数民族——泰米尔人［J］. 中国民族电子报，2002（11）.

164. 辉明．当代亚太·冷战后印斯关系的变化［J］．当代亚太，2005（1）．

165. 陈树培．印度撤军与斯里兰卡局势［J］．瞭望周刊，1990（15）．

166. 张宏莉．新疆与中亚跨国民族问题对我国安全的影响［J］．兰州大学学报，2005（5）．

167. 易方立．跨境民族问题对国际关系的影响［D］．湘潭大学，2010.

168. 王增杰．苏联民族关系紧张的原因及对我们的启示［J］．重庆社会主义学院学报，2010（3）．

169. 郑异凡．格鲁吉亚民主共和国及其被兼并［J］．探索与争鸣，2011（2）．

170. 李景阳．格鲁吉亚共和国［J］．俄罗斯中亚东欧研究，1992（3）．

171. 毕洪业．俄罗斯地缘外交中的格鲁吉亚［J］．俄罗斯中亚东欧研究，2005（3）．

172. 俱孟军．动荡不安的格鲁吉亚局势［J］．瞭望，1992（3）．

173. 丁晓星．俄格冲突的深层原因及影响［J］．现代国家关系，2006（11）．

174. 范红贵，刘志强．中越边境贸易研究［M］．民族出版社，2006.

175. 高志雄，向群．云南省边境地区跨国经济犯罪现状及对策［J］．云南警官学院学报，2006.

176. 李玉洁．德宏边境地区“三非”外国人现状的思考与对策［J］．云南警官学院学报，2012（5）．

177. 张周来．异国噩梦：中越联手打击跨国拐卖妇女儿童犯罪活动纪实．新华网广西频道，http：//news. xinhuanet. com/focus/2004 －07/01/content_ 1552 167. htm，2005 年广西公安十大新闻．http：//www. gazx. gov. cn/text_ view. asp？ newsID＝11080.

178. 陈真波．西南边境地区跨国流动人口现状与问题［J］．贵阳学院学报（社会科学版），2010（1）．

179. 吴喜．中缅边境地区云南段“三非”人员管理及应对［J］．云南警官学报，2013（3）．

180. 张美苑．社会稳定视野下大学生思想认同教育研究［D］．青海师范大学，2013.

181. 邓钰靖．西南民族地区边境贸易发展的影响因素研究［D］．中南民族大学，2009.

182. 卢光盛．中缅政治经济关系的发展、现状及其意义［J］．国际关系学院学报，2009（2）．